utb 5595

Eine Arbeitsgemeinschaft der Verlage

Brill | Schöningh – Fink · Paderborn
Brill | Vandenhoeck & Ruprecht · Göttingen – Böhlau · Wien · Köln
Verlag Barbara Budrich · Opladen · Toronto
facultas · Wien
Haupt Verlag · Bern
Verlag Julius Klinkhardt · Bad Heilbrunn
Mohr Siebeck · Tübingen
Narr Francke Attempto Verlag – expert verlag · Tübingen
Psychiatrie Verlag · Köln
Ernst Reinhardt Verlag · München
transcript Verlag · Bielefeld
Verlag Eugen Ulmer · Stuttgart
UVK Verlag · München
Waxmann · Münster · New York
wbv Publikation · Bielefeld
Wochenschau Verlag · Frankfurt am Main

Claus Braunecker

How to do empirische Sozialforschung

Eine Gebrauchsanleitung

2. Auflage

facultas

Mag. Dr. Claus Braunecker arbeitet seit mehr als drei Jahrzehnten als Instituts- und Betriebsmarktforscher in Österreich und lehrt seit vielen Jahren empirische Methoden, statistische Datenanalyse und SPSS am Institut für Publizistik- und Kommunikationswissenschaft der Universität Wien, an der Universität für Weiterbildung Krems und an diversen Fachhochschulen.

Digitale Materialien (Beispiel-Fragebogen, Best-Practice-Beispiele u. a.) stehen kostenlos zur Verfügung unter:

https://www.utb.de/doi/suppl/10.36198/9783838561608

https://www.howtodo.at

Dozent:innen finden dort außerdem einen frei (um)gestaltbaren Foliensatz zur Unterstützung in der Lehre.

Bibliografische Information der Deutschen Nationalbibliothek

Die Deutsche Nationalbibliothek verzeichnet diese Publikation in der Deutschen Nationalbibliografie; detaillierte bibliografische Daten sind im Internet unter http://d-nb.de abrufbar.

2., vollständig überarbeitete Auflage 2023

facultas Verlag, Stolberggasse 26, 1050 Wien, Österreich

Umschlag: Atelier Reichert, Stuttgart
Druck und Bindung: Friedrich Pustet, Regensburg
Printed in Germany

utb-Nummer 5595
ISBN 978-3-8252-6160-3 (Print-Ausgabe)
ISBN 978-3-8385-6160-8 (Online-Leserecht, erhältlich unter utb.de)

INHALT

Vorwort

2021 wurde mit diesem Buch ein neuer Weg eingeschlagen: Das ursprüngliche Buch aus 2016 – Sozialforschung, Statistik und SPSS in einem Band – wurde zielgruppenspezifisch in zwei Werke aufgeteilt: In ein „Empirie-How to do“, und ein „Statistik und SPSS-How to do“. Der Versuch hat funktioniert. Beide Bände wurden sehr gut angenommen. Im Frühjahr 2023 war der Zeitpunkt gekommen, eine zweite Auflage beider Bücher anzudenken.

Zweitauflage bedeutet auch Überarbeitung. Was alles ist dabei passiert?

- Kleine inhaltliche und formale Unschärfen wurden verbessert, kleine Textpassagen dort und da noch deutlicher formuliert, ein paar Kapitel-Umstrukturierungen vorgenommen.
- Das Buch ist durchgehend farbig gedruckt.
- Alle Links sind nun über QR-Codes direkt abrufbar.
- Die Zitierweise folgt jetzt der aktuellen APA 7-Norm.
- Anregungen, die uns – den Autor und den Verlag – zur Erstauflage erreicht haben, wurden eingearbeitet (z.B. *„weniger prominente Querverweise“*, die manche Leser:innen störend für den Lesefluss empfunden haben).

Hier liegt nun also die Zweitauflage vom „Empirie-Buch“ vor. Es will rasch und effizient sozial- oder wirtschaftswissenschaftliche Kenntnisse der empirischen Sozialforschung vermitteln. Viele suchen Orientierung, wie sie eine bevorstehende Bachelorarbeit, Master-Thesis oder Dissertation anlegen sollen. Andere wollen freiwillig oder unfreiwillig ihre Empirie-Kenntnisse vertiefen oder auffrischen. Sie alle werden mit diesem Werk „abgeholt“.

Niemand soll alles lesen müssen! Viele Verweise verknüpfen deshalb thematisch verwandte Passagen. Somit ist an jeder Stelle ein individuell motivierter Einstieg möglich.

40 Abbildungen, aktuell gehaltene weiterführende Literaturhinweise (mit Seitenangaben) und ein schlagwortoptimiertes Stichwortverzeichnis ergänzen diese leicht lesbare, verständliche Gebrauchsanleitung.

Frei zugängliche Downloads auf howtodo.at und auf utb.de (Beispiel-Fragebogen und Datensatz, Good-Practice-Ideen, Vorlagen für tabellarische und grafische Ergebnisdarstellungen, weitergestaltbare Empirie-Slides als Präsentationsvorlage usw.) runden das „empirische Gesamtpaket“ ab.

howtodo.at/downloads

Zusatzmaterial

www.utb.de/doi/suppl/10.36198/9783838561608

Mit Drucklegung befindet sich **zu diesem Buch ein Feedback-Formular** im Netz. Wir freuen uns sehr über Meinungen und Anregungen möglichst vieler Leser:innen – Sie helfen uns entscheidend bei der Weiterentwicklung!

howtodo.at/howtodofeedback

Persönliche Worte des Autors:

Vielen herzlichen Dank für ihre wertvollen und spezifischen Inputs bei der Genese dieses Buchs richte ich neuerlich an die im ersten Vorwort angeführten Kolleg:innen.

Weiterhin SEHR großer Dank gebührt der Verlagslektorin dieses Buchs • Mag. Sandra ***Illibauer-Aichinger****. Sie begleitet die How to do's (und alle meine Tätigkeiten dazu) von Anbeginn an und dankenswerterweise weiterhin unermüdlich. Ohne sie wären die nun schon fünf How to do-Bände nicht dort angelangt, wo sie mittlerweile stehen!*

Besonderer Dank an • Mag. Dr. Rosemarie ***Nowak****, Universität für Weiterbildung Krems, Lehrgangsleiterin am Department für Wissens- und Kommunikationsmanagement! Ihre wirklich herausragende, aktuell gehaltene, thematisch sortierte Literaturliste, zu der ich an den Kapitelenden dieses Buchs als „weiterführende Literatur" verlinken darf, lässt keine Wünsche offen.*

Zusätzliche, aktualisierte Hilfestellungen für die Zweitauflage habe ich erhalten von

• Mag. Dr. Amelie ***Cserer****, Fachhochschule Burgenland Weiterbildung, Lehrgangsleitung • PD Mag. Dr. Petra* ***Herczeg****, Universität Wien, Studienprogrammleiterin Publizistik- und Kommunikationswissenschaft • Mag. Ursula* ***Illibauer****, MA, Juristin und Datenschutzexpertin in Wirtschaft und Wissenschaft • MMag. Dr. Verena* ***Liszt-Rohlf****, Senior Researcher, Department Wirtschaft an der FH Burgenland • Mag. (FH) Markus* ***Zimmer****, Inhaber und Geschäftsführer von Buzz-Value – New Media Research.*

Die genannten Personen aus Wissenschaft und Praxis haben mir wertvolle Tipps und Inputs für die Zweitauflage gegeben. Danke dafür!

Wien, im Oktober 2023 Mag. Dr. Claus Braunecker

Vorwort zur ersten Auflage

2016 erschien das „Vorgänger"-Buch zu diesem: How to do Empirie, how to do SPSS. Eine Gebrauchsanleitung. Sein Ziel war es, doppelt Hilfe zu bieten – bei der Konzeption einer Erhebung UND bzw. ODER bei der Datenanalyse. Der große Erfolg dieses Werks – vom Autor liebevoll How to do genannt – legte eine Fortführung sehr nahe.

Eine zweite (überarbeitete) Auflage wäre leicht, aber nicht besonders herausfordernd gewesen. Viel spannender war es, How to do weiterzuentwickeln – mit allen Erfahrungen und Rückmeldungen, die seit dem Erscheinen gesammelt werden konnten. Bald stand das neue Konzept fest: Wir teilen das „Doppel-Buch" der Erstauflage und lassen daraus zwei eigenständige Publikationen entstehen, eine für Empirie und eine für Statistik und Datenanalyse (mit SPSS). Also das hier vorliegende Druckwerk und das zeitgleich erscheinende mit dem Titel How to do Statistik und SPSS. Eine Gebrauchsanleitung.

Warum das? Wir haben beobachtet, wie How to do verwendet wurde: Die Nutzung des Buchs hat sich oft auf einen der beiden Teile konzentriert. Viele müssen empirische Sozialforschung zunächst KONZIPIEREN. Datenanalyse liegt dabei noch in der Ferne. Erst dann, wenn die AUSWERTUNG ansteht, rücken Statistik und Tools wie SPSS näher.

Deshalb versorgen wir unsere Zielgruppe(n) jetzt „phasengerecht", denn:

- Zwei Bücher erlauben es, die Inhalte noch mehr zu schärfen und zu präzisieren.
- Halb so viele Seiten vermitteln weniger *„Oh, da muss ich aber viel lesen ..."*.

Das verbindende Element bleibt natürlich bestehen! Beide Bücher sind nach wie vor so gestaltet, dass sie ein großes Ganzes ergeben – einzeln oder kombiniert verwendbar.

Warum ist dieses Buch entstanden? – Persönliche Worte des Autors:

Empirie und SPSS begleiteten mein Ausbildungs- und gesamtes bisheriges Berufsleben. Seit meinem Studium der Kommunikationswissenschaft in den 1980ern arbeite ich als Instituts- und Betriebsmarktforscher in Österreich. Seit vielen Jahren unterrichte ich an Unis und FHs, berate Studierende unterschiedlicher Jahrgänge, Semester und Studienrichtungen im Umgang mit der empirischen Sozialforschung, Statistik und Datenanalyse. Planung, Auswertung und Interpretation von Erhebungen zählen zu meiner alltäglichen Berufs- und Vermittlungs-Routine. Immer wieder neue Fragen und Problemstellungen führten mich dazu, mein erstes Buch zu schärfen und neu entstehen zu lassen.

Die Gliederung und Aufbereitung orientieren sich an meinen Erfahrungen in Wirtschaft und Wissenschaft. Die Darstellung der Themen hat bei sehr vielen Menschen – unterschiedlichen

Alters, mit mannigfaltigen Zugängen, mit und ohne Vorwissen – für wiederholt positives Feedback gesorgt. Fortgeschrittenere Lesende mögen manche Ausführung vielleicht als zu „vereinfacht" empfinden. Sie seien um Verständnis gebeten: Es ging mir um das verständliche Vermitteln der Inhalte an nicht (mehr) oder wenig(er) Involvierte.

GANZ besonderer Dank (in alphabetischer Reihenfolge) an • Mag. Jennifer ***Braunecker****, Tochter und Juristin und • Mag. Dr. Rosemarie* ***Nowak****, Donau-Universität Krems, Lehrgangsleiterin am Department für Wissens- und Kommunikationsmanagement! Ihr beider „Intensiv-Lektorat" des fast finalen Werks hat für unermessliche Inputs gesorgt!*

WIRKLICH großer Dank gebührt auch der Verlagslektorin dieses Buchs • Mag. Sandra ***Illibauer-Aichinger****. Sie begleitet die* HOW TO DO's *(und mich) von Anbeginn an. Wirklich viel vom Erfolg der Erstauflage und von der Gestaltung dieses Werks ist ihr persönlich zuzuschreiben!*

Vielen herzlichen Dank für ihre wertvollen und spezifischen Inputs richte ich auch an

• Mag. Bernhard ***Burger****, Arbeitskollege in Wirtschaft und Wissenschaft • PD Mag. Dr. Petra* ***Herczeg****, Universität Wien, Vizestudienprogrammleiterin Publizistik- und Kommunikationswissenschaft • Mag. Ursula* ***Illibauer****, Juristin und Datenschutzexpertin in Wirtschaft und Wissenschaft • Prof. (FH) Mag. (FH) Claudia* ***Kummer****, MSc, Hochschullehrerin, Department Wirtschaft der FH Burgenland • Ass.-Prof. Ing. Mag. Dr. Klaus* ***Lojka****, Universität Wien, Studienprogrammleiter Publizistik- und Kommunikationswissenschaft • PD Dr. Dr. Julia* ***Wippersberg****, Vizestudienpräses der Universität Wien • Mag. (FH) Markus* ***Zimmer****, Inhaber und Geschäftsführer von BuzzValue – New Media Research.*

Alle genannten Personen aus Wissenschaft und Praxis haben mich über die Jahre immer wieder mit ihren Tipps, Ratschlägen und Kontakten unterstützt und dabei geholfen, HOW TO DO *weiterzuentwickeln. Danke dafür!*

Wien, im März 2021 Mag. Dr. Claus Braunecker

Der rote Faden der Empirie – die Inhalte dieses Buchs

Empirische Sozialforschung – ohne roten Faden unmöglich!

1. Thema, Erkenntnisinteresse
2. Forschungsfragen, Hypothesen
3. Forschungsmethodik, qualitatives oder quantitatives Setting
4. Grundgesamtheit, Vollerhebung oder Stichprobe
5. Fragebogen, Leitfaden, Codierschema, Protokoll
6. Pretest und Feldphase
7. Rücklaufkontrolle, Datenerfassung, Plausibilisierung
8. technische Auswertung
9. Ergebnisinterpretation
10. Ergebnisaufbereitung, Präsentation

Abbildung 1: Jedes empirische Vorhaben benötigt einen roten Faden

Jedes empirische Forschungsvorhaben – ob in Wirtschaft oder Wissenschaft – benötigt einen roten Faden. Abbildung 1 veranschaulicht die einzelnen Schritte jeder empirischen Sozialforschung: Jedes Detail – von der ersten Forschungsidee bis zur Ergebnispräsentation – MUSS dem roten Faden folgen! Jeder einzelne Puzzlestein leistet seinen Beitrag und kann die anderen Phasen mehr oder weniger stark beeinflussen.

So können z.B. nachträgliche Änderungen an den Erkenntnisinteressen die gesamte bisher geplante Methodik ad absurdum führen.

Eine (nur kleine) Änderung im Fragebogen (nach Erhebungsstart) macht die ursprünglich beabsichtigte Auswertung unmöglich. Dadurch kann in weiterer Folge eine Forschungsfrage nicht mehr beantwortet werden.

Eine fehlerhafte Stichprobenziehung führt dazu, Ergebnisse völlig falsch zu interpretieren.

Aus allen diesen Gründen folgt auch der Aufbau dieses Buchs einem roten Faden. Im Detail geht es dabei um die folgenden Prozessschritte:

Jedes Forschungsvorhaben besitzt 1. ein Thema mit **Erkenntnisinteresse** (ab Seite 15).

Aus diesem Erkenntnisinteresse werden 2. **Forschungsfrage(n) und/oder Hypothese(n)** abgeleitet (ab Seite 16). Das erfolgt in der Wirtschaft aus sachlichen Zusammenhängen, in der

Wissenschaft im Zuge eingehender Literaturrecherchen. Forschungsfragen bzw. Hypothesen weisen der späteren Datenanalyse den Weg (ab Seite 147).

Parallel dazu, manchmal vor, manchmal nach dem 2. Schritt, lässt sich 3. eine passende **Forschungsmethodik**, ein passgenaues **qualitatives** oder **quantitatives** Forschungsdesign (ab Seite 25) festmachen. Dieses wird auch Setting genannt und soll die Forschungsfragen möglichst effizient beantworten bzw. die Hypothesen möglichst zielgerichtet einer Prüfung zuführen.

In Wechselwirkung mit dem Setting steht 4. die genaue Definition der **Grundgesamtheit** (ab Seite 45). Damit zusammenhängend erfolgt die Entscheidung über eine **Vollerhebung** (ab Seite 47) oder eine bei qualitativen Verfahren meist **willkürliche Auswahl** (ab Seite 74). Bei quantitativen Designs sind **Stichproben** im Idealfall **zufällig** (ab Seite 69) oder **Quotenstichproben** (ab Seite 74).

Sind Methodik und Stichprobenverfahren festgelegt, ist auch der Weg für 5. das **Erhebungsinstrument** – Fragebogen, Leitfaden, Codierschema oder Protokollbogen – vorgezeichnet. Damit das Erhebungsinstrument mit den Forschungsfragen und/oder Hypothesen korrespondiert, müssen die Fragen bzw. Erhebungsinhalte Passgenauigkeit besitzen. Hier ist neben der exakten inhaltlichen Abdeckung der Erkenntnisinteressen (ab Seite 116) auch die Skalenform der Erhebungsinhalte (ab Seite 103 und ab Seite 147) von hoher Bedeutung.

Beim 6. **Pretest** wird das Erhebungsinstrument auf Praxistauglichkeit überprüft (Seite 137). Funktioniert es nicht zufriedenstellend, muss es noch einmal überarbeitet werden. Gibt der Pretest das Erhebungsinstrument „frei“, kann die Datenerhebung (Feldarbeit) starten.

In der Phase der 7. **Datenerfassung** muss die Kontrolle erfolgen, ob die Vollerhebung wirklich „voll“ erhoben hat bzw. ob die Stichprobe zufriedenstellenden **Rücklauf** verzeichnet (vgl. Braunecker, 2023,[1] S. 38–40). Vor allem quantitative Daten müssen vor der Auswertung sehr oft repräsentativ sein (ab Seite 61).

Liegen (dann) Daten vor, folgt deren 8. **technische Auswertung** (ab Seite 139 und im Detail bei Braunecker, 2023).

Im Zuge der Auswertung finden 9. **Ergebnisinterpretation** (ab Seite 150), **Beantwortung der Forschungsfragen** und **Prüfung der Hypothesen** (ab Seite 147 und im Detail bei Braunecker, 2023) statt.

Erst dann werden 10. die **Ergebnisse** möglichst plakativ **aufbereitet und** derart **präsentiert**, dass sie möglichst alle Erkenntnisinteressen abdecken und die erforderlichen Antworten auf die Forschungsfragen und Hypothesen geben (ab Seite 150).

Alle Phasen einer Erhebung müssen wie Puzzleteile ineinandergreifen und aufeinander abgestimmt sein. Veränderungen nur einer Phase können – manchmal sogar auch rückwirkend – andere Phasen beeinflussen.

---

[1] Parallel zu diesem Werk erscheint das Buch Braunecker, C. (2023). *How to do Statistik und SPSS. Eine Gebrauchsanleitung* (2. Auflage). facultas/utb. Beide Bände haben das Ziel, den gesamten roten Faden der empirischen Sozialforschung zu spannen – von der ersten Forschungsidee bis zur statistischen Datenanalyse mit der Datenanalysesoftware SPSS.

Auf howtodo.at bzw. auf utb.de finden sich „gestaltungsoffene“ und animierte Empirie- und Statistik-Slides für Dozent:innen, die den roten Faden der Empirie abbilden.

www.utb.de/do/10.36198/9783838561608-m01

Zusatzmaterial

howtodo.at/downloads/Empirie-Slides.pdf

Zusatzmaterial

howtodo.at/downloads/Empirie-Slides.pptx

Empirische Erhebungen sind meist speziell und individuell. Sie folgen in ihrem grundsätzlichen Setting aber immer festlegbaren Kriterien: Die Erläuterungen in allen weiteren Abschnitten dieses Buchs zur Planung, Durchführung, Auswertung und Ergebnisinterpretation von Erhebungen können deshalb sinngemäß auf alle – in Kapitel 2 vorgestellten – Forschungsmethoden umgelegt werden.

Die im Buch angeführten Beispiele zeigen meist nur EINE von vielen Möglichkeiten der Umsetzung. **Jedes empirische Vorhaben ist eine „Maßanfertigung“. Immer stehen individuelle Erkenntnisinteressen, Forschungsfragen und Hypothesen im Vordergrund, (fast) immer gibt es mehrere, unterschiedliche Umsetzungsmöglichkeiten!**

1 | Thema, Erkenntnisinteresse(n), Forschungsfragen, Hypothesen

▼ **Abstract** *(in diesem Kapitel geht's um ...)* ▼

- **Thema**:
  Basis für das gesamte Vorgehen • muss neue Detailaspekte beleuchten • darf keine Kopie bereits durchgeführter empirischer Erhebungen sein • nicht zu breit anlegen
- **Erkenntnisinteresse(n):**
  Erhebungsziele kurz und exakt formulieren • Grundlage für Forschungsfragen und/oder Hypothesen
- **Forschungsfragen werden beantwortet:**
  müssen VOR dem Erhebungsinstrument festgelegt werden • wie eine „Themenliste" • neutrales Erkenntnisinteresse in Frageform • Aufteilung in Sub-Details ratsam • besser „Welcher Zusammenhang ..." als „Gibt es einen Zusammenhang ..."
- **Hypothesen werden, wenn qualitativ, generiert, wenn quantitativ, geprüft:**
  müssen – wenn quantitative Basis – VOR dem Erhebungsinstrument festgelegt werden • wie eine „Prüfliste" • Annahmen aufgrund von Basiswissen • Wahrscheinlichkeitsaussagen • ungerichtet oder (präziser) gerichtet mit vermuteter Art des Zusammenhangs • Aufteilung in Sub-Details ratsam • inhaltliche ≠ statistische (für Signifikanzprüfung) Hypothesen • besser „Wenn-Dann"- und „Je-Desto"-Formulierung als ein Aussagesatz

„Wir brauchen rasch eine Umfrage" – und schon wird in der oft schnelllebigen Wirtschaft ein Online-Formular erstellt.

Empirische Sozialforschung sollte nicht unüberlegt starten! Ist Empirie Teil einer wissenschaftlichen Arbeit, darf sie **niemals** „einfach so" beginnen! **Zuerst** werden alle **Details** spezifiziert, **dann** erst kann die konkrete **Umsetzung** in Form einer Forschungsmethode erfolgen (vgl. Kapitel 2 ab Seite 25).

In der Wissenschaft[2] erfolgt vor jeder empirischen Erhebung eine exakte, ausführliche Problemdefinition. VOR jeder Erhebung müssen alle interessierenden Details feststehen. Erst dann, wenn alle Erkenntnisinteressen bzw. genauen Fragestellungen vorliegen, kann das konkrete Erhebungsinstrument im konkreten Wortlaut ausformuliert werden (= **Operationalisierung**).

Nun erst wird ein Fragebogen oder Leitfaden (vgl. Kapitel 7 ab Seite 116) erstellt, ein Codierschema (vgl. Abbildung 3 auf Seite 29) oder ein Beobachtungsprotokoll (vgl. Abbildung 5 auf Seite 34) entwickelt.

1.1 | Thema

Jedes (wissenschaftlich) empirische Vorhaben benötigt zuallererst ein Thema, eine Problemstellung. Das Thema stellt die Basis für das gesamte weitere Vorgehen dar (vgl. Herczeg & Wippersberg, 2021, S. 65–75): Dabei ist es wichtig, sich die Erforschung eines neuen Detailaspektes vorzunehmen und nicht bereits vorhandene Empirie zu „kopieren".

---

[2] Die Ausführungen in diesem Kapitel basieren auf Anleitungen zum wissenschaftlichen Arbeiten. Dabei liegt der Fokus auf „Wissenschaftlichkeit" in Verbindung mit empirischer Sozialforschung.

Das Thema darf nicht zu breit oder zu allgemein angelegt und formuliert werden. Sonst ist es mit vertretbarem Aufwand nicht mehr (empirisch) „behandelbar“. Drei Beispiele für diesbezüglich gut formulierte Masterarbeitsthemen:

„Wirkung von Social-Media-Videos als Kommunikationsstrategie von Weingütern in Deutschland.“ (Beyer, 2019)

„Digitale Senioren – Auswirkungen der digitalen Kommunikation auf die Lebensqualität von Senioren und Seniorinnen im Alter von 60 plus hinsichtlich Einsamkeit und sozialer Isolation.“ (Dangl, 2020)

„Influencer-Generated Content auf Instagram als Tool zu Vermarktung und Branding von Destinationen. Eine visuelle Content-Analyse.“ (Frankl, 2020)

1.2 | Erkenntnisinteresse(n), Erhebungsziel(e)

Ist das Thema erarbeitet, müssen im nächsten Schritt die genauen Erkenntnisinteressen bzw. Erhebungsziele definiert werden. Das geschieht am besten einfach, klar, mit wenigen Sätzen (vgl. Herczeg & Wippersberg, 2021, S. 80). Exakt formulierte Erkenntnisinteressen[3] sind essenziell für wissenschaftliches Arbeiten – und damit auch für jede empirische Erhebung. Sie stellen die inhaltliche Klammer dar, an der Forschungsfragen und Hypothesen andocken.

1.3 | Forschungsfragen, Hypothesen

Um beim Wesentlichen zu bleiben und das Vorhaben nicht versehentlich an den Erkenntnisinteressen „vorbeizulenken“, werden im nächsten Schritt am besten **Forschungsfragen** (Programmfragen[4]) und/oder **Hypothesen** formuliert. Diese stellen vorerst nur eine Art Themenkatalog dar. Sie werden indirekt, also ÜBER jemanden oder etwas formuliert.

*Im Falle z.B. einer Befragung wird zunächst noch keine Frage direkt an die Befragten gerichtet, sondern zunächst z.B. eine Forschungsfrage ÜBER sie artikuliert. Also nicht: „Wie ist **Ihr** Leseverhalten“, sondern: „Wie ist das Leseverhalten **von** ...“.*

Eine derartige Themenabgrenzung ist essenziell notwendig, um im Zuge der Erhebung einerseits Antworten auf ALLE Fragestellungen zu finden, andererseits KEINE Antworten auf NICHT VORHANDENE Fragen zu generieren.

Forschungsfragen bzw. Hypothesen stehen mit der Erhebung in Wechselwirkung: Eine Erhebung, die Forschungsfragen nicht beantworten oder Hypothesen nicht prüfen kann, geht am Ziel vorbei. Umgekehrt zielen Forschungsfragen oder Hypothesen, die an der Erhebung „vorbei“ formuliert werden, ins Leere.

Wer wissenschaftlich vorgeht, leitet aus den Erkenntnisinteressen **zuerst Forschungsfragen**

---

3 Karmasin und Ribing (2019, S. 25–26) bezeichnen bereits das Erkenntnisinteresse als „Forschungsfrage“.

4 In der Literatur werden Programmfragen auch als Vertiefung (Konkretisierung) von Forschungsfragen beschrieben (vgl. Brosius et al., 2022, S. 100): Sie verfolgen den Zweck, Erkenntnisinteressen zu präzisieren – wie die Detaillierung einer zentralen Forschungsfrage in mehrere Sub-Forschungsfragen. Nützliche Tipps zu den Möglichkeiten, Forschungsfragen zu formulieren, finden sich bei Karmasin und Ribing (2019, S. 25–29). Detaillierter gehen Herczeg und Wippersberg auf Forschungsfragen (vgl. Herczeg & Wippersberg, 2019, S. 85–91) und Hypothesen (vgl. Herczeg & Wippersberg, 2019, S. 91–113) ein.

und/oder Hypothesen ab. Erst **dann** ergeben sich aus ihnen und in weiterer Folge **die empirische Methode**, das Erhebungsinstrument und dessen genaue Inhalte.

Für das Erhebungsinstrument sind also die Forschungsfragen bzw. Hypothesen verantwortlich: Aus ihnen resultieren die konkreten Fragen im Fragebogen oder Leitfaden, die Kategorien im Codierschema oder die Details im Beobachtungsprotokoll. Gerne wird allerdings der Fehler begangen, Methode, Erhebungsinstrument oder dessen Inhalte bereits festzulegen, bevor die Forschungsfragen bzw. Hypothesen fixiert sind.

Forschungsfragen bzw. Hypothesen sind für die **Operationalisierung** des gesamten empirischen Vorhabens verantwortlich: **Wo** bzw. **bei wem** wird **in welcher Form was genau** erhoben? Deshalb sollten sie derart formuliert sein, dass sie den Rahmen für die Erhebung sehr präzise abstecken.

Es ist (bei empirischen Erhebungen) ratsam, Forschungsfragen und Hypothesen in ihre thematischen Details aufzusplitten und explizit **Sub-Forschungsfragen bzw. -Hypothesen** zu formulieren. Das ermöglicht eine deutlich präzisere Gestaltung des Erhebungsinstruments und später eine maßgeschneiderte Datenanalyse.[5]

Ein Fragebogen, Leitfaden, Codierschema oder Beobachtungsprotokoll benötigt nicht weniger, auch nicht mehr, sondern genauso viele Fragen bzw. Merkmale, wie zur Abdeckung der Forschungsfragen und/oder Hypothesen erforderlich sind. Nicht jede Forschungsfrage bedingt eine Hypothese, nicht jede Hypothese eine Forschungsfrage.

Beide – Forschungsfragen und Hypothesen – stehen am Beginn der Forschung. Beide werden aus Theorie (Literatur) und/oder anderer Vorrecherche (vorliegenden empirischen oder anderen Sekundärdaten) abgeleitet. Worin unterscheiden sie sich dann aber?

1.3.1 | Forschungsfragen – die „Themenliste“

Forschungsfragen drücken ein neutrales Erkenntnisinteresse in Frageform aus. Sie definieren die genauen Inhalte und Formulierungen im Erhebungsinstrument (Fragebogen, Leitfaden, Codierschema, Beobachtungsprotokoll). Empirie **beantwortet** Forschungsfragen.

Auf Forschungsfragen baut jede empirische Erhebung auf. Sie geben vor, was genau betrachtet werden soll und was nicht. Auch in der Wirtschaft ist es sinnvoll, vor der Durchführung von Empirie zumindest eine Themenliste zu erstellen, welche Fragestellungen abgedeckt werden sollen. Forschungsfragen (bzw. Themenlisten) sind sowohl bei qualitativen als auch quantitativen Erhebungen notwendig (vgl. Kapitel 2 ab Seite 25).

Der Beantwortung von Forschungsfragen sollte Raum gelassen werden: Deshalb ist es besser, sie sinngemäß als: *„Welcher Zusammenhang besteht zwischen ...?“* zu formulieren als: *„Gibt es einen Zusammenhang zwischen ...?“*. Oder besser: *„Welche Unterschiede gibt es ...?“* anstelle: *„Gibt es Unterschiede ...?“*. Die beiden letzteren Formulierungen münden bloß in einfache Ja/Nein-Antworten, OB die Empirie einen Zusammenhang oder Unterschied

[5] Eine Aufsplittung in Detailaspekte wird in der themenspezifischen Literatur nicht übereinstimmend beschrieben. Die hier getätigten Empfehlungen stellen eine – aus erlebter Praxis des Autors – sinnvolle und gut (bzw. besser) anwendbare Vorgehensweise dar: Die Themensplits erlauben es, aus wissenschaftlicher Sicht sehr klar und passgenau zu operationalisieren (vgl. Kapitel 8.1.3 ab Seite 147).

festmachen konnte oder nicht. Die „W"-Fragen hingegen lassen Platz für konkrete Ausführungen, WELCHER Zusammenhang bzw. Unterschied identifiziert werden konnte.

Im Folgenden werden beispielhafte Forschungsfragen (FF) angeführt. **FF 1.1** bis **FF 1.3** wären in einer quantitativen Bevölkerungsumfrage mit den ersten drei Fragen des Fragebogens[6] auf Seite 107 und 108 (vgl. Abbildung 27 und 28) messbar – also operationalisier- und datenanalytisch beantwortbar. Der Fragebogen wird auch auf howtodo.at und auf utb.de bereitgestellt:

www.utb.de/do/10.36198/9783838561608-m03

Zusatzmaterial

howtodo.at/downloads/Fragebogen_BUCHdaten.pdf

Die Aufteilung der Forschungsfragen in drei Sub-Details könnte auf vorangegangenen Literaturrecherchen[7] beruhen.

> ***FF 1**: Wie groß ist die Leseaffinität[8] der österreichischen Wohnbevölkerung?*
>
> > ***FF 1.1**: Wie groß ist die Leseaffinität **generell**?*
> > *→ Frage 1*
> >
> > ***FF 1.2**: Wie groß ist die Leseaffinität **in Bezug auf Belletristik**?*
> > *→ Frage 2*
> >
> > ***FF 1.3**: Wie groß ist die Leseaffinität **in Bezug auf Fachliteratur**?*
> > *→ Frage 3*

Derselbe Fragebogen könnte unter anderen auch aus folgenden weiteren Forschungsfragen operationalisiert worden sein. Die mit den Forschungsfragen korrespondierenden Fragebogen-Fragen sind jeweils wieder mit → gekennzeichnet.

> ***FF 2**: Welche spontanen Anforderungen stellen österreichische Fachbuch-Leser:innen an Fachbücher?*
> *→ Frage 5 (nur für Datensätze mit „JA" bei Frage 3)*
>
> ***FF 3**: Wie hoch sind die halbjährlichen Ausgaben österreichischer Fachbuch-Leser:innen für Fachliteratur?*
> *→ Frage 8 (nur für Datensätze mit „JA" bei Frage 3)*
>
> ***FF 4**: Welchen Zusammenhang gibt es zwischen der Leseaffinität der österreichischen Wohnbevölkerung und ihrem Konsum von Literatur?*

---

[6] Der Beispielfragebogen dieses Buchs stellt keinen Anspruch auf „echte" Wissenschaftlichkeit: Die Formulierung der Fragen ergab sich NICHT aus zuvor erfolgter Literaturrecherche. Ihre Erstellung erfolgte „frei" durch den Autor – wenn auch unter Einbeziehung willkürlicher schriftlicher Basisbefragungen von Studierenden verschiedener Studienrichtungen und Fortschritts-Phasen im Studienplan. Der Fragebogen ist aus unterschiedlichen empirischen Blickwinkeln zu betrachten: Er dient der möglichst praxisnahen Veranschaulichung von (technischer) Operationalisierung von Forschungsfragen bzw. Hypothesen, Skalenniveaus, Arten der Frageformulierung sowie möglichst vielen Formen der Datenanalyse. Als Grundlage der BUCHdaten bildet er auch die Basis aller datenanalytischen Ausführungen bei Braunecker (2023). Wie der Fragebogen sind auch die BUCHdaten online verfügbar (vgl. Braunecker, 2023, S. 14).

[7] Ab dieser Stelle wird in diesem Kapitel zur Demonstration technisch und nicht real theoriegestützt argumentiert.

[8] Mit „Leseaffinität" ist hier „Hinwendung, Neigung zum Lesen" (= „gerne lesen") gemeint.

FF $_{4.1}$: Welchen Zusammenhang gibt es [zwischen der Leseaffinität der österreichischen Wohnbevölkerung] ***und ihrem Konsum von Belletristik****?*

→ *Fragen 1 und 2*

FF $_{4.2}$: Welchen Zusammenhang gibt es [...] ***und ihrem Konsum von Fachliteratur****?*

→ *Fragen 1 und 3*

FF $_{5}$: Welche Meinung hat [die österreichische Wohnbevölkerung über Fachbücher] ***generell****?*

→ *Frage 9, alle Items*

Setzt sich die mit Forschungsfrage 5 angesprochene *„generelle Meinung"* aus vier Dimensionen zusammen – z.B. persönliche (subjektive) Wahrnehmung, formale Aspekte, inhaltliche, und anwendungsbezogene Aspekte –, wären folgende Detaillierungen möglich:

FF $_{5.1}$: Welche Meinung hat [...] ***in Bezug auf die eigene, subjektive Wahrnehmung****?*

→ *Frage 9, Items 9.1, 9.4 und 9.9*

FF $_{5.2}$: Welche Meinung hat [...] ***in Bezug auf formale Aspekte****?*

→ *Frage 9, Items 9.2 und 9.8*

FF $_{5.3}$: Welche Meinung hat [...] ***in Bezug auf inhaltliche Aspekte****?*

→ *Frage 9, Items 9.3 und 9.5*

FF $_{5.4}$: Welche Meinung hat [...] ***in Bezug auf anwendungsbezogene Aspekte****?*

→ *Frage 9, Items 9.6 und 9.7*

Datenanalytische Grundlagen zur Beantwortung von Forschungsfragen finden sich überblicksmäßig – bezogen auf Messniveaus – in Kapitel 6.2 ab Seite 103, im Hinblick auf Fragebogengestaltung in Kapitel 7 ab Seite 116, bezogen auf forschungsfragenkonsistente Datenanalyse in Kapitel 8.1.3 ab Seite 147, detailliert bei Braunecker (2023, S. 197–206).

1.3.2 | Hypothesen – die „Checkliste"

Hypothesen stellen Annahmen bzw. Behauptungen auf, die auf Basiswissen (aus Vorerhebungen, Literatur usw.) beruhen. Sie sind „vermutete Antworten auf Forschungsfragen" (vgl. Herczeg & Wippersberg, 2021, S. 93).

Qualitative Erhebungen (vgl. Seite 25) zielen darauf ab, Hypothesen zu entwickeln, aus gewonnenen Daten neue Hypothesen aufzustellen (zu **generieren**). Quantitative Erhebungen (vgl. Seite 26) **prüfen** bereits vorhandene (aus Literatur oder anderen Vorrecherchen erstellte) Hypothesen anhand gewonnener, NEUER Daten.

Qualitative Empirie **stellt** Hypothesen **auf, quantitative** Empirie **prüft** sie.

Hypothesen (und Forschungsfragen) dürfen niemals mit denselben Daten überprüft (beantwortet) werden, auf deren Basis sie erstellt wurden!

Hypothesen sind – in der empirischen Sozialforschung – Vermutungen über Ergebnisse von Datenerhebungen. Eine Hypothese formuliert das, was untersucht werden soll, als (wissenschaftlich) theoriegestützt überprüfbare Aussage. Damit ihre Überprüfung klar definiert und gut möglich ist, sollten Hypothesen möglichst kurz und leicht fassbar formuliert sein.

In den Sozialwissenschaften sind Hypothesen fast immer probabilistisch: Sie sind Wahrscheinlichkeitsaussagen und erheben damit keinen Anspruch auf Gesetzmäßigkeit.[9]

Angenommen, deutsche Studien haben ergeben: Menschen, die gerne lesen, konsumieren eher Fachliteratur als andere. Eine österreichische Studie könnte somit – unter ähnlichen Bedingungen – die Hypothese aufstellen: Auch in Österreich konsumieren Personen, die generell gerne lesen, eher Fachliteratur als andere. Die Wahrscheinlichkeit, in der österreichischen Bevölkerung Fachbuchkonsumierende zu finden, müsste also bei jenen Personen, die generell gerne lesen, größer sein, als bei den anderen Personen, die NICHT gerne lesen.

Warum wird hier von Wahrscheinlichkeiten gesprochen? In der realen Welt wird es Personen geben, die gerne lesen und dementsprechend auch Fachbücher lesen. Aber auch bei Personen, die NICHT gerne lesen, wird Fachbuchkonsum feststellbar sein. Umgekehrt werden andere zwar gerne lesen, aber keine Fachliteratur: Nicht alle, die gerne lesen, müssen „automatisch" auch Fachbücher lesen – nur: Die Wahrscheinlichkeit ist einfach größer, in der Gruppe gerne Lesender Personen zu finden, die auch Fachbücher lesen.

Derartige Wahrscheinlichkeitsaussagen könnten zunächst als „Hypothese" in einem eher noch allgemeinen, nicht sehr wissenschaftlichen Sprachgebrauch artikuliert werden:

In der österreichischen Wohnbevölkerung gibt es einen Zusammenhang zwischen Leseaffinität und Fachbuchkonsum.

Diese Hypothese ist **ungerichtet**. Sie vermutet einen Zusammenhang, gibt aber nicht an, welchen. Es könnte somit sein, dass Menschen, die gerne lesen, auch mehr bzw. öfter Fachliteratur lesen als andere. Ebenso möglich wäre aber auch: Menschen, die gerne lesen, lesen lieber andere Texte – also eher weniger bzw. seltener Fachbücher als andere.

Ein wissenschaftliches Wording geht über reine Aussagen hinaus. Bei Hypothesen verbreitet sind **Konditional- („Wenn-Dann") und Vergleichssätze („Je-Desto")**. Die obenstehende Hypothese (H) – nach wie vor ungerichtet, aber wissenschaftlicher – formuliert: [10]

***H** $_I$: Wenn Personen gerne lesen, dann unterscheiden sie sich in ihrem Fachbuch-Konsum von anderen Personen.*

→ Fragen 1 und 3

Aus einer hingegen **gerichteten** Betrachtung könnte folgende Hypothese resultieren:

***H** $_I$: Wenn Personen gerne lesen, dann lesen sie **eher** Fachliteratur, als wenn sie nicht gerne lesen.*

→ Fragen 1 und 3

Hier wird – präziser – auch die RICHTUNG des vermuteten Zusammenhangs angegeben: Gerne lesen bedeutet eher auch Fachbuch lesen (und umgekehrt).

[9] In den Naturwissenschaften hingegen werden oft **deterministische Hypothesen** („in 100% aller Fälle", z.B. physikalische Gesetze) aufgestellt: *„Wenn eine Person ein (unverpacktes) Buch ins Wasser fallen lässt, dann wird es nass."*

[10] Grundsätzlich setzt jede der hier angeführten Formulierungen eine vorangegangene (Literatur-)Recherche voraus, aus der die jeweilige hypothetische Annahme abgeleitet werden kann. Zur leichteren Lesbarkeit wird in den folgenden Beispielen auf die Präzisierung, auf WEN (z.B. österreichische Wohnbevölkerung) sich die jeweilige Hypothese bezieht, verzichtet. Diese (wiederholte) Präzisierung ist in der Realität einer wissenschaftlichen Arbeit aber sehr ratsam.

Beide angeführten Hypothesen **H I** sind **inhaltliche Hypothesen**[11] und wären in einer quantitativen Bevölkerungsumfrage mit der ersten und dritten Frage des Fragebogens auf Seite 107 und 108 (vgl. Abbildung 27 und 28, Anmerkungen zum Fragebogen in Fußnote 6 auf Seite 18) abgedeckt.

Hypothesen beinhalten den vermuteten Zusammenhang von zumindest zwei Merkmalen (vgl. Herczeg & Wippersberg, 2021, S. 94; Karmasin & Ribing, 2019, S. 90).

Um Hypothesen datenanalytisch exakt prüfen zu können, gibt es auch **statistische Hypothesen**: Diese fokussieren bereits auf die konkrete Operationalisierung – z.B. auf die Art und Formulierung der Fragen in einem Fragebogen – und damit in weiterer Folge auf die spätere Technik der Ergebnisauswertung. Statistische Hypothesen dienen der Signifikanzprüfung und könnten im angeführten Beispiel lauten:

*H_0: **Statistische Nullhypothese:** Der **Prozentanteil** von Personen, die jährlich Fachbücher lesen, ist unter jenen, die gerne lesen, gleich (ähnlich) wie unter nicht gerne Lesenden.*

*H_A bzw. H_1: **Statistische** (gerichtete) **Alternativhypothese:** Der **Prozentanteil** von Personen, die jährlich Fachbücher lesen, ist unter jenen, die gerne lesen, höher als unter jenen, die nicht gerne lesen.*

Eine Nullhypothese geht von KEINEM (realen) Unterschied zwischen Vergleichsgruppen und damit keinem Merkmalszusammenhang aus. Die Alternativhypothese vermutet EINEN **Unterschied** zwischen Vergleichsgruppen: Sie geht von einem **Zusammenhang** zwischen einem unabhängigen (oft gruppenbildenden) Merkmal (im obigen Beispiel: Personen, die gerne lesen) und einem abhängigen Merkmal (im Beispiel: Personen, die Fachbücher konsumieren) aus. Lässt sich nicht festlegen, welches Merkmal das abhängige und welches das unabhängige ist, muss der Forschungskonnex entscheiden.[12]

Weitere – inhaltliche und statistische – Hypothesen könnten folgendermaßen lauten:

***H II**: Wenn Personen gerne lesen, dann lesen sie im Durchschnitt jährlich mehr Bücher, als wenn sie nicht gerne lesen.*

→ Fragen 1 und 16

*H_0: **Statistische Nullhypothese:** Der **Mittelwert** der jährlichen Bücher-Lesemenge ist bei jenen, die gerne lesen, gleich groß (ähnlich) wie bei jenen, die nicht gerne lesen.*

*H_A bzw. H_1: **Statistische** (gerichtete) **Alternativhypothese:** Der **Mittelwert** der jährlichen Lesemenge an Büchern ist bei jenen, die gerne lesen, höher als bei jenen, die nicht gerne lesen.*

***H III**: Je älter Personen sind, desto mehr Bücher pro Jahr lesen sie.*

→ Fragen 14 und 16

*H_0: **Statistische Nullhypothese:** Es gibt keinen zahlenmäßigen Zusammenhang (keine **Korrelation**) zwischen Alter und der Anzahl gelesener Bücher pro Jahr.*

[11] Die Trennung zwischen inhaltlichen und statistischen Hypothesen und deren Charakterisierung werden in der themenspezifischen Literatur nicht übereinstimmend behandelt. In diesem Buch getätigte Ausführungen stellen eine – aus Sicht des Autors – nachvollziehbare und praktikable „Schnittmenge" unterschiedlicher Quellen dar.

[12] Die theoretischen und datenanalytischen Grundlagen zur Überprüfung statistischer Hypothesen werden im Detail bei Braunecker (2023, S. 81–103) behandelt.

*H_A bzw. H_1: **Statistische** (gerichtete) **Alternativhypothese:** Es gibt einen positiven zahlenmäßigen Zusammenhang (positive **Korrelation**) zwischen Alter und der Anzahl gelesener Bücher pro Jahr.*

H II und **H** III sind beide gerichtet und könnten mit den Fragen 1 und 16 bzw. 14 und 16 des Fragebogens auf Seite 107 und Seite 108 operationalisiert werden.

Eine weitere inhaltliche, ungerichtete Haupt-Hypothese könnte lauten:

***H** IV: Wenn Personen Bücher [lieber in der Buchhandlung kaufen], dann haben sie **generell** [andere Anforderungen an Fachbücher, als wenn sie sie lieber im Versandhandel kaufen].*
→ Frage 4 und Frage 6, alle Items

Wie Forschungsfragen können – und sollten – auch thematisch „breitere" Hypothesen – zur besseren Passgenauigkeit der späteren Datenanalyse – in ihre Sub-Details untergliedert werden.[13] Setzen sich die durch die Hypothese angesprochenen *„Anforderungen"* aus vier Dimensionen zusammen – z.B. persönliche (subjektive) Wahrnehmung, formale Aspekte, inhaltliche, und anwendungsbezogene Aspekte, wären folgende Detaillierungen möglich:

***H** IV.1: Wenn Personen [...], dann haben sie **in Bezug auf ihre persönliche bzw. subjektive Wahrnehmung** [...].*
→ Frage 4 und Frage 6, Items 6.1, 6.4 und 6.9

***H** IV.2: Wenn Personen [...], dann haben sie **in Bezug auf formale Aspekte** [...].*
→ Frage 4 und Frage 6, Items 6.2 und 6.8

***H** IV.3: Wenn Personen [...], dann haben sie **in Bezug auf inhaltliche Aspekte** [...].*
→ Frage 4 und Frage 6, Items 6.3 und 6.5

***H** IV.4: Wenn Personen [...], dann haben sie **in Bezug auf anwendungsbezogene Aspekte** [...].*
→ Frage 4 und Frage 6, Items 6.6 und 6.7

Generell ist es ratsam, Hypothesen als **„Wenn-Dann"-** oder **„Je-Desto"-Regeln** zu formulieren.

Der Vorteil dieser Wordings liegt vor allem in größerer Klarheit für die spätere Datenanalyse zur Hypothesenprüfung (vgl. dazu – bezogen auf Messniveaus – Kapitel 6.2 ab Seite 103, bezogen auf hypothesenkonsistente Datenanalyse Kapitel 8.1.3 ab Seite 147, detailliert bei Braunecker (2023, S. 197–206).

Hypothesen formulieren allgemein und können deshalb nicht vollkommen verifiziert werden: Die vorhandenen Daten erlauben es höchstens, sie „momentan zu stützen", vorläufig zu verifizieren (vgl. Herczeg & Wippersberg, 2021, S. 99): Denn niemals könnten alle dazu notwendigen denkbaren Möglichkeiten der Überprüfung weltweit, in allen Zielgruppen und JEDEM Zusammenhang – also sämtlichen je existierenden Fällen – durchgeführt werden.

Häufig werden zu Beginn der Auseinandersetzung mit einem wissenschaftlichen Thema einfach **Annahmen als Hypothesen** formuliert[14] – z.B.:

---

[13] Vgl. Fußnote 5 auf Seite 17.

[14] Ob die Formulierung einer Hypothese auch als „normaler" Aussagesatz möglich bzw. empfehlenswert ist, wird in der wissenschaftlichen Praxis nicht übereinstimmend bewertet.

Österreichische Jugendliche kaufen Fachbücher im Versandhandel.

Österreichische Jugendliche kaufen Fachbücher lieber im Versandhandel.

75% der österreichischen Jugendlichen kaufen Fachbücher lieber im Versandhandel.

Österreichische Jugendliche im Alter von 18 bis 25 Jahren kaufen Bücher mehrheitlich lieber im Versandhandel.

In allen diesen Formulierungen fehlt eine wissenschaftliche Problemstellung: Es mangelt an einer theoretischen Basisannahme, die sich z.B. aus einer Vorerhebung ableiten lässt, die bereits zu einem ähnlichen Thema (z.B. zum Kauf von Belletristik) durchgeführt wurde. Außerdem ist auch eine Vergleichsgruppe zu den Jugendlichen nötig:

Es könnte ja sein, dass nicht nur Jugendliche, sondern auch ältere Personen Fachbücher mehrheitlich lieber im Versandhandel beziehen.

Eine andere denkbare Variante: Jüngere Personen kaufen Fachbücher lieber im Versandhandel, ältere Personen hingegen bevorzugen den Buchhandel.

Oder: Jüngere Menschen kaufen Bücher lieber im Versandhandel, ältere hingegen tun dies noch viel lieber als jüngere.

Um die oben angeführten behauptenden Annahmen „wissenschaftstauglich" zu machen, müssen sie einer methodischen „Übersetzung" zugeführt werden. Eine bessere Formulierung, mit Einbeziehung zumindest zwei dazu benötigter Merkmale (vgl. Herczeg & Wippersberg, 2021, S. 96–104; Karmasin & Ribing, 2019, S. 90–91), könnte z.B. – gerichtet – lauten:

Wenn in Österreich lebende Personen zwischen 18 bis 25 Jahre alt sind, dann kaufen sie Fachbücher eher im Versandhandel, als wenn sie älter sind.

In Fall dieser Hypothesenformulierung hätte eine Vorerhebung in der Schweiz vielleicht gezeigt, dass jüngere Menschen bei Büchern generell gegenüber älteren den Versandhandel bevorzugen.

Angenommen, die Studie aus der Schweiz hätte eine Versandhandelspräferenz der Jüngeren lediglich bei Belletristik gezeigt. Da das vielleicht nach weiteren Recherchen in der Literatur nicht 1 : 1 auf Fachbücher übertragen werden kann, wird die Hypothese „vorsichtiger" ungerichtet formuliert:

Wenn in Österreich lebende Personen zwischen 18 bis 25 Jahre alt sind, dann kaufen sie Fachbücher zu einem anderen Anteil lieber im Versandhandel, als wenn sie älter sind.

In beiden Fällen kann jetzt jedenfalls das Merkmal **Fachbuchkauf im Versandhandel** zwischen den beiden Gruppen des Merkmals **Alter** verglichen werden.

Datenanalytische Grundlagen zur Prüfung von Hypothesen finden sich überblicksmäßig – bezogen auf Messniveaus – in Kapitel 6.2 ab Seite 103, im Hinblick auf Fragebogengestaltung in Kapitel 7 ab Seite 116 sowie bezogen auf hypothesenkonsistente Datenanalyse in Kapitel 8.1.3 ab Seite 147.

Braunecker (2023) erläutert das gesamte diesbezügliche datenanalytische Procedere und geht detailliert auf die dazu notwendigen Interpretationen ein.

Wie soeben ausgeführt, weisen Themenstellung, Erkenntnisinteresse(n), Forschungsfrage(n) und/oder Hypothesen der (den) am effizientesten einzusetzenden qualitativen oder quantitativen Forschungsmethode(n) (vgl. Kapitel 2 ab Seite 25) den Weg.

Weiterführende Literatur zu diesem Kapitel:

howtodo.at/downloads/WeiterfuehrendeLiteratur.pdf

2 | Qualitative und quantitative Forschungsmethoden

▼ **Abstract** *(in diesem Kapitel geht's um …)* ▼

• **Qualitativ** forschen: Inhaltliche Tiefe steht im Vordergrund • „Warum", beschreiben, Motive • bei neuen Themen • zur Erforschung von Aspekten • vor allem individuelle und psychologische Gesichtspunkte • überschaubare Erhebungsanzahl • kein einheitlicher Fragebogen (dafür Leitfaden) • verbalisierte Ergebnisse • KEINE Statistik
• **Quantitativ** forschen: Ergebnisse auf zahlenmäßig breiter Basis • Abtestung „bekannter" Zustände • zahlenmäßige Interpretationen • große Menge an Erhebungen • standardisierter Fragebogen • Prozentzahlen, Mittelwerte • Statistik

• **Inhaltsanalyse:** Zählen oder Bewerten von klar definierten Inhalten • in Print-, elektronischen und Online-Medien • Codebuch • Codierschema • wenn automatisiert: „Sentiment-Problem"
• **Beobachtung:** objektiviertes Erfassen von Situationen, Handlungen oder Verhaltensweisen • Beobachtungsbogen • Eyetracking, Mystery-Tests
• **Fokusgruppe:** Diskussionsrunde kleiner Gruppen (sechs bis 12 Personen) • moderiert • Leitfaden • Dauer ein bis zwei Stunden
• **Qualitative Befragung:** Einzelgespräche aus Befragtenperspektive • überwiegend freier Gesprächsverlauf oder zumindest frei formulierbare Fragen • ausschließlich oder überwiegend offene Fragen
• **Quantitative Befragung:** (voll) standardisierte Interviews • (fast) ausschließlich geschlossene Fragen • KEIN Spielraum für den:die Befrager:in • F2F, PAPI, CAPI, CATI, CAWI, WATI • Mehrthemenumfrage MTU („Omnibusbefragung") • Hybrid- bzw. Mixed-Mode-Befragungen • Panel, Tracking
• **Experiment:** Analyse von Ursache-Wirkung-Beziehungen • Versuchsgruppe(n) • Kontrollgruppe(n)

Thema, Erkenntnisinteresse(n), Forschungsfragen und/oder Hypothesen geben vor[15], ob eine Erhebung qualitativ, quantitativ oder in Kombination erfolgt. Worin unterscheidet sich nun das Wesen qualitativer von quantitativer Empirie?

2.1 | Qualitative Methoden

Qualitative Methoden gehen der Frage nach einzelnen Motiven und Inhalten nach. Sie beschreiben inhaltliche Aspekte verbal, oft auch interpretativ, erforschen Werte, Gefühle, Details, das Warum bzw. Wie von „Denken" und/oder „Tun". Im Vordergrund stehen weniger Erhebungsmengen als vielmehr inhaltliche Tiefe.

[15] Vgl. Kapitel 1 ab Seite 15.

Qualitative Empirie beschäftigt sich deshalb mit einer eher geringeren Anzahl an Untersuchungsobjekten, die sie dafür aber sehr umfangreich und im Detail beleuchtet.

Dazu werden eher „offene", in Details noch flexibel gestaltbare Erhebungsinstrumente eingesetzt: Sie können direkt während ihres Einsatzes noch feinjustiert werden.

So skizziert z.B. ein Gesprächsleitfaden bloß die Inhalte eines qualitativen Interviews. Wortwahl und Abfolge der Themen können dem Gesprächsverlauf angepasst werden.

Statistiken, große Stichproben und Signifikanzprüfungen sind in der qualitativen Forschungswelt kein Thema. Prozent- und Mittelwerte oder andere Maßzahlen finden sich hier höchstens am Rande.

Qualitative Erhebungen beschäftigen sich z.B. mit dem Warum von (Kauf-)Entscheidungen, mit im Hinterkopf schlummernden Motiven. Andere Ansätze erkunden bzw. detaillieren Qualitäts- oder Kundenzufriedenheitsdimensionen oder analysieren Images. Auch Expertengespräche sind fast immer qualitativ angelegt. Ebenso stützt sich die Erforschung von Ursachen jeglicher Art fast immer auf qualitative Empirie. Nicht zuletzt beschreitet die beschreibende Bewertung von Aussagen und Inhalten qualitative Wege.

In der qualitativen Erhebungswelt geht es um Vorstudien, Hypothesenfindung, vertiefte Problem(er)kenntnis und Detailinformation. Anlassfall können – v.a. in der Wirtschaft – auch kurzfristig benötigte dringende Entscheidungshilfen sein.[16]

Qualitative Ansätze werden oft auch mit quantitativen Verfahren kombiniert.

Analysen der Kundenzufriedenheit z.B. liefern meist Zufriedenheitskennzahlen. Oft sind diese Kennzahlen (noch) nicht erhebbar, weil niemand weiß, welche überhaupt die richtigen sind. Was Kundenzufriedenheit jeweils ausmacht, kann im Vorfeld durch qualitative Forschung erhoben werden. Das werden bei Autos wohl ganz andere Kriterien sein als etwa bei Schokolade, Waschmittel oder einem speziellen Dienstleistungs-Startup.

Qualitative Forschung hat ihren Platz aber nicht nur VOR, sondern auch NACH quantitativen Erhebungen: Auf diese Weise werden quantitative Zahlen zusätzlich mit Inhalten belegt.

Nach einer quantitativen Imageanalyse kann es z.B. von Interesse sein, im Nachhinein die besten (oder schlechtesten) Imagekriterien zu detaillieren: Was bedeutet z.B. ein guter Wert bei „modern"? Woraus leitet sich empfundene Modernität inhaltlich genau ab usw.?

2.2 | Quantitative Methoden

Quantitative Methoden verfolgen den Ansatz zu zählen: also nicht verbal auszuformulieren, sondern rein zahlenmäßig zu quantifizieren und daraus Interpretationen abzuleiten. Quantitative Forschung entdeckt keine (weiteren) neuen Zugänge zu einem Thema (höchstens am Rande): Hier wird bereits Bekanntes erforscht, die Antwortalternativen bzw. möglichen Ergebnisausprägungen sind bereits vor der Erhebung fixiert.

---

[16] Die Auflistung weiterer Einsatzmöglichkeiten qualitativer Markt- und Sozialforschung ließe sich wohl endlos fortsetzen: Konzeptionsanalysen für Produkte und Dienstleistungen, Produkt- und Packungstests, Verhaltensstudien, die gesamte inhaltliche Kommunikations- und Werbeforschung, Inhaltsanalysen des Bedeutungsgehalts von Wort-, Bild- oder Filmmaterial, Detaillierung von Lifestyles und Zielgruppen, Erarbeitung von Markenstrategien und Firmendesigns, Assoziationsanalysen zu Marken, Logos usw.

Um gut quantifizieren zu können, kommen meist große Stichproben (oder Vollerhebungen) zum Einsatz.

Quantitative Erhebungsinstrumente erlauben nur sehr wenig, meist sogar überhaupt keinen Spielraum während der Erhebung.

Ein standardisierter Fragebogen bzw. ein Online-Formular z.B. wird jeder befragten Person in völlig identer Form und Struktur vorgelegt (vorgelesen). Die Wortwahl und Abfolge der einzelnen Fragen sind fixiert und dürfen nicht variiert werden. Handelt es sich um eine mündliche Befragung, sind zwischen den Fragen genaue Anweisungen an die Interviewer:innen angeführt *(vgl. den Punkt „Orientierung […]“ auf Seite 123 im Kapitel 7.3.1).*

Die Analyse quantitativer Daten wirft Häufigkeiten, Prozentwerte, Mittelwerte und weitere statistische Maßzahlen aus. Oft mündet sie auch in detaillierte und berechnungsintensivere Statistiken und Signifikanzprüfungen.

Im Zuge quantitativer Forschung werden konkret ausgewählte Merkmalsbeschreibungen systematisch einem zuvor festgelegten Kategoriensystem zugeordnet und auf zahlenmäßig breiter Basis gesammelt. Hier steht das Bestreben im Vordergrund, möglichst klare und eindeutige Informationen zu generieren. „Nackte“ Zahlen werden erhoben, ausgewertet und interpretiert, signifikante Unterschiede zwischen einzelnen Menschen oder Erhebungsgegenständen gesucht, erklärt und gedeutet.

Eine Bildungseinrichtung untersucht – über ein Jahr – die Klickraten auf ihre unterschiedlich gestalteten werblichen und redaktionellen Beiträge im Internet. Die Zahlen sollen eine Entscheidungsgrundlage liefern, wo und in welcher Form Inhalte positioniert werden müssen, um größtmögliche Reichweiten zu erzielen.

Ein Unternehmen befragt wiederholt jeweils 5.000 Kund:innen online: Dabei werden aus einer großen Anzahl konkreter Detailaspekte Qualitätskennzahlen abgeleitet.

Eine studierende Person spricht im Rahmen ihrer Masterarbeit mit mehreren hundert Expert:innen. Sie geht aber nicht auf inhaltliche Details des „Expertentums“ ein. Sie quantifiziert ausschließlich, wie viele sich mit jeweils welchen Themendetails auseinandersetzen.

Das Ziel ist erreicht, wenn das quantitativ produzierte meist umfangreiche Datenmaterial übersichtlich und anschaulich analysiert werden konnte: Wie oft treten Meinungen, Verhaltensweisen, Aussagen, Zustände (in welchen graduellen Ausprägungen) auf?[17]

Quantitative Analysen erfolgen meist mit spezifischer Software: Mit dem sehr gebräuchlichen Auswertungsprogramm **SPSS** (Version 29) beschäftigt sich im Detail Braunecker (2023, S. 105–206).

Abbildung 2 auf Seite 28 gibt einen zusammenfassenden Überblick über das Wesen der „inhaltlichen“ gegenüber der „zählenden“ Forschungswelt.

---

[17] Als weitere Anwendungsfälle quantitativer Markt- und Sozialforschung können die Feststellung von vordefinierten Einstellungen und Verhaltensweisen, die Ermittlung von Bekanntheitsgraden, die gesamte zahlenmäßige Kommunikations- und Werbeforschung (z.B. Reichweitenmessungen), Themen zählende Inhaltsanalysen, Analysen von Marktanteilen und Preisschwellen, Kunden- und Imageprofile, mengenmäßige Zielgruppen- und Lifestyle-Segmentationen, die (politische) Meinungs- und Sozialforschung usw. angeführt werden.

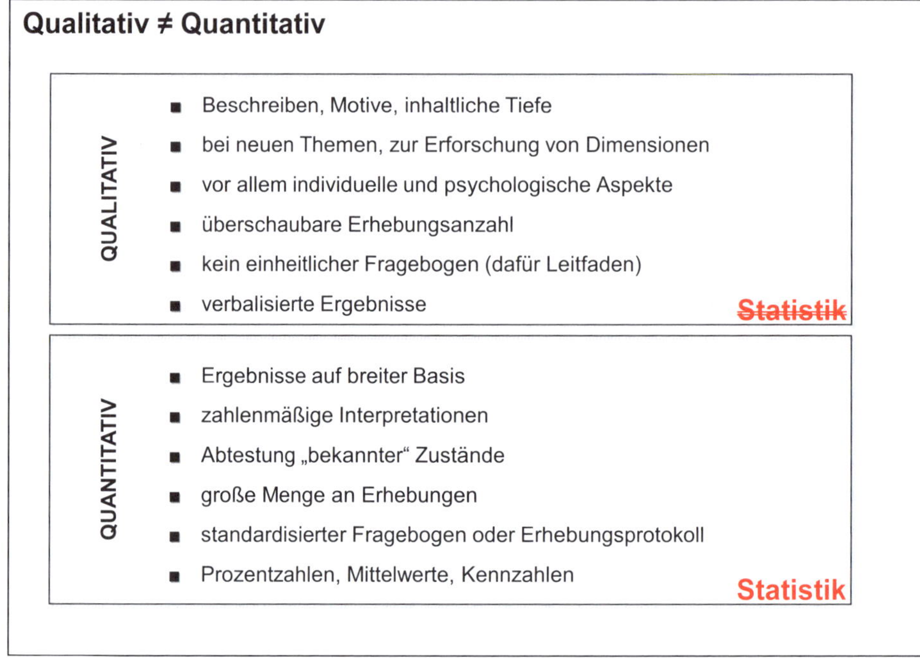

Abbildung 2: Qualitative und quantitative Methoden

In den folgenden Abschnitten dieses Kapitels werden die gebräuchlichsten Arten und Anwendungsfälle qualitativer und quantitativer Forschungsmethoden überblicksmäßig skizziert. Die Reihenfolge der Darstellung erfolgt aufgrund mannigfaltiger Kombinations- und Anwendungsmöglichkeiten der einzelnen Methoden willkürlich.

2.3 | Inhaltsanalyse

Inhaltsanalysen erforschen Kommunikationsinhalte, indem sie Aussagen und Bedeutungen untersuchen. Gegenstand einer Inhaltsanalyse können (Zeitungs-)Texte, Bilder, Radio- und Fernsehsendungen, Webseiten, Social Media, Bücher, Filme, Plakate, Firmenlogos, Firmenauftritte usw. sein. Die Basis der Analyse stellen von Personen geäußerte oder in Medien publizierte schriftliche, bildliche oder akustische Inhalte dar.

Inhaltsanalysen vereinen oft qualitative und quantitative Elemente: Neben dem Zählen des Auftretens von Aussagen, Bildern, Artikellängen, Artikelthemen etc. (**quantitative Inhaltsanalyse**) erfolgt oft auch eine bedeutungsmäßige Analyse der gezählten Wortinhalte (**qualitative Inhaltsanalyse**).

So könnte eine Inhaltsanalyse Artikel (aller Tageszeitungen eines Landes in der ersten Januarwoche eines bestimmten Jahres) zum Thema „Klimaveränderung" untersuchen. Sie könnte das Vorkommen des Wortes „Klimawandel" zählen und zwischen Boulevard- und Qualitätspresse vergleichen (quantitative Inhaltsanalyse). Wenn in weiterer Folge aus dem Artikelkontext heraus zusätzlich auch noch eine Bewertung erfolgt, ob der Beitrag verharmlosend, sachlich neutral oder alarmierend verfasst wurde, wird damit auch eine qualitative Inhaltsanalyse durchgeführt.

Ein sehr wichtiges Element jeder Inhaltsanalyse ist ein gutes **Codierschema**. Darin müssen alle zu analysierenden Kriterien und deren Ausprägungen klar definiert werden.

Codierschema einer Inhaltsanalyse

laufende_Nummer	Codierer:in	Artikelüberschrift	Medium	JahrMonatTag	PR-spezifischer_Begriff_01	PR-spezifischer_Begriff_02	usw.
001	Braunecker Claus	Profile einer guten PR	Standard	20320102	Public Relations	Öffentlichkeits arbeit	Wirtschaft
002	Braunecker Claus	Politische Kultur	Standard	20320516	Öffentlichkeits arbeit		Politik
003	Braunecker Claus	Verantwortungsvoll profilieren	Presse	20320816	Corporate Social Responsibility		Sonstiges
004	Braunecker Claus	Neue Netzwerke	Presse	20321102	Public Relations	Lobbying	Wirtschaft
005	Braunecker Claus	Vorbildliches Verhalten	Krone	20321223	Öffentlichkeits arbeit		Politik
usw.							

Abbildung 3: Beispielhaftes Codierschema für eine Inhaltsanalyse

Abbildung 3 zeigt als Beispiel einen konstruierten (bloß zur Veranschaulichung dienenden) Auszug aus einem Codierschema einer quantitativen Inhaltsanalyse. Das Codierschema ist konsistent zum Codebuch in Abbildung 4 ab Seite 30 und wurde mit Excel angelegt.

Bevor die Inhaltsanalyse starten kann, ist es notwendig, das Codierschema bei wenigen Analyseelementen auszuprobieren (**Pretest**). Treten dabei noch Probleme (Unklarheiten) auf, sollte das Schema unbedingt nachjustiert werden.

Sehr bedeutsam ist auch, dass alle, die an der Inhaltsanalyse mitarbeiten, die Inhalte nach denselben Grundsätzen im Codierschema erfassen bzw. eintragen: Es muss unbedingt sichergestellt sein, dass verschiedene Menschen die Inhalte in dieselben Kategorien einordnen (**INTER-Coder-Reliabilität**). Zur Überprüfung der Inter-Coder-Reliabilität gibt es eigene Testverfahren (z.B. der „Holsti-Test" auf Seite 113 im Kapitel 6.5.3). Außerdem muss jede Person, die heute Inhalte klassifiziert, dieselben Inhalte auch morgen oder übermorgen noch ident erfassen (**INTRA-Coder-Reliabilität**).

Zur Sicherstellung einer geregelten und reliablen Datenerfassung ist es unbedingt erforderlich, noch vor Beginn der Codierarbeit ein sogenanntes **Codebuch** zu erstellen.

Darin werden die Analyseeinheiten[18] und Analyseinhalte im Detail definiert und alle Codierungsregeln festgelegt.

Die folgende Abbildung zeigt Auszüge aus einem 20-seitigen(!) Codebuch.

Gegenstand der Inhaltsanalyse war die Berichterstattung österreichischer Printmedien über Public Relations. Das Codebuch wurde in Anlehnung an Kerl (2007) und Burkart und Rußmann (2010) erstellt.[19] Für die hier beispielhafte Abbildung erfolgten leichte Adaptierungen.

<u>CODEBUCH für die Datenerfassung in Excel</u>

Forschungsleitende Fragestellungen

Wie berichten die reichweitenstarken tagesaktuellen Printmedien Österreichs über Public Relations/Öffentlichkeitsarbeit? Im Detail: Zu welchen Themenbereichen wird über PR berichtet? Welche Leistungen/Funktionen von PR kommen dabei zur Sprache? [...]

Auswahl des Analysematerials

[...]

Analyseeinheit

ist der Artikel. Als Artikel gilt ein drucktechnisch abgesetzter Textbeitrag. Bei dieser Analyse handelt es sich stets um ein (pdf-)Dokument, das aus der APA-DeFacto Datenbank entnommen wurde. Vom Umfang her ist dies in der Regel (weniger als) 1 Seite. Ein Artikel hat in der Regel einen Titel, oftmals auch einen Untertitel und einen Vorspann (Lead), bevor der eigentliche Textkorpus (Body) beginnt. Analysiert wird ausschließlich der Textkorpus – Titel, Untertitel und Vorspann werden NICHT analysiert.

Codiereinheit = Sinneinheit

Auf semantischer Ebene *(vgl. Früh 2015)* werden „Sinneinheiten" (auch: Bedeutungseinheiten) codiert. Darunter sind Textpassagen zu verstehen, in denen zu den ausgewählten Suchbegriffen etwas ausgesagt wird. Dies können (in formaler Hinsicht) mehrere Sätze (sogar Absätze) sein. Es kann auch sein, dass eine Sinneinheit aus (mehreren) Textpassagen besteht, die nicht unmittelbar hintereinander, sondern an verschiedenen Stellen des Textes erscheinen. Diese Codiereinheit lässt sich vorweg nicht eindeutig festlegen, weil sie eben nicht nach formalen, sondern nach inhaltlich-semantischen Kriterien definiert wird.

Codieranleitungen für die Erstellung eines Codierschemas in Excel:

Spalte Inhalt
↓ ↓

1.1 Formale Kategorien

A Laufende Nummer (vom jeweils zugeteilten Artikel übernehmen)
B CodiererIn (Nachname, Vorname eintragen)
C Artikelüberschrift (Titel und Untertitel eintragen)
D Medium (Dropdown-Liste)
E Jahr, Monat, Tag
F PR-spezifische Begriffe
Für jeden Artikel sind die PR-spezifischen Begriffe zu erfassen, die im Text vorkommen.

[18] Analyseeinheit kann z.B. eine gesamte Zeitung, eine Seite daraus, ein Artikel, ein Satz, eine Sinneinheit usw. sein.

[19] Das Codebuch entstammt einem Forschungsseminar am Institut für Publizistik- und Kommunikationswissenschaft der Universität Wien aus dem Wintersemester 2014/15 unter der Leitung von ao. Univ. Prof. Dr. Roland Burkart und dem Autor dieses Buchs. Dabei wurden in der Datenbank der APA (Austria Presse Agentur) alle Zeitungsartikel der Jahre 2004 bis 2014 nach Schlagworten wie „Public Relations", „PR" und anderen vorab genau definierten Begriffen durchsucht und im Fall eines Treffers in die Inhaltsanalyse miteinbezogen. Verfasser des Originals war Roland Burkart mit Unterstützung seiner damaligen Assistentin Neda Ninova.

Maximal drei verschiedene Begriffe werden erfasst – und zwar diejenigen, die innerhalb des Artikels als zentral erachtet werden können.

Die Dropdown-Liste enthält folgende Begriffe:

PR-Synonyme	PR-Dachbegriffe	[...]
Public Relations	Corporate Communication	[...]
Öffentlichkeitsarbeit	Integrierte Kommunikation	
[...]	[...]	

G Ressort (Politik, Wirtschaft, Kultur, Sport, Lokales/Chronik, Sonstiges (Dropdown)

H Darstellungsform: FAKTEN-betont (Nachricht, Bericht) versus MEINUNGS-betont (kommentierend, wertend) (Dropdown-Liste)

I Länge (Wörter): Textkorpus in ein Word-Dokument kopieren und die Funktion „Wörter zählen" aktivieren (Zahl im Codierschema eintragen)

1.2 Inhaltliche Kategorien

Thema

J PR als Hauptthema

Der Artikel widmet sich ausschließlich oder wenigstens hauptsächlich der PR.

PR als Hauptthema wird dann codiert, wenn diejenigen Sinneinheiten, die sich mit einem PR-spezifischen Inhalt auseinandersetzen, den höheren Anteil ausmachen, gegenüber jenen, für die das nicht zutrifft.

K PR als Nebenthema

PR ist zwar Thema der Berichterstattung, aber nur nebenbei, hauptsächlich wird über etwas anderes berichtet. Es muss die Auseinandersetzung mit einem PR-spezifischen Inhalt, aber wenigstens im Ausmaß von einer Sinneinheit erfolgen – [...]

Themenbereich

Die Kategorien erfassen den thematischen Bereich, dem sich die im Beitrag enthaltenen Informationen über PR zuordnen lassen.

Für jede Kategorie ist zu prüfen, ob sie im Artikel angesprochen wird. Pro Artikel kann jede Kategorie nur ein einziges Mal codiert werden. Es können aber mehrere Kategorien innerhalb ein und derselben Dimension (Themenbereich, PR-Leistungen/Funktionen, PR-Perspektive, Zweifel) codiert werden. [...]

L Veranstaltungsankündigungen

M Textstelle(n) eintragen

Redaktionelle Hinweise auf Veranstaltungen zum Thema PR, aber auch auf Aus- und Weiterbildungsangebote, [...]

Beispiel:

Seit Montag stehen sie fest, die 16 Projekte, die es [...] Eine zwölfköpfige Jury hat [...]. Die Bekanntgabe der Kategoriensieger und [...] erfolgt im Rahmen der PR-Gala [...] am [...] in [...]. (Die Presse, 28.10.2008)

N Brancheninformation allgemein

[...]

PR-Leistungen/Funktionen

Hier wird erfasst, [...]

[...]

Wertung

Für jeden Artikel ist eine Wertung zu erfassen. Erst NACH dem Lesen des gesamten Artikels lässt sich feststellen, ob überhaupt eine Bewertung stattgefunden hat.

Die Wertung bezieht sich stets ausschließlich auf jene Sinneinheiten, die PR-relevant sind (als NICHT PR-relevant einzustufende Textstellen entziehen sich der Analyse).

AA Wertung – differenziert wird zwischen

0	neutral (bzw. keine Wertung) = es handelt sich ausschließlich um deskriptive Aufzählungen von Zahlen/Daten/Fakten etc.
1	(überwiegend) positiv = es kommen ausschließlich oder mehrheitlich positive Bewertungen vor
2	[...] usw.

Abbildung 4: Codebuch einer Inhaltsanalyse (Auszüge, adaptiert)

In aktueller Zeit sind sehr viele Video-, Bild- und Textelemente digital verfügbar – egal, ob massenmediale Kommunikation oder zwischenmenschliche Social Media-Interaktionen: Analysen gespeicherter, allgemein zugänglicher Inhalte sind weit verbreitet. Menschen, die das öffentliche Internet themenbezogen durchsuchen, benötigen Zeit, der monetäre Aufwand ist hoch. Da liegt es nahe, stattdessen Suchsoftware einzusetzen.

Eine Institution möchte z.B. in Erfahrung bringen, wie sich eine neu eingeführte Dienstleistung im Netz verbreitet, wie sie angenommen, wie darüber kommuniziert wird.

Eine große Vielfalt an Textanalyse-Tools bietet Forschenden, Medienbeobachtungsunternehmen und Social Media-Agenturen die Möglichkeit, das Netz nach definierten Begriffen (**Keywords**) zu durchforsten: Zum Extrahieren gesuchter Inhalte stehen neben medienübergreifenden digitalen Datenbanken verschiedene Computerprogramme (sogenannte Bots, Scraper bzw. Crawler) oder Programmierschnittstellen von Webservern zur Verfügung (vgl. Brosius et al., 2022, S. 185).

In allen diesen Fällen **automatisierter Textanalysen** stellt das reine Zählen leicht zugänglicher, für alle öffentlicher Inhalte eine praktikable Anwendung dar.

Wie oft z.B. ein Markenname, der Name einer politischen Partei oder Begriffe wie „Nachhaltigkeit" oder „Klimawandel" in den Bereichen öffentlich zugänglicher Sozialer Netzwerke auftauchen, kann relativ einfach automatisiert gezählt werden.

Automatisiertes Analysieren hat den Vorteil, auch wirklich SEHR große Inhaltsmengen durchforsten und dabei z.B. auch zeitliche Unterschiede bzw. nur geringfügige Veränderungen abbilden zu können (vgl. Brosius et al., 2022, S. 182).

Wer jedoch (auch) Bedeutungszusammenhänge erfassen bzw. bewerten möchte, stößt an die Grenzen der Automatisierungen. Softwarealgorithmen versuchen zwar, Bedeutungen richtig zu „verstehen": Sie zerlegen Texte über vorab von Menschen aufgestellte Regeln in Einzelteile und trainieren sich selbst nach und nach das Verständnis unterschiedlicher Sprachen an (vgl. Brosius et al., 2022, S. 185–188). Geht es jedoch (auch) um das richtige Interpretieren semantischer Satz- und Wortzusammenhänge (oder von Video- bzw. Bildmaterial[20]), werden rein technische Lösungen schwieriger (vgl. Brosius et al., 2022, S. 180): Im Hintergrund eventuell verborgener Sinngehalt kann von ihnen oft nur schwer erfasst werden.

Für die eigentlichen **Sentiment-Analysen** sind oft (zusätzliche) menschliche Ressourcen notwendig.

Einem „dummen" Programm mittels Definitions-Regeln beizubringen, dass die Aussage in einem Online-Forum „DAS ist ja mal eine gute Marke" nicht unbedingt positiv gemeint

[20] Vgl. Fußnote 21.

sein muss, stellt eine Herausforderung dar. Ist die zitierte Aussage im Kontext wirklich positiv gemeint oder stellt sie eine negative, von Zynismus gefärbte Äußerung dar?

Auch gepostete Videos oder Bilder können positiv oder negativ konnotiert sein, was oft nur menschliche Intelligenz feststellen kann.

Automatismen können zwar im jeweiligen Vorfeld einer Analyse entscheidend dazu beitragen, relevante Inhalte zunächst einmal aufzufinden. Anschließend bedarf es aber ergänzend der menschlichen Interpretation.

Zwar schreitet die Systementwicklung voran, auch beim Erkennen von (deutschsprachigen) Bedeutungszusammenhängen – Stichwort ChatGPT. Nichts desto trotz ist eine rein automatisierte Analyse weiterhin schnell fehlerbehaftet – vor allem dann, wenn es um die Erkennung von Ironie, Zynismus geht bzw. sich User:innen-Beiträge auf vergangene Kommentare in einer Online-Diskussion beziehen.

Zudem erfordern zahlreiche neue Plattformen (z.B. TikTok, BeReal etc.) und Formate (Stories, Reels etc.) ein immer komplexeres Vorgehen. Vor allem das VOLLSTÄNDIGE Erheben von Videos, Bildern und Texten wird durch den nicht allgemein öffentlichen Zugang zu ALLEN Inhalten bzw. durch technische Einschränkungen der Plattformen selbst erschwert oder gar unmöglich gemacht. Auch hier ist die menschliche Komponente vonnöten.

Fazit: Vollständige, vertiefende und bewertende Forschung ist ohne intensiveres Zutun von geschultem Personal nach wie vor nicht durchführbar. Die Kombination von fortschrittlicher Artificial Intelligence und inhaltsanalytisch ausgebildeten Codierer:innen wird die nähere Zukunft prägen. Mehr und mehr wird sich der menschliche Beitrag aber auf die Deutung, Interpretation sowie Maßnahmenableitung konzentrieren.[21]

2.4 | Beobachtung

Bei einer Beobachtung werden Situationen, Handlungen und Verhaltensweisen dort erfasst, wo sie geschehen. Beobachtungen können Einzelpersonen, miteinander agierende Gruppen oder auch Dinge (z.B. Gegenstände) betreffen.

Wissenschaftliche Beobachtungen unterliegen strengen Regeln: Mehr als bei jeder anderen Forschungsmethode wirken hier subjektive Wahrnehmung und Einstellungen der beobachtenden Person sehr schnell verzerrend auf die Ergebnisse. Unkontrolliert beobachtet jeder Mensch etwas Anderes, jedem Individuum fallen andere Dinge besonders auf.

Deshalb müssen **wissenschaftliche Beobachtungen** die Realität sehr genau filtern: Es ist essentiell, exakt zu definieren, WAS vom Beobachteten im Detail registriert und protokolliert werden soll, und was nicht (vgl. Ebster & Stalzer, 2017, S. 213).

Analog zum Codierschema bei Inhaltsanalysen wird deshalb bei Beobachtungen ein **Beobachtungsbogen** erstellt (vgl. Abbildung 5 auf Seite 34). Darin werden die Beobachtungsinhalte

[21] Die Ausführungen auf den letzten beiden Seiten spiegeln (auch) die aktuellen Erfahrungen aus der sehr breiten Forschungspraxis des Experten für Social Media-Marktforschung Mag. (FH) Markus Zimmer, Inhaber und Geschäftsführer des Wiener Instituts BuzzValue – New Media Research, wider (persönliches Gespräch, 23.3.2023).

Beobachtungsbogen Mobiltelefon-Nutzung am Steuer

Ort: ______________________________

Datum (tt.mm.jj): |__|__|.|__|__|.20|__|__| **Zeit:** von |__|__|:|__|__| bis |__|__|:|__|__| Uhr

Beobachter:in: ______________________________

Fahrzeug	Fahrzeugtyp			Anzahl Personen mit Mobiltelefon-Nutzung zum Beobachtungszeitpunkt				
Nr.	PKW	Liefer-wagen	LKW	keine	eine	zwei	drei	mehr
1	☐	☐	☐	☐	☐	☐	☐	☐
2	☐	☐	☐	☐	☐	☐	☐	☐
3	☐	☐	☐	☐	☐	☐	☐	☐
4	☐	☐	☐	☐	☐	☐	☐	☐
5	☐	☐	☐	☐	☐	☐	☐	☐
6	☐	☐	☐	☐	☐	☐	☐	☐
7	☐	☐	☐	☐	☐	☐	☐	☐

usw.

Abbildung 5: Beobachtungsbogen Handynutzung am Steuer (in Anlehnung an Döring & Bortz, 2016, S. 343)

Eyetracking

- Bei der Blickverlaufsregistrierung werden die Bewegungen der Augen (technisch) beobachtet.
- „Funktioniert" die Gestaltung eines Layouts? Sammeln sich die Blicke dort, wo sie sollen?
- Je dunkler die Flecken, desto mehr Personen blicken intensiv (länger) auf diese Stellen.

Für die nebenstehende Abbildung wurde ein Bild der ersten Auflage dieses Buchs aus dem Jahr 2021 von Frau MMag. Dr. Verena Liszt-Rohlf, Senior Researcher, Department Wirtschaft an der FH Burgenland, einem beispielhaften Eyetracking unterzogen.

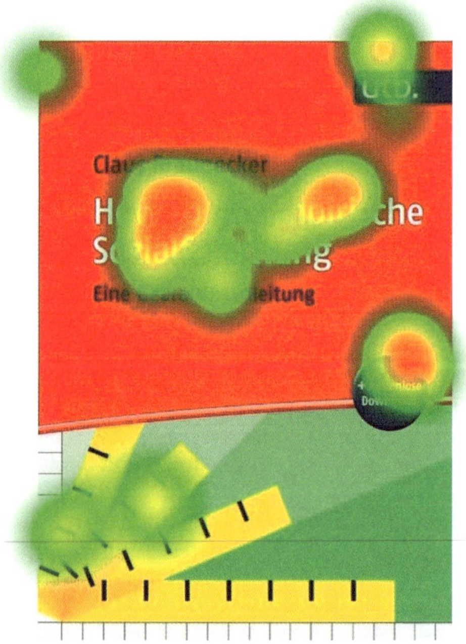

Abbildung 6: Eyetracking-Ergebnis der Titelseite dieses Buchs (2021, 1. Auflage)

klar definiert. Außerdem muss es genaue Pläne geben, wann, was, wer und wo beobachtet wird.

Auch audiovisuelle Aufzeichnungstechniken sind empfehlenswert: Oft können sonst nach dem Beobachten nicht mehr alle Inhalte lückenlos reproduziert werden.

Beobachtungen werden gerne mit Befragungen kombiniert: Erhebungspersonen können z.B. die Befragten nach gewissen vorher festgelegten Kriterien beobachten und deren Reaktionen auf bestimmte Fragestellungen oder Reize notieren.

Die beobachtende Person kann Teil des Geschehens sein (**teilnehmende Beobachtung**) oder eine Betrachterrolle „von außen" einnehmen. Beobachtungen können in künstlicher Umgebung (**Laborbeobachtung**) oder „mitten im Leben" (**Feldbeobachtung**) stattfinden.

Als Anwendungsfälle für künstliche Laborbeobachtungen lassen sich beispielhaft die Media-, Leserschafts- und Werbeforschung mit Hautwiderstandsmessungen anführen. Auch Neuro-Marktforschung (Elektroden messen Spannungen der Haut oder Hirnströme, die bei hoher Aufmerksamkeitserregung ansteigen) und Blickverlaufsregistrierung (Eyetracking, *vgl. Abbildung 6 auf Seite 34**) fallen in diesen Bereich.*

Beispiele für natürliche Feldbeobachtungen sind Beobachtungen des Konsument:innenverhaltens oder Formen der Konkurrenzforschung. Passant:innen- und Schaufensterbeobachtungen oder die verbreiteten Mystery-Tests zählen ebenso dazu.

*Bei einem **Mystery-Call** oder **Mystery-Shopping** geben sich Erhebungspersonen als Kundinnen oder Kunden aus. Sie konfrontieren das Verkaufs- und Servicepersonal einer Firma*

Mystery-Protokoll

Filiale
Tester:in
Datum
Uhrzeit

	ja	nein	nicht vorhanden
Beleuchtung & Sauberkeit	↓	↓	↓
Sind die Tische sauber?	1	2	
Sind die Sessel sauber?	1	2	
Ist der Boden sauber?	1	2	
Scheiben der Fenster/Türen sauber?	1	2	
Teppiche gereinigt/gepflegt?	1	2	
Sind die Pflanzen gepflegt?	1	2	
Geschirr	↓	↓	↓
Sind die Tabletts sauber?	1	2	
Sind die Tabletts trocken?	1	2	
Ist genügend Geschirr vorhanden?	1	2	
Ist das Geschirr sauber?	1	2	
Sind die Gläser sauber?	1	2	
Sind die Teller sauber?	1	2	
Wartezeit & Mitarbeiter:innen	↓	↓	↓
Haben Sie max. 3 min an der Kasse gewartet?	1	2	
Kassen-Mitarbeiter:in freundlich?	1	2	

usw.

Abbildung 7: Mystery-Protokoll für Selbstbedienungs-Restaurants (Auszug)

mit alltäglichen Kundenanliegen oder sind beobachtend und protokollierend – z.B. in Verkaufsräumen – unterwegs. Mystery-Tests können auch in Testanrufen oder Testkäufen bestehen. Noch einen Schritt weiter gehen simulierte Beratungsgespräche oder Rollenspiele zur Beurteilung von z.B. Kundenbetreuungspersonal im Außendienst.

Auch bei Mystery-Tests gibt es für eine systematisierte und vor allem streng objektivierte Erfassung Beobachtungs- oder **Protokollbögen** (vgl. Abbildung 7 auf Seite 35).

Die Testpersonen sollen möglichst ohne Beurteilungsspielraum testen: Das lässt sich v.a. über Faktenabfragen, die ausschließlich mit „ja" oder „nein" zu beantworten sind, realisieren. Dabei ist es durchaus hilfreich, im Vorfeld der Erhebung genaue Definitionen vorzunehmen.

Ab wann gilt z.B. ein auf Sauberkeit zu beurteilender Bereich als „sauber" oder eine zu beurteilende Person als „freundlich".

Das kann in der Art eines Codebuchs einer Inhaltsanalyse erfolgen (vgl. Abbildung 4 auf Seite 32).

Schulnotenbeurteilungen, die eine individuelle Sicht von Tester:innen widerspiegeln, sollten die Ausnahme darstellen: Ihr Einsatz kann jedoch dabei helfen, auch das subjektive Empfinden der Testpersonen bei der Erhebung abzubilden. Bei Bedarf kann dann auch diese Komponente in die ErgebnisINTERPRETATION (jedoch nicht in die ErgebnisERMITTLUNG) miteinbezogen werden.

Die Testenden müssen glaubwürdige und möglichst authentische Typen verkörpern:

Nicht besonders realistisch würden z.B. ältere Menschen wirken, die ein Studierendenkonto eröffnen wollen.

Firmeneigene Mitarbeiter:innen sind als Testpersonen weniger gut geeignet (Kollegialitätsprobleme). Möglichst viele Mystery-Checker sollten ihre Beobachtungen möglichst gleichmäßig und breit über Tageszeiten und Wochentage streuen. Keinesfalls darf dabei die Anonymität der Getesteten verletzt werden. Die Beobachteten sollten auch immer (vorab) informiert werden, dass Tests stattfinden (vgl. dazu auch Seite 50 im Kapitel 3.3.1).

2.5 | Gruppendiskussion (Fokusgruppe)

Bei einer Gruppendiskussion diskutieren etwa sechs bis 12 Personen unter der Leitung einer moderierenden Person rund ein bis zwei Stunden lang zu einem bestimmten Thema. Dabei wird die alltägliche Situation eines Meinungsbildungsprozesses möglichst gut nachgebildet.

Die Situation eines Gesprächs in der Gruppe kann dazu beitragen, Hemmungen abzubauen und wechselseitig Anregungen im Gespräch aufzugreifen. Dadurch wird der weitere Verlauf der Diskussion gefördert (vgl. Ebster & Stalzer, 2017, S. 211).

Ein großer Vorteil, den Fokusgruppen besitzen, ist die Möglichkeit, Gegenstände und Informationsmaterial direkt in den Forschungsprozess miteinzubeziehen. Die Gruppe kann über audiovisuelle, technische oder Prototypen jeglicher Art diskutieren – z.B. über Werbesujets, Logos, textliche Formulierungen, Prospekte, Publikationen, Düfte, Modellentwürfe usw. Das Material benötigt keine hohe Testauflage (Stückzahl) und wird trotzdem in konkret erlebbarer Ausgestaltung direkt in den Zielgruppen abgetestet.

Sehr wichtig ist es, dass die moderierende Person eine neutrale Position zum Thema einnimmt. Damit auf keine Fragestellungen vergessen werden kann, skizziert ein vorab erstellter **Diskussionsleitfaden** den Ablauf (vgl. Abbildung 31 auf Seite 120).

Die Ergebnisse einer Gruppendiskussion werden stark durch die Moderation gelenkt: Immer dann, wenn das Gespräch abflacht oder vom Thema abdriftet, greift die Diskussionsleitung ein. Eine wichtige Rolle der Moderation besteht auch im Ausgleich zwischen redegewandten und stilleren Gruppenmitgliedern. Alle sollten gleichermaßen zu Wort kommen: Bereits vor der Diskussion muss deshalb sichergestellt worden sein, dass alle teilnehmenden Personen überhaupt einen Bezug zum Diskussionsgegenstand haben.

Ob eine Diskussionsgruppe homogen oder heterogen zusammengestellt wird, hängt von Themenstellung und Ergebniserwartung ab.

Homogene Gruppen können durch eine ähnliche Gruppenmeinung ein Ergebnis im Idealfall verfeinern und vertiefen. Ein allzu einheitliches und wenig differenziertes Gesamtmeinungsbild kann aber auch den Nachteil haben, nur wenig neue Erkenntnis zu bringen. Bei heterogenen Gruppen besteht diese Gefahr kaum. Hier kann es jedoch vorkommen, dass Einzelmeinungen falsch auf größere (Ziel-)Gruppen übertragen (verallgemeinert) werden: Eine Einzelperson kann einer Zielgruppe zwar strukturell absolut entsprechen, aber meinungsmäßig vielleicht völlig untypisch argumentieren.

Folgendes Beispiel zeigt die Problematik der Zusammensetzung von Diskussionsgruppen:

Zum Thema „Einstellung zum Klimaschutz" wird EINE Fokusgruppe durchgeführt. Daran nehmen ein oder zwei Mitglieder jeder Altersgruppe teil. In der Gruppe sind auch zwei ältere – bereits pensionierte – Personen. Beide haben nahe Angehörige mit einflussreichen Jobs in der Logistikbranche (Straßen- bzw. Luftverkehr). Dieser Umstand ist aber unbekannt. Beide sehen das Thema im Licht ihres familiären Umfelds. Gelten nun diese zwei „Spezialmeinungen" gesamthaft als Indikator für die Einstellung der älteren Bevölkerung, ist das natürlich irreführend. Wesentlich korrekter wäre es hier, auf MEHRERE Fokusgruppen zu setzen, innerhalb ähnlicher Altersgruppen, aber mit heterogenerem Umfeld.

Die Aufzeichnung und Auswertung von Gruppendiskussionen erfolgen elektronisch, Institute verfügen über notwendige Räumlichkeiten (oft mit Einwegspiegeln) und technische Einrichtungen. Die Aufzeichnungen der Diskussionen werden in Vorbereitung auf die Ergebnisanalyse in geschriebenen Text übertragen (**transkribiert**).

Oft werden in Ergänzung zur Diskussion auch kurze Selbstausfüller-Fragebögen verteilt. Sie helfen bei der Erfassung individueller Einstellungen zum Diskussionsgegenstand. Das erleichtert die Interpretation von Aussagen bei der Ergebniszusammenfassung.

Aufgrund der menschlichen Kontaktbeschränkungen wurden während der Covid19-Pandemie viele Fokusgruppen per Videokonferenz durchgeführt. Bei internetaffinen Zielgruppen bietet das große zeitliche, räumliche und technische Vorteile: Es entfallen (oft lange) An- und Abreisezeiten für Diskutierende und Moderator:innen zum und vom Diskussionsort.

Ein z.B. Wiener Forschungsinstitut kann auf diese Art viel effizienter auch Diskussionen in den Bundesländern organisieren. Die Aufnahmetechnik (Video-Cam und -Konferenzsoftware) steht im Büro bereit und muss nicht quer durch Österreich an einen entfernten, oft erst anzumietenden Veranstaltungsraum transportiert und dort auf- und abgebaut werden. Da Diskussionen wegen der Zeitbudgets der teilnehmenden Personen überwiegend erst ab dem späteren Nachmittag stattfinden können, entfallen in weiterer Folge für die Veranstalter auch die Übernachtungskosten.

Elektronische Gruppen etablieren sich deshalb auch nach der Pandemie mehr und mehr als sehr gängige Durchführungsform.

Rund um eine virtuelle Diskussionsrunde werden dort und da auch themenbezogen virtuelle „Zusatz-Einzelaufgaben" vergeben, die eine intensivere Auseinandersetzung mit dem Erhebungsgegenstand fördern und die Diskussionsfähigkeit der Teilnehmer:innen steigern.

2.6 | Qualitative Befragung

Gegenüber der bei Fokusgruppen angewendeten „Gruppenstrategie" steht bei qualitativen Einzelbefragungen das Individuum im Zentrum des Erkenntnisinteresses.

Hier kommen in der Praxis ähnliche, in der Durchführung aber nicht immer exakt voneinander abgrenzbare Verfahren zum Einsatz.[22] Relativ klar unterteilen lassen sich die Möglichkeiten qualitativer Interviewführung aber in Leitfadeninterviews, offen geführte Interviews und narrative Interviews (vgl. Gläser & Laudel, 2010, S. 42).

Bei **Leitfadeninterviews** erfolgen die Einzelgespräche mit vorgegebenen Themen und einer Art Frageliste. Dieser Gesprächsleitfaden (vgl. Abbildung 30 auf Seite 119) und das offene Gespräch erlauben den Befragten, ihren Gedanken freien Lauf zu lassen. Sie werden nicht durch ein Frage-Antwort-Schema eingeschränkt, wie dies bei quantitativen Erhebungen mit standardisierten Fragebögen der Fall ist. Die Formulierungen der Fragen und Reihenfolge der Fragebeantwortung orientieren sich am Gesprächsverlauf.

Falls notwendig, sind auch ergänzende Fragen möglich: Die Themenliste lässt sich bei zu knappen Antworten oft nur vollständig abarbeiten, wenn nachgefragt wird.

(Auch) für Gespräche mit Personen, die auf einem bestimmten Gebiet hohen Expertenstatus (durch Wissen, Rang usw.) besitzen, ist diese Technik der Leitfadeninterviews (**Expert:inneninterviews**) sehr gut anwendbar (vgl. Gläser & Laudel, 2010, S. 43).

Völlig **offene Interviews** besitzen keinen Leitfaden mehr, sondern nur noch eine Themenliste. Hier bewegen sich die Interviewenden mit frei formulierten Fragen durch die Details.

Noch offener gestalten sich **narrative Interviews**: Sie beginnen mit EINER komplexen Frage.

„Erzählen Sie bitte, wo (wie) Sie im letzten halben Jahr mit Klimawandel zu tun hatten."

Erst nach einer längeren erzählenden Antwort der interviewten Person ist Nachfragen möglich, was zu weiteren Erzählungen anregt.

In der qualitativen Erhebungspraxis üblich sind auch **qualitative Einzelbefragungen**. Hier gelangen gewöhnliche **qualitative Fragebögen** (vgl. Abbildung 32 auf Seite 121) zum Einsatz.

[22] Auch die themenspezifische Literatur ist sich hier oft nicht einig.

Diese legen zwar die Reihenfolge der überwiegend offenen Fragen fest, deren genaue Formulierung ist aber nicht vorgegeben.

Alle qualitativen Befragungstechniken haben den Zweck, (sehr) detaillierte, verbal ausformulierbare und vor allem inhaltliche Auskünfte zu einem Thema zu erhalten. Dabei kann sehr individuell auf die Befragten eingegangen werden: Abhängig von deren Wortschatz fällt das Gesprächsergebnis mehr oder weniger wortreich aus. Die erhebenden Personen stellen sich in Wortwahl und Gesprächsniveau möglichst passend auf das jeweilige Gegenüber ein. Dadurch können oft auch unbewusste Einstellungen oder Verhaltensweisen der Befragten an die Oberfläche geholt werden.

Dieser Aufbau einer vertrauensvollen Gesprächssituation erfordert geschultes Erhebungspersonal. Wegen des hohen Zeitaufwands sind meist nur wenige gute Interviews möglich.

Wie Gruppendiskussionen werden die qualitativen Einzelbefragungen auditiv und/oder visuell aufgezeichnet und in geschriebenen Text übertragen (**transkribiert**). Auch der weitere Auswertungsaufwand ist sehr groß: Gilt es doch, aus vielen subjektiven Einzel-Statements inhaltlich zusammenfassbare Schlüsse zu ziehen, die die Erkenntnisinteressen der Erhebung abdecken.

Auch qualitative Einzelbefragungen haben – wie Gruppendiskussionen – in den Jahren der Pandemie einen „virtuellen Aufschwung“ erlebt (vgl. die diesbezüglichen Ausführungen am Ende von Kapitel 2.5 auf Seite 37).

2.7 | Quantitative Befragung („Umfrage“)

Wenn im allgemeinen Sprachgebrauch von „Umfragen“ gesprochen wird, dann ist meist von der quantitativen Befragung die Rede. Sie kommt in der empirischen Sozialforschung sehr häufig zum Einsatz.

Abbildung 8 auf Seite 40 gibt einen Überblick über häufig vorkommende Arten quantitativer Umfragen.

Es gibt sie mündlich oder schriftlich, in Form von Interviews oder Fragebögen, welche die Befragten selbst ausfüllen, persönlich, telefonisch oder elektronisch, einmalig oder wiederholt. Einmal wird mit einem Fragebogen aus Papier gearbeitet, einmal mit einem Online-Formular, dann wieder mit Befragungssoftware oder einem Smartphone-Befragungstool.

Quantitative Befragungen erfolgen meist in Form von **voll standardisierten Interviews**: Alle Fragen sind in ihrem Wortlaut vorformuliert und besitzen eine genau festgelegte Reihenfolge. Es ist genau fixiert, was und wann offen, was und wann geschlossen gefragt wird. Ein Beispiel eines quantitativen Fragebogens zeigen Abbildung 27 und 28 auf Seite 107–108.

Bei persönlichen und telefonischen Befragungen müssen die erhebenden Personen möglichst alle über die Befragung hinausgehenden Interaktionen mit den Befragten vermeiden. Dadurch sollen subjektive Einflüsse auf das Antwortverhalten weitestgehend ausgeschaltet – oder zumindest auf ein Mindestmaß reduziert – werden.

Das Befragungspersonal erhält genaue Anweisung, wie es sich an welcher Stelle des Fragebogens zu verhalten hat (vgl. dazu im Detail die Kapitel 7.3.1 ab Seite 122 und 7.3.2 ab Seite 127). Der Rei-

Arten quantitativer Befragungen

schriftlich	**Papierfragebögen zum Selbstausfüllen** (per Post, Verteilung durch Personal, an Auslegepunkten …)
F2F	**Face to Face** (persönliche Interviews, PAPI oder CAPI)
PAPI	**Paper Assisted Personal Interviews** (persönlich, auf Papier)
CAPI	**Computer Assisted Personal Interviews** (persönlich, mit Tablet oder Notebook)
CATI	**Computer Assisted Telephone Interviews** (telefonisch, interviewende Person sitzt am PC)
CAWI	**Computer Assisted Web Interviews** („Selbstausfüller", per E-Mail, Link, am Befragten-PC)
WATI	**Web Assisted Telephone Interview** (telefonisch, befragte Person sitzt am PC)

Abbildung 8: Arten quantitativer Befragungen

he nach wird jede Frage im exakten Wortlaut mit den jeweils vorgegebenen Antwortalternativen vorgelesen. Die erhaltenen Antworten müssen kommentarlos angekreuzt, Antworten auf offene Fragen möglichst Wort für Wort notiert werden. Die erhebende Person wird – überspitzt formuliert – zu einem „Befragungsroboter".

Bei selbst auszufüllenden schriftlichen bzw. Online-Befragungen müssen die Befragten selbst die genauen Anweisungen lesen und den Fragebogen ausfüllen.

Hier ist es besonders wichtig, dass alle Anleitungen und Fragestellungen kurz, prägnant und verständlich formuliert werden.

Bei einem **vollstrukturierten Interview** sind ALLE Fragen und Antwortmöglichkeiten fix vorgegeben. Bei einer **semistrukturierten Befragung** werden zwar die Reihenfolge der Fragen und Formulierungen fixiert, Antwortkategorien (bei bestimmten Fragen) jedoch nur fast: Hier gibt es als letzte Antwortalternative dann noch Platz für „Sonstiges, und zwar: ___" mit der Möglichkeit, individuelle Antworten zusätzlich zu erfassen (vgl. Frage 15 im Beispielfragebogen in Abbildung 28 auf Seite 108).

Semistrukturierte Interviews besitzen in der quantitativen Sozialforschung große Verbreitung: Hier kommen Befragte nicht in die unbefriedigende Situation, unter den angebotenen Alternativen keine passende Antwort zu finden. „Sonstiges, und zwar: ___" passt notfalls immer. Es kann durchaus vorkommen, dass bei einer Fragebogenerstellung gewisse Antwortoptionen nicht bedacht oder einfach vergessen wurden. Oder individuelle Antworten sind derart einzigartig, dass sie vorab gar nicht berücksichtigt werden hätten können. Fallen die „sonstigen“ Statements auf eine Frage sehr speziell aus, werden Sie bei der späteren Datenanalyse bloß einzeln aufgelistet. Wird bei „Sonstiges“ jedoch oft EINE bestimmte Antwort extra angegeben, war der Fragebogen offensichtlich nicht vollständig genug.

In der Praxis lassen sich unterschiedliche Befragungsarten wie in Abbildung 8 auf Seite 40 auch kombinieren: Ein erster Fragebogenteil wird z.B. durch Erhebungspersonal im jeweiligen Haushalt erhoben, ein Online-Link oder zweiter Fragebogenteil wird erst später oder über eine längere Zeit hinweg durchgeklickt bzw. ausgefüllt und retourniert.[23] Andere Vorhaben gehen primär online vor, befragen die älteren (und „internetferneren“) Zielgruppen aber telefonisch oder persönlich, weil sie im Internet nicht lückenlos erreichbar sind. Derartige Erhebungen sind sogenannte **Hybrid-** oder **Mixed-Mode-Befragungen**.

So gut wie alle großen Marktforschungsinstitute bieten regelmäßig sogenannte **Mehrthemenumfragen** (MTU's, „Omnibusbefragungen“)[24] an. Diese Umfragen richten sich in der Regel an einen repräsentativen Querschnitt der Bevölkerung. Zu fixierten Terminen werden dabei Fragen verschiedener Auftraggeber:innen in EINEM Fragebogen zusammengefasst (vgl. „Übergangsfragen“ im Kapitel 7.3.2.1 ab Seite 127). MTU's starten periodisch (wöchentlich, 14-tägig, monatlich) mit unterschiedlicher Methodik (persönlich, telefonisch, online). Durch ihren hohen Standardisierungsgrad stellen sie eine kostengünstige, schnelle und zuverlässige Methode dar, um Bevölkerungsdaten zu erheben.

Oft ist es notwendig, Befragungsergebnisse, die zu mehreren Zeitpunkten gesammelt wurden, miteinander zu vergleichen. Dazu dienen Trackings und Panels.

Bei einem **Tracking** finden wiederholte Erhebungen zum selben Thema statt. Hier werden zwar immer wieder neue – und ANDERE – Menschen kontaktiert, die gezogenen Stichproben sind jedoch strukturgleich.

Andere, von einem Thema noch unbelastete Personen werden in der Erhebungswelt auch **Fresh Samples** genannt. Strukturgleichheit von Stichproben kann z.B. über die Merkmale Geschlecht, Alter, Bildung und Wohnort definiert sein.

Ein Tracking kann die Veränderung von Bekanntheit und Image eines Unternehmens oder einer Marke (etwa im Lauf einer Werbekampagne) beobachten. Trackings liefern auch Zeitreihendaten z.B. zu Einstellungsfragen, Markenpräferenzen, Kaufabsichten usw.

Ein **Panel** besteht aus definierten Mitgliedern, die eine bestimmte Zielgruppe repräsentieren. Diese Menschen – DIESELBEN Personen – werden wiederholt, in regelmäßigen Abständen oder auch fortlaufend zum gleichen Thema befragt oder beobachtet.

Ein Panel verfolgt die Veränderung von Verhalten oder Gewohnheiten – z.B. Einkaufsverhalten oder TV-Konsum.

Panels erheben Veränderungen des Marktes. Sie müssen regelmäßig „gewartet“ werden: Jährlich fallen rund 15% der Panelmitglieder aus der Stichprobe (Panelsterblichkeit, **Mortalität**). Aufgrund von nachlassendem Interesse, fortschreitendem Lebensalter (das Panel

[23] Tagebuchstudien erfassen Verhaltensmuster – z.B. Mediennutzung – oft auch über einen längeren Zeitraum.

[24] Abgeleitet aus dem Lateinischen „omnibus“ = „für alle“.

„wird älter") oder tatsächlichem Tod verkleinert sich der Kreis der Teilnehmenden. Darüber hinaus unterliegen auch soziodemografische Merkmale Veränderungen (z.B. Umzug von der Stadt auf's Land, ein Single-Haushalt wird zur Familie usw.). Die Struktur der (bisherigen) Teilnehmerschaft muss deshalb permanent durch neue, besser „passende" Mitglieder ausgeglichen werden. Ansonsten verliert jedes Panel mittelfristig seine Repräsentativität.

Ein Manko von Panelerhebungen stellt die Gefahr entstehenden **Expertentums** dar: Panelmitglieder verändern mehr oder weniger bewusst ihr Verhalten in Bezug auf den Erhebungsgegenstand – sie mutieren von Otto Normalperson Richtung Testuser:in.

2.8 | Experimentelles Design

Sozialwissenschaftliche Experimente gehen der Frage nach, ob und wie stark ein bestimmtes Merkmal für die Veränderung eines oder mehrerer anderer Merkmale verantwortlich ist. Die Merkmalsveränderungen werden genauestens beobachtet oder mittels Befragung eingehend analysiert. Ausschließlich Experimente erlauben es, Kausalaussagen über einen Zusammenhang von Ursache und Wirkung zu treffen (vgl. Ebster & Stalzer, 2017, S. 219).

Für ein sozialwissenschaftliches Experiment müssen zwei Merkmalsvariablen X und Y zueinander in Beziehung stehen: Die Ursache (**unabhängige Variable**, X) muss zeitlich vor der Wirkung (**abhängige Variable**, Y) liegen. Außerdem muss sichergestellt sein, dass einzig und allein die Wirkung der zu testenden Ursache und keine einflusstragenden Nebeneffekte (**Störvariablen**) erforscht werden (vgl. Ebster & Stalzer, 2017, S. 219).

In der Kommunikationsforschung helfen Experimente z.B. dabei, mediale Inhalte (Bilder, Farben, Slogans) optimal zu gestalten und zu verbreiten. Auch die Art der Formulierung von Texten kann auf ihre Wirkung hin, z.B. auf Glaubwürdigkeit, untersucht werden.

Im Konsumgüterbereich sind als „Ursachen" z.B. Verpackungsarten, Regalplatzierungen, Geschmack bei (Blind-)Verkostungen, Verkaufsaktionen usw. zu finden – als „Wirkung" Produktwahrnehmung, Kaufbereitschaften, Qualitätsempfinden ...

Im Immobilienbereich könnte beispielhaft räumliche Gestaltung (Farben, Pflanzen, Möbel usw.) im Hinblick auf Wohlbefinden oder Arbeitsplatzzufriedenheit analysiert werden.

Voraussetzung für die erfolgreiche Durchführung eines Experiments ist die genaue Festlegung eines experimentellen Designs. Abbildung 9 auf Seite 43 zeigt einige von vielen verschiedenen Möglichkeiten, ein Experiment anzulegen.[25]

„Echte" Experimente (vgl. Friedrichs, 1990, S. 343) arbeiten mit zumindest zwei Gruppen: Eine Versuchsgruppe (**Experimentalgruppe**) wird dem Merkmalseinfluss (Stimulus oder **Treatment**) ausgesetzt. Eine **Kontrollgruppe** OHNE Variableneinfluss dient als Vergleichsbasis.

Unabhängig davon, ob in einem Experiment zwei oder mehr Gruppen verglichen werden: Sie werden per Zufall (**randomisiert**) ermittelt und sollten unbedingt strukturgleich sein!

[25] In der psychologischen (vgl. Maderthaner, 2021, S. 81–85), soziologischen (vgl. Atteslander et al., 2023, S. 195–211), kommunikationswissenschaftlichen (vgl. Brosius & Haas & Unkel, 2022, S. 255–274) und Marketing-Literatur (vgl. Berekoven & Eckert & Ellenrieder, 2009, S. 146–150) werden unterschiedliche experimentelle Settings und Anwendungsbeispiele angesprochen, die sich methodisch aber oft ähnlich sind.

Arten experimenteller Designs

		Messzeitpunkt	Z_1	Z_2	Z_3	Z_4	Z_5	Z_6	Z_7
❶	Einzelfall-Studie	EG	U	M					
❷	Pre-Test/Post-Test	EG	M	U	M				
❸	Zeitreihe	EG	M	M	M	U	M	M	M
❹	Mehrfall-Studie	EG (rand)	M	U_1	M				
		EG (rand)	M	U_2	M				
		EG (rand)	M	U_3 usw.	M				
❺	Post-Test mit Kontrollgruppe	EG (rand)	U	M					
		KG (rand)	keine U	M					
❻	Pre- und Post-Test mit Kontrollgruppe	EG (rand)	M	U	M				
		KG (rand)	M	keine U	M				

$Z_{1\ usw.}$ = Zeitpunkt der Messung
M = Messung
EG = Experimentalgruppe
KG = Kontrollgruppe
(rand) = Randomisierung
U = Ursache (Stimulus)

Abbildung 9: Arten experimenteller Designs

Experimente können mit einer oder mehreren Messungen sowie MIT und OHNE Kontrollgruppe(n) durchgeführt werden.

Nach dem Experiment misst eine genaue Gegenüberstellung von Versuchs- und Kontrollgruppe(n) die Wirkungen des Experiments. Nur dieser Vergleich zwischen Versuchsgruppe(n) MIT und Kontrollgruppe(n) OHNE Variableneinfluss erlaubt es, Kausalbeziehungen zu untersuchen (❺ und ❻ in Abbildung 9).

Fehlt eine Kontrollgruppe, lassen sich am Experiment keine reinen Kausalbeziehungen festmachen. Die Wirkung muss nicht allein in der Ursache begründet sein, unkontrollierbare Störvariablen können „mitgewirkt" haben (❶, ❷ und ❸). In Settings ohne Kontrollgruppe gelangen (deshalb) oft auch mehrere Experimentalgruppen zur Anwendung (❹). Hier werden die Wirkungen unterschiedlicher Stimuli (bzw. unterschiedlich stark ausgeprägter Stimuli) auf randomisierte oder strukturidente Gruppen vergleichend analysiert.

Liegt der Fokus z.B. auf der Wirkung verschiedener Ausgestaltungen von Werbespots auf eine Zielgruppe, gibt es keine Kontrollgruppe (ohne Werbespot).

Manche Experimente finden in einer extra dafür geschaffenen künstlichen Umgebung statt (**Laborexperiment**), andere passieren „in real life" (**Feldexperiment**). Beide Arten haben Vor- und Nachteile: In einem künstlichen Laborexperiment können die Versuchsbedingungen besser kontrolliert und von Störeinflüssen abgeschirmt werden (= hohe **interne Validität**). Damit ist die Wirkung von Ursachen meist klarer zu identifizieren. Die Ergebnisse sind jedoch nur eingeschränkt für Alltagssituationen gültig. Die deutlichen Stärken von Feldexperimenten hingegen liegen in ihrer guten Anwendbarkeit auf den Alltag (= hohe **externe Validität**): Isolierte Bedingungen kommen in „normalen" Lebenswelten nicht vor. Im alltäglichen Leben SIND Störeinflüsse vorhanden und werden kaum jemals ausgeblendet.

Ein Laborexperiment könnte wie folgt aufgesetzt werden:

Ein Modelabel testet die Wirkung der Autorenschaft eines Instagram-Postings. Was wirkt stärker auf Markenimage bzw. Kaufbereitschaft: Die Autorenschaft des Beitrags durch das Label selbst, durch eine Influencerin oder durch eine Normaluserin?

Drei fast idente Posting-Beispiele werden vorbereitet, die sich lediglich in der Autorenschaft unterscheiden. Die Influencerin ist – um Sympathieeffekten vorzubeugen – keine reale. In einer zielgruppenspezifischen Social-Media-Umgebung wird ein Link auf ein Onlineformular ausgespielt. Jede Person sieht per Zufall EINES der drei Postings. Danach erfolgt über mehrere Items zweier Einstellungskonstrukte (vgl. Kapitel 6.5 ab Seite 110) die Messung von Markenimage und Kaufbereitschaft. Als mögliche Störvariablen gelten Einstellung zum Label, Produktinteresse und Alter: Diese drei Variablen werden zusätzlich abgefragt.

Dieses Setting entspricht ❹ in Abbildung 9 auf Seite 43.

Auch „im direkten Betrieb" sind experimentelle Checks möglich – ein Feldexperiment:

Ein Versandhaus möchte den Einfluss unterschiedlicher Katalogversionen auf die Anzahl bestellter Artikel untersuchen.

Ein Forschungsteam bildet zuerst aus der Kundendatei zufällig zwei – nach Soziodemografie und Einkaufsverhalten strukturgleiche – Gruppen. Für beide Gruppen werden die durchschnittlichen Bestellungen des letzten Quartals ermittelt (= Nullmessung). Die Mitglieder der Kontrollgruppe erhalten daraufhin den bisherigen Katalog zugesandt. Die Mitglieder der Versuchsgruppe bekommen jeweils ein Muster eines neuen Test-Katalogs. Danach erfolgt eine Analyse der Bestellungen beider Gruppen für ein weiteres Quartal.

Dieses Setting entspricht ❻ in Abbildung 9 auf Seite 43, besitzt in diesem Beispiel allerdings vermutlich relativ geringe Zuverlässigkeit: Die Artikelbestellungen können neben dem Katalog selbst durch viele andere (= Stör-)Variablen beeinflusst werden: Geschenk-Käufe für zufällig anfallende Geburtstage, Einkommensveränderungen, individuell verändertes Kaufverhalten sind nur ein paar Beispiele für ergebnisverzerrende Wirkung …

Weiterführende Literatur zu diesem Kapitel:

howtodo.at/downloads/WeiterfuehrendeLiteratur.pdf

3 | Grundgesamtheit, Voll- oder Teilerhebung, Ethik und Datenschutz

▼ **Abstract** *(in diesem Kapitel geht's um ...)* ▼

- sehr genaue Definition einer **Grundgesamtheit** ist absolut notwendige Basis für JEDES empirische Vorhaben • sonst ist unklar, wofür die Ergebnisse gelten!
- **Vollerhebung:**
  alle Elemente werden erhoben • nur besser als Stichprobe, wenn wirklich ALLE Elemente erhebbar • keine Ergebnisübertragung auf Grundgesamtheit (= Signifikanzprüfung) nötig
- **Teilerhebung (Stichprobe):**
  ein (repräsentativer) Teil der Grundgesamtheit wird erhoben • oft repräsentativer als Vollerhebung • schneller, einfacher, billiger • Nachteil: Schwankungsbreiten der Ergebnisse
- Empirische Sozialforschung muss objektiv, freiwillig, anonym und vertraulich erfolgen • personenbezogene Adressierungen und Erhebungen unterliegen gesetzlichen Bestimmungen • TK Telekommunikations-, Forschungsorganisationsgesetz FOG, DSGVO • **Beispiele praktischer Umsetzung** von Einladungs-E-Mails, Online-Formularen und Datenschutzmitteilungen

3.1 | Grundgesamtheit

Bei jeder Erhebung stellt sich vor oder parallel zum Thema „Was genau wird erforscht" die Frage nach dem WER bzw. WO: **Bei wem soll erhoben werden? Wer oder wo genau soll** überhaupt **untersucht werden?**

In der Erhebungswelt werden die zu untersuchenden Subjekte oder Objekte Grundgesamtheit – auch „Universum", „Population" oder „Kollektiv" (vgl. Karmasin & Karmasin, 1977, S. 224) – genannt. Gemeint sind damit alle Untersuchungseinheiten mit gleichen Ausprägungen von sachlichen, räumlichen und zeitlichen Merkmalen.

Die **Grundgesamtheit** ist die Menge aller gleichartigen Subjekte oder Objekte, auf die sich eine empirische Erhebung bezieht.

Je nach Aufgabenstellung gibt es verschiedene Grundgesamtheiten. Grundgesamtheiten müssen bei jedem Vorhaben neu und genau definiert werden! Das ist deshalb so notwendig, weil nur dann auch exakt angegeben werden kann, für WEN bzw. WOFÜR die erhobenen Untersuchungsergebnisse Gültigkeit besitzen. Leider machen viele Erhebungen den Fehler, die Beschreibung der Grundgesamtheit nur am Rande zu beachten – oder überhaupt völlig zu ignorieren. Das führt zu „schwammigen" Ergebnissen: Am Ende steht nicht genau fest, wofür die Resultate eigentlich stehen, gelten, wen bzw. was genau sie umfassen.

Deshalb steht eine **sehr genaue Beschreibung der Grundgesamtheit** am Beginn jedes Forschungsvorhabens. Diese wohl wichtigste Erhebungsbasis definiert, für wen oder was die späteren Ergebnisse gelten, wen oder was sie repräsentieren, beschreiben, worauf sie schließen lassen. Ohne diese Definition – zu Beginn jedes empirischen Vorhabens – sind Ergebnisse nur selten sinnvoll verwertbar.

Eine gute, exakte, klare Definition der Grundgesamtheit ist die Basis aller empirischen Forschungen!

Wer bzw. was alles ist eine mögliche Grundgesamtheit?

Bei Befragungen geht es um Menschen: Ein Universum kann die Bevölkerung eines Landes, eine spezielle Kund:innengruppe oder auch Nutzer:innengruppe eines Produktes sein.

Bei einer Inhaltsanalyse wäre eine Population etwa durch Artikel einer oder mehrerer Zeitungen oder durch Fernsehbeiträge definierbar. Auch bestimmte Buchungsvorgänge in einem Online-Tool oder verkaufte Artikel eines Handelsunternehmens wären denkbar.

Bei einer Beobachtung wiederum könnten bestimmte Geschehnisse oder Objekte in einem definierten Zeitverlauf (z.B. „vorbeifahrende Autos“) Erhebungsbasis sein.

Für das genaue Beschreiben jeglicher Population gibt es kein „richtig“ oder „falsch“: Wichtig ist nur die für den konkreten Erhebungszweck notwendige Präzisierung. Zur besseren Veranschaulichung dieses für alle empirischen Forschungsvorhaben so zentralen Themas sollen zwei Beispiele dienen:

*Angenommen, für eine **Mitarbeiter:innenbefragung** wird als Grundgesamtheit definiert: „Die Mitarbeiter eines internationalen Handelsriesen ABC“.*

Diese Definition ist forschungstechnisch vage, lässt sie doch große Spielräume offen: Sind die Mitarbeitenden aller Länder gemeint? Aller Filialen oder nur der Zentrale? Personen bis zu welchem Führungslevel? Auch das Management? Bis zu welchem Beschäftigungsausmaß – sind z.B. auch bloße Aushilfskräfte für besucherstarke Wochenenden in die Erhebung miteinzubeziehen? Nur männliche MitarbeitER? Auch Mitarbeiterinnen? usw.

Eine besser (genauer) definierte Grundgesamtheit könnte hier lauten: „Mitarbeitende von [...] Österreich (alle Filialen und Verwaltung), die seit mindestens einem halben Jahr im Ausmaß von mindestens 20 Wochenstunden fix angestellt sind und keiner Führungsebene (auch nicht der Teamleitung) angehören.“

*Ein großes Versandhandels-Unternehmen Y befragt seine **Kund:innen**.*

Wer ist (definiert) „Kunde“? Sind alle gemeint, die jemals etwas gekauft haben? Oder wird ein Maximal-Zeitraum seit dem letzten Kauf festgelegt? Muss ein gewisser Mindestumsatz getätigt worden sein? Gibt es eine Umsatz-Obergrenze? Ist eine gewisse Mindestkaufanzahl (Kaufvorgänge) erforderlich, um in den Fokus der Befragung zu gelangen? Sind weltweit alle Kund:innen gemeint? Nur Privat- oder auch Businesskund:innen? usw.

Eine genau(er) definierte Grundgesamtheit könnte hier lauten: „Privatkund:innen, die ihren Hauptwohnsitz in Deutschland haben und in den letzten sechs Monaten beim Unternehmen Y einen Umsatz zwischen 20 und 2.000 Euro getätigt haben.“

Gut definierte Grundgesamtheiten wären auch folgende:

- *Die Wohnbevölkerung Deutschlands im Alter zwischen 14 und 80 Jahren.*
- *Alle Staatsbürger:innen Deutschlands im Alter zwischen 14 und 80 Jahren.*
- *Alle Österreicher:innen ab 15 Jahren, die 2023 erstmals E-Scooter gefahren sind.*
- *Alle verkauften Artikel eines Versandhändlers im Verlauf der letzten 30 Tage.*
- *Alle veröffentlichten Artikel im Chronikteil der Printausgabe der (fiktiven) Zeitung „Die Tageszeitung“ im Verlauf der letzten 30 Tage.*
- *Alle Artikel der Medien „TagPresse“, „TagHeute“ und „TagAktuell“, in denen zwischen 01.01. und 31.12.2099 der Begriff „Public Relations“ (und Synonyme) vorkommt.*

Die Grundgesamtheit weist der gesamten Erhebung den Weg, von ihr hängen Gesamtaufwand, Stichprobenziehung und Erhebungsmethodik ab.

Eine Fluggesellschaft definiert für eine Bedürfnisanalyse als Erhebungsbasis z.B. die Wohnbevölkerung Europas, die in den letzten fünf Jahren irgendwann einen Flug unternommen hat. Für eine zusätzliche Fokussierung auf den heimischen Businesssektor werden Personen gesucht, die in Österreich wohnen und die in den letzten zwölf Monaten mindestens fünf Businessflüge, darunter wenigstens einen mit dem betreffenden Flugunternehmen, unternommen haben: Derart unterschiedliche Grundgesamtheiten bedingen auch völlige Unterschiedlichkeit bei Anlage, Aufwand und Ergebnissen des gesamten Forschungsvorhabens.

3.2 | Voll- oder Teilerhebung (Stichprobe)

Ist die Grundgesamtheit genau definiert, ist im nächsten Schritt festzulegen, ob alle(s) oder nur ein Teil davon in die Erhebung miteinbezogen werden soll (vgl. Abbildung 10 auf Seite 48, rote Figuren). Beide Varianten haben Vor- und Nachteile.

3.2.1 | Vollerhebung

In eine Voll- oder Totalerhebung werden alle Mitglieder der Grundgesamtheit einbezogen. Dies ist allerdings **nur bei** überschaubaren, bekannten und vor allem **zugänglichen Grundgesamtheiten** möglich (etwa bei kleineren Bevölkerungs- oder Personengruppen, Mitarbeitenden kleinerer Firmen oder Institutionen, mengenmäßig noch überblickbaren Inhalten usw.): Nur Bekanntes bzw. „Ansprechbares" (z.B. Personen) oder „im Zugriff Befindliches" (z.B. Zeitungsartikel bei einer Inhaltsanalyse) ist auch analysierbar.

Sind wirklich alle Teile der Grundgesamtheit mit Sicherheit erreichbar, ist eine Vollerhebung in jedem Fall die bessere Wahl als eine Teilerhebung in Form einer Stichprobe.

Eine Vollerhebung ALLER Elemente erzielt immer genauere Resultate als eine Stichprobe – denn: Repräsentativität oder Hochrechnung von Ergebnissen sind hier kein Thema. Die Ergebnisse der Totalerhebung stellen ja bereits das direkte, gesamthafte Abbild der Grundgesamtheit dar.

Wird eine Grundgesamtheit vollzählig in die Erhebung miteinbezogen, erübrigen sich jegliche Schwankungsbreiten von Ergebnissen (= Stichprobenfehler, vgl. Kapitel 5 ab Seite 82) und statistische Signifikanztests (vgl. Braunecker, 2023, S. 81–93). Derartige Berechnungen dienen immer zum Übertragen von Teilergebnissen (aus Stichproben) auf die Gesamtheit aller Elemente. Ist aber bereits „alles" erhoben, muss und kann nichts mehr übertragen werden: Es wurde ja bereits vollkommen erfasst, die Ergebnisse treffen also ohne jegliche stichprobenverursachte Einschränkung (statistische Unschärfe) zu.

Was jedoch bei Vollerhebungen MENSCHLICHER Grundgesamtheiten meist auftritt, sind **Verweigernde**: Personen, die eine Teilnahme an der Erhebung ablehnen. Setzen sich die Verweigerer strukturell derart zusammen, dass sie die Struktur der Grundgesamtheit verändern, wird das Ergebnis trotz Vollerhebung unbrauchbar.

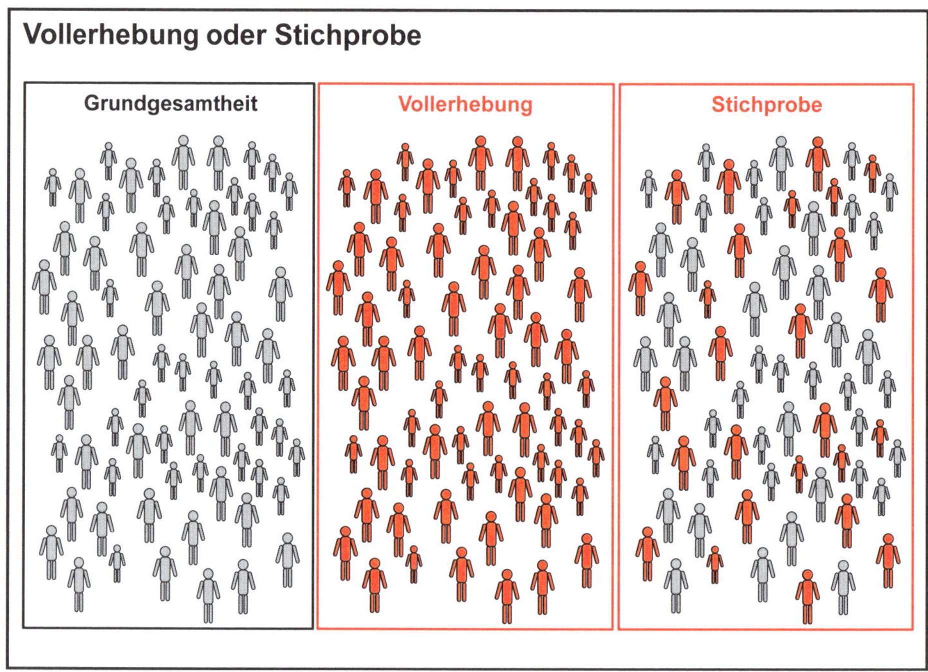

Abbildung 10: Vollerhebung oder Stichprobe

Angenommen, für eine Befragung wird eine Grundgesamtheit von 100 – adressierbaren – Menschen definiert. 50 davon sind jüngere Personen bis 35 Jahre, 50 sind älter – überschaubar also und für eine Vollerhebung geeignet. Die Älteren sind sehr interessiert, alle lassen sich gern befragen. Bei den Jüngeren verweigert aber jede zweite Person.

Somit liegen jetzt Daten von 50 Älteren und nur mehr 25 Jüngeren vor: Das ursprüngliche Altersverhältnis hat sich von ½ : ½ zu ⅔ Ältere : ⅓ Jüngere verändert. Die Altersgruppen sind nicht mehr im Gleichgewicht, Ältere sind nun doppelt so stark vertreten wie Jüngere.

Das repräsentiert die Grundgesamtheit nicht mehr länger. Um altersmäßig repräsentativ zu bleiben, wäre es nun notwendig, jede zweite ältere Person per Zufall wieder aus den Daten der Erhebung zu nehmen – oder die Ergebnisse zu gewichten (vgl. dazu Kapitel 4.2.3 ab Seite 72).

Damit ist an dieser Stelle erstmals das Prinzip der Repräsentativität angesprochen (vgl. dazu Kapitel 4.1 ab Seite 61).

3.2.2 | Teilerhebung (Stichprobe)

Bei einer Stichprobe wird ein (kleiner) Teil der Grundgesamtheit befragt bzw. erhoben. Ist dieser Teil repräsentativ für die Grundgesamtheit, können seine Ergebnisse in der Folge auf alle Elemente der Grundgesamtheit übertragen (= **generalisiert**) werden.[26]

---

[26] Das Generalisieren von Ergebnissen darf nur in der repräsentativen, quantitativen Forschung erfolgen.

Eine Stichprobe ist immer dann gegenüber einer Vollerhebung zu bevorzugen, wenn die Grundgesamtheit unbekannt ist, wegen ihrer Größe nicht erforscht oder in ihrer Gesamtheit nicht erreicht werden kann.

Nachvollziehbarkeit und Qualität jeder Stichprobenauswahl hängen von einer zuvor erfolgten sorgfältigen Definition der Grundgesamtheit ab: Nur wenn völlig klar ist, worin die Basis besteht, lässt sich diese in einer Stichprobe passgenau abbilden. Für die Auswahl jener Teile der Grundgesamtheit, die in die Stichprobe kommen, gelten dann genaue technische Regeln (vgl. dazu Kapitel 4.2 ab Seite 68). Dabei spielt die Erhebungsmethode keine Rolle: So gelten für die Auswahl von Beobachtungsgegenständen stichprobenseitig dieselben Grundsätze wie für die Auswahl von Social Media-Beiträgen bei einer Inhaltsanalyse oder von Menschen bei einer Befragung.

Die großen Vorteile von Stichprobenverfahren bestehen darin, dass sie meist weniger Zeit als Vollerhebungen benötigen und in der Durchführung einfacher und billiger sind. Oft sind Totalerhebungen auch gar nicht möglich, weil die Grundgesamtheit (persönlich) unbekannt oder unadressierbar ist oder dazu zu wenig (wirtschaftliche) Ressourcen vorliegen. Darüber hinaus können Stichproben „repräsentativer" als Gesamterhebungen sein (vgl. dazu das in Kapitel 3.2.1 auf Seite 47 angeführte Beispiel mit den Teilnahmeverweigerungen). Ein weiteres Argument für Stichprobenerhebungen: Sie „schlagen weniger Wellen". Bei heiklen, vielleicht sogar öffentlich relevanten Themen oder Fragestellungen ist es mitunter durchaus vorteilhaft, von einer Grundgesamtheit nur z.B. 100 Personen mit „unattraktiven" Fragestellungen zu konfrontieren als z.B. 10.000. Das vermeidet vielleicht mediales (oder anderwärtiges) Echo negativer Art.

Was viele Stichprobenerhebungen trotz aller Vorteile aber mit sich bringen, ist ein nicht unwesentlicher Nachteil: Sie sind mit einem **Stichprobenfehler** (Schwankungsbreite), also einer gewissen Ergebnisunsicherheit behaftet. Diese Ergebnisunschärfe tritt immer dann auf, wenn Stichprobenergebnisse auf die Grundgesamtheit übertragen (= generalisiert) werden, für die sie gelten. Das kann und darf nicht 1 : 1 geschehen, sondern ist mit gewissen – größeren oder kleineren – Einschränkungen der Zuverlässigkeit der Ergebnisübertragung verbunden.

Die Unschärfe von Stichprobenergebnissen wird in Kapitel 5 ab Seite 82 detailliert erläutert. Kapitel 4 ab Seite 61 beschäftigt sich damit, wie gut (oder schlecht) Grundgesamtheiten durch verschiedene Arten von Stichproben überhaupt repräsentiert werden können. Zuvor geht das nächste Kapitel aber noch auf die entscheidende Frage ein, wer in welcher Form Grundgesamtheiten – gesamtheitlich oder in Teilen – überhaupt kontaktieren DARF.

3.3 | Forschungsethik und Datenschutz

Forscht jemand in menschlichen Grundgesamtheiten oder einzelnen ihrer Teile, stellt sich immer die Frage: Wollen das die Individuen überhaupt?

Damit dockt jede empirische Erhebung neben allgemeinen **ethischen Grundsätzen** an Gesetzen zum Datenschutz an – Letzteres insbesondere im Hinblick auf die **Adressierung von Teilnehmenden** und die **Verarbeitung personenbezogener Daten**.

3.3.1 | Forschungsethik

Ethischen Fragen kommt von jeher in seriöser empirischer Forschung sehr hohe Bedeutung zu. Oft zitierte Literatur wie Atteslander et al. (2023, S. 119) verweist explizit darauf: Die

> Ungleichverteilung der Informationen und Ressourcen zwischen Forschenden und denen, die beforscht werden [...] wirft forschungsethische Fragen auf, die insbesondere die Verantwortung der Forschenden gegenüber den Untersuchten und den gewonnenen Daten zum Gegenstand haben.

Abhängig vom Erhebungszweck hat Forschungsethik einmal kleineren, einmal größeren Stellenwert.

Eine quantitative Inhaltsanalyse von Social Media-Beiträgen, bei der jedes Vorkommen eines Firmennamens gezählt wird, ist forschungsethisch wohl eher als „harmlos" zu bewerten. Ethisch viel kritischer zu sehen wäre demgegenüber eine verdeckt teilnehmende direkte Beobachtung von Arbeitnehmerinnen und Arbeitnehmern, die personenbezogen ausgewertet wird.

Oder: Die individualisierte Analyse oft benutzter Suchbegriffe im Internet besitzt sicherlich höhere ethische Relevanz als eine breit angelegte anonyme Online-Befragung zum Urlaubswetter.

VOR jeder Erhebung müssen deshalb unbedingt Erkenntnisinteressen und geplanter Ablauf auch nach ethischen Grundsätzen beurteilt werden. Und auch NACH der Durchführung ist es ratsam, noch einmal das gesamte Vorhaben, die erzielten Ergebnisse und deren Verbreitung einer kritischen Überprüfung zu unterziehen.

Unverzichtbar ist IMMER, FÜR ALLE Forschenden die **Selbstreflexion**, ob das eigene Tun ...

- objektiv durchgeführt wird (wurde),
- die „Selbstbestimmungsrechte" anderer beachtet(e) und deshalb nur im informierten Einverständnis erfolgt(e),
- durch Anonymisierung und Vertraulichkeit der gewonnenen Informationen individuelle Schädigungen durch die Forschung vermeidet, mögliche Folgen von Veröffentlichungen bedenkt und mit dem Forschungsanliegen abwägt,
- offen für Menschen und Kulturen sowie im Zweifel FÜR die Forschungsbeteiligten erfolgt(e)

(vgl. Atteslander et al., 2023, S. 121 und von Unger et al., 2017, S. 20).

Das Institut für Publizistik- und Kommunikationswissenschaft der Universität Wien veröffentlicht Richtlinien für ethisch korrekte Forschung: „Guidelines for Ethical Research" (Institut für Publizistik- und Kommunikationswissenschaft, 2019). Eine deutsche Übersetzung der dort gelisteten ethischen Prinzipien (Kapitel 4) findet sich im Downloadbereich von howtodo.at.

howtodo.at/Forschungsethik

publizistik.univie.ac.at/fileadmin/user_upload/i_publizistik/Diverses/IRB/EG102019.pdf

Ähnlichen Regelungen unterwerfen sich üblicherweise (Markt-)Forschungsinstitute im **Esomar-Kodex** (vgl. ESOMAR 2017).

Methodenbezogene Vorgaben macht auch die Website des Rats der Deutschen Markt- und Sozialforschung. Dort finden sich spezielle Richtlinien „für telefonische Befragungen", „für Online-Befragungen", „für die Befragung von Minderjährigen", „für Aufzeichnungen und Beobachtungen in der Markt- und Sozialforschung", „zum Umgang mit Adressen in der Markt- und Sozialforschung", „zum Umgang mit Datenbanken in der Markt- und Sozialforschung", „für Untersuchungen in den und unter Einsatz der Sozialen Medien", „für die Veröffentlichung von Ergebnissen der Wahlforschung", „für den Einsatz von Mystery Research in der Markt- und Sozialforschung" sowie „für Studien im Gesundheitswesen zu Zwecken der Mark- und Sozialforschung" (vgl. Rat der Deutschen Markt- und Sozialforschung 2013–2022).

Alle diese Bestimmungen sind zwar verbindlich, haben aber keinen rechtlichen Charakter. Ein konkretes Beispiel dafür ist z.B. das Mindest-Befragungsalter von Personen: In Deutschland (und Österreich) werden Jugendliche erst ab einem Alter von 14 oder 15 Jahren befragt.[27] Bei Jüngeren ist die Zustimmung einer sorgeberechtigten Person erforderlich. Daran halten sich alle österreichischen Institute.

3.3.2 | Datenschutz

Neben immer schon geltenden und gelebten ethischen Regeln unterliegen empirische Erhebungen auch gesetzlichen Bestimmungen zum Datenschutz – die Datenschutzgrundverordnung der EU (**DSGVO**) macht hier seit 2018 strenge Vorgaben. Das EU-Regelwerk wird durch nationale Gesetze ergänzt – in Österreich durch das österreichische Datenschutzgesetz (**DSG**) und das Forschungsorganisationsgesetz (**FOG**). Das FOG reglementiert empirische Vorhaben zu wissenschaftlichen Forschungszwecken im Vergleich zu Projekten der Wirtschaft weniger streng. Die erleichterten Bestimmungen betreffen wissenschaftliche Einrichtungen und auch Umfrageinstitute, wenn diese wissenschaftlich forschen. Zusätzlich regelt noch das Telekommunikationsgesetz (**TKG 2021**) die direkte persönliche Kontaktaufnahme über Telefonnummern und E-Mail-Adressen

Verstöße gegen Datenschutzbestimmungen können sehr hohe Strafen nach sich ziehen. Die – nicht immer auf jedes Forschungsvorhaben direkt anwendbaren – gesetzlichen Bestimmungen haben deshalb umfangreiche Interpretationen nach sich gezogen. Die folgenden Ausführungen **fokussieren auf die Durchführungspraxis innerhalb der empirischen Sozialforschung**. Die Informationen entstammen – neben den Gesetzen selbst – zwei einander ergänzender Quellen: Vom Büro Studienpräses der Universität Wien (2018) wurde zum Thema „Datenschutz in der sozialwissenschaftlichen Forschung" eine „Anleitung zur studentischen sozialwissenschaftlichen Forschung: Auswirkungen der DSGVO für die Praxis" online gestellt. Für Umfrageinstitute veröffentlichte die Fachgruppe Werbung und Marktkommunikation der Wirtschaftskammer Wien (2019) die Broschüre „Datenschutz-Grundverordnung. Fragen & Antworten mit dem Focus auf die Markt- und Meinungsforschung".

[27] Aus diesem Grund definieren in der Markt- und Meinungsforschung alle handelsüblichen Bevölkerungssamples Repräsentativität erst ab 14 oder 15 Jahren.

studienpraeses.univie.ac.at/fileadmin/user_upload/p_studienpraeses/Studienpraeses_Neu/Studienpraesis_Intern/2018_12_14Auswirkungen_fuer_die_Praxis_der_studentischen_sozialwissenschaftlichen_Forschung.pdf

werbungwien.at/2019/01/15/neue-dsgvo-broschuere/

Die Quellen referenzieren auf Gesetzestexte. Zur leichteren Lesbarkeit werden deshalb in den Kapiteln 3.3.2.1 bis 3.3.2.5 auch im Falle direkter Wort- und Satzzitate wissenschaftliche Zitierregeln ausgesetzt.

Die folgende Zusammenfassung ist zum Zeitpunkt der Drucklegung dieses Buchs aktuell. Die Gesetzeslage und deren Auslegung ist möglichen Änderungen unterworfen. Außerdem kann jedes empirische Vorhaben datenschutzrechtlich (sehr) spezielle Detailaspekte beinhalten.

Der Autor empfiehlt deshalb dringend, die aktuelle Gültigkeit und individuelle Anwendbarkeit der Inhalte auf den Einzelfall zu überprüfen!

3.3.2.1 | Personenbezug von Daten

Das **Kernelement** aller rechtlichen Schutzbestimmungen ist der **Personenbezug** von Daten. Beispiele für Personenbezug sind Name, Adresse, Geburtsdatum, E-Mail-Adresse – genauso wie Telefonnummer, (Online-)Kennnummer bzw. Standortdaten, wenn feststellbar ist, wem diese gehören. Auch Tonaufnahmen mit Stimme oder das Einkaufsverhalten in einem Online-Shop weisen Personenbezug auf.

Personenbezug liegt immer dann vor, wenn Aussagen oder Verhalten einer individuellen Person[28] zugeordnet werden KÖNNTEN – auf eine konkret durchgeführte Zuordnung kommt es dabei nicht an.

Davon zu unterscheiden sind sogenannte **„pseudonymisierte Daten“**: Das sind Daten, die sich NICHT MEHR einer spezifischen betroffenen Person zuordnen lassen, ohne zusätzliche Informationen hinzuzuziehen. Hinsichtlich pseudonymisierter Daten sind datenschutzrechtliche Regelungen anwendbar.

Das ist z.B. beim Protokollieren der IP-Adresse bei einer Online-Befragung oder beim Pseudonymisieren von Daten (vgl. Seite 55) der Fall: Hier könnten über außerhalb der Daten vorliegende Zusatzinformationen vorerst „namentlich unbekannte“ Datensätze später (wieder) personalisiert werden.

Nicht Personen zuordenbar sind **anonyme oder anonymisierte Daten** – sie kommen völlig ohne Personenbezug aus. Daten, die keinen Personenbezug aufweisen, unterliegen NICHT dem Datenschutz. Datenschutzrechtliche Regelungen gelangen hier NICHT zur Anwendung.

Die Unterscheidung zwischen anonymen bzw. anonymisierten und pseudonymen bzw. pseudonymisierten Daten ist daher eine Grundsatzfrage, die vor jeder Erhebung beantwortet werden muss.

---

[28] In Österreich erstreckt sich der Datenschutz bis zu einem gewissen Grad auch auf juristische Personen wie Vereine und GmbHs.

3.3.2.2 | Adressierung von Teilnehmenden

Bei **Straßenbefragungen** bleiben die Personen, die befragt oder für spätere Forschung zu rekrutieren versucht werden, oft anonym und unbekannt: Niemand kann Personenbezug herstellen.

Erfolgt die Adressierung von Teilnehmenden an einer Erhebung anonym und ist die Fragebeantwortung ebenso anonym möglich – z.B. durch Abgabe nicht adressierter Fragebögen –, liegt kein Personenbezug vor. Forscher:innen unterliegen hier NICHT dem Datenschutz.

Derartige Erhebungen sind zwar datenschutzrechtlich völlig unbedenklich, wissenschaftlich aber leicht angreifbar: Jegliche Belegbarkeit von Datenqualität ist unmöglich, die in weiterer Folge zu analysierenden Daten könnten ja auch bloß technisch „erzeugt" worden sein.

Werden Teilnehmende an empirischer Forschung namentlich (belegbar) – über Postanschrift, E-Mail-Adresse, Telefonnummer usw. – kontaktiert, ist wissenschaftlich ordnungsgemäßes Vorgehen beweisbar. Hier liegt aber nunmehr eindeutig Personenbezug vor, die Datenschutzbestimmungen treten in Kraft.

Für empirische Erhebungen legitimieren nur wissenschaftliche Zwecke, wie sie die Markt-, Meinungs- und Sozialforschung – in der Wirtschaft oft, in der Wissenschaft immer – verfolgt,[29] personenbezogene Kontaktanbahnungen. Auch öffentliches Interesse (z.B. bei Umfragen zu politischen Themen) ist ein erlaubter Zweck. Der gesetzliche Sammelbegriff für diese Legitimierung (= **„Rechtsgrundlage"**) lautet **„überwiegendes berechtigtes Interesse"**.

Erfolgt aus solchem Interesse eine **Kontaktanbahnung über allgemein zugängliche öffentliche Daten**[30], ist das unkritisch. Auch zufällig erzeugte Telefonnummern – **Randomized Last Digit (RLD)**[31] – sind zwar (eher) als personenbezogen anzusehen, weil sie oft online identifiziert werden könnten. Aus dem überwiegenden berechtigten Interesse heraus dürfen sie aber verwendet werden. Dasselbe gilt für Kontaktdaten, die bei einer Ansprache von Passanten als potenzielle Umfrageteilnehmende erhoben werden.

Sobald eine – nicht wissenschaftliche(!) – Erhebung jedoch **„besondere Datenkategorien"** erhebt, also besonders sensible Themen, die ein hohes Diskriminierungspotenzial mit sich bringen,[32] beendet das die neutrale Rechtsgrundlage überwiegendes berechtigtes Interesse. Dasselbe gilt für Werbung (oder sogar bloße thematische Nähe dazu).

Als Werbung gelten z.B. bereits Kund:innenzufriedenheitsmessungen: Diese könnten bei der Kundschaft einer Firma den Eindruck erwecken, das Unternehmen sei sehr kundenorientiert – und das wiederum „bewirbt" dessen Image.

---

[29] Dazu zählen statistische Zwecke, im öffentlichen Interesse liegende Archivzwecke sowie wissenschaftliche oder historische Forschungszwecke.

[30] Dazu zählen das Grund-, Firmen- und Telefonbuch, das Internet oder in Printmedien veröffentlichte Kontaktdaten, nicht jedoch nicht öffentliche Facebook-Profile.

[31] Dabei werden die letzten Ziffern realer Telefonnummern durch Zufallszahlen zwischen 00 und 99 ersetzt (Details zu diesem Verfahren finden sich in Kapitel 4.5.1 ab Seite 78).

[32] Zu den sogenannten „besonderen Datenkategorien" zählen rassische und ethnische Herkunft, politische Meinungen, religiöse oder weltanschauliche Überzeugungen, Informationen über Gewerkschaftszugehörigkeit, Gesundheit, über das Sexualleben oder die sexuelle Orientierung sowie biometrische Daten, die zur eindeutigen Identifizierung einer natürlichen Person verarbeitet werden.

Auch eine **Kontaktanbahnung** einer größeren Personenanzahl **über persönliche E-Mail-, APP- oder Social-Media-Kommunikation** oder **persönliche Telefonnummern** ist rechtlich sehr heikel – selbst, wenn sie studentische oder wissenschaftliche Zwecke verfolgt.

Werden sensible Themen nicht wissenschaftlich erforscht, besteht Nähe zur Werbung oder werden – auch für wissenschaftliche Zwecke – Personen via E-Mail oder Telefon adressiert, ist eine Erlaubnis notwendig: die **Einwilligung**[33] **(Zustimmung) durch die Betroffenen** selbst. Einwilligungen sind auch bei der audiovisuellen Aufzeichnung von Untersuchungen (üblich z.B. bei Fokusgruppen, vgl. Kapitel 2.5 ab Seite 36) notwendig oder beim Mithören von Telefoninterviews zur Qualitätskontrolle.

Einwilligungen müssen VOR der Erhebung eingeholt werden. Sie müssen ausdrücklich und freiwillig sein. Einwilligungen können nur in genauer Kenntnis darüber erteilt werden, wozu sie erfolgen und dass sie jederzeit widerrufen werden können. Außerdem muss das Einholen jeder Zustimmung belegbar sein.

Aus diesem Grund erfolgen **Einwilligungen im elektronischen Bereich** oft mittels **„Double Opt Ins“**: Dabei registrieren sich Teilnehmende an Befragtenpools (vgl. „Online Access Panel“ auf Seite 67 im Kapitel 4.1.3), Webshops, Kundenclubs, Communitys usw. freiwillig[34] durch Anklicken eines Buttons oder einer Checkbox.

Eine Person ruft aus eigener Motivation ein Anmeldeformular auf, das sie mit Kontaktdaten (und eventuell auch Informationen über sich selbst) befüllt. Dabei muss sie dann mittels aktiven Anklickens eines Kästchens ihre Zustimmung dazu erteilen, dass sie kontaktiert und befragt werden darf.[35] *Nach dem Absenden dieses Formulars erhält sie eine E-Mail zugesandt, in der ein Aktivierungslink angeklickt werden muss.*[36] *Erst jetzt ist die Registrierung abgeschlossen, kann aber jederzeit widerrufen werden: Auch der Widerrufslink wird in derselben E-Mail wie der Aktivierungslink übermittelt.*

Am **Telefon** reicht mündliche Einwilligung aus, wenn sie (technisch) dokumentiert wird.

Ohne Zustimmung dürfen **Kontaktanbahnungen** zu werblichen Zwecken nur **per Post** oder **persönlich** erfolgen.[37]

3.3.2.3 | Erhebung und Verarbeitung personenbezogener Daten

Grundsätzlich hat jede personenbezogene Datenverarbeitung transparent, nicht „fragwürdig“ und nur für einen jeweils festgelegten, eindeutigen und legitimen Zweck zu erfolgen. Die Daten müssen sachlich erhoben werden und richtig und möglichst aktuell sein. Zum Schutz vor unbefugten Dritten oder Datenverlust sind Vorkehrungen erforderlich.

---

[33] Die Erlaubnisgrundsätze für die Kontaktierung von Personen gelten auch bei erworbenen Adressdaten.

[34] Ohne Einwilligung ist bereits eine erste Kontaktaufnahme mit der Bitte um „Double Opt In“ rechtlich nicht möglich. Oft werden deshalb Clubs oder Communitys neu etabliert und stark beworben. Damit erhoffen sich die Betreiber, Userinnen und User neugierig zu machen bzw. aus eigenem Antrieb zu einer Zustimmung zu bewegen.

[35] Bei Kund:innenclubs wird parallel zur Zustimmung zum Empfang von Marketingaussendungen auch das Einverständnis, das persönliche Kaufverhalten analysieren zu dürfen, eingefordert.

[36] Mit dieser Zweistufigkeit wird sichergestellt, dass nicht jemand eine andere Person registrieren kann.

[37] In der Wirtschaft gibt es auch dann Ausnahmeregeln (vgl. im Detail Huemer, 2019, S. 24), wenn eine elektronische (nicht telefonische) Kontaktanbahnung im Zuge einer Verkaufskommunikation (z.B. Warenbestellung) erfolgt.

In der Wirtschaft muss für die Erhebung und Datenverarbeitung personenbezogener Daten in vielen Fällen eine **nachweisbare Zustimmung** vorliegen – ausgenommen beim im vorigen Kapitel angesprochenen überwiegenden berechtigten Interesse. Darüber hinaus ist Zustimmung auch beim Mithören oder Aufzeichnen einer telefonischen Befragung (zur Qualitätssicherung durch Call-Center-Agents) erforderlich sowie bei Videodokumentationen von Fokusgruppen (vgl. Kapitel 2.5 ab Seite 36).

Im Rahmen **studentischer**[38] **bzw. wissenschaftlicher Forschung** ist die Erhebung und Verarbeitung personenbezogener Daten – auch der sensiblen besonderen Datenkategorien[39] – nach dem FOG erlaubt, wenn dabei bestimmte Auflagen (vgl. im Detail Huemer, 2019, S. 14) und Gebote eingehalten werden: Verbot der **Datenweitergabe an Dritte**[40], **Pseudonymisierung** bzw. **Anonymisierung** (vgl. übernächster Absatz).

Personenbezug darf – auch bei Erlaubnis – immer nur im notwendigen Mindestmaß hergestellt werden – die DSGVO bezeichnet diese Vorgabe als **Datenminimierung**: Es dürfen also nur jene Daten personenbezogen erhoben werden, die für die Erreichung eines Forschungsziels notwendig und sinnvoll sind (vor allem in Bezug auf sozialstatistische Daten).

Die empirische Sozialforschung strebt aus ethischen Gründen (vgl. Kapitel 3.3.1 ab Seite 50) ohnehin seit jeher nach anonym erhobenen Daten. Die Datenschutzgesetze verankern diese ethischen Prinzipien rechtlich und sehen in der **Pseudonymisierung** personenbezogener Daten ein wirksames Mittel, Daten bei deren Verarbeitung zu minimieren und möglichen Datenschutzverletzungen vorzubeugen.

Bei einer **Pseudonymisierung** wird die Information zur Person von den übrigen Daten getrennt und durch einen Code (oder eine Kennzahl) ersetzt. Welcher Code welche Person bezeichnet, wird an anderer Stelle (technisch und organisatorisch von den pseudonymisierten Daten getrennt) extra gespeichert.

Pseudonymisierte Daten bleiben aber personenbezogen, weil sie mittels Zusatzinformationen (welcher Code gehört zu wem) Einzelpersonen weiterhin identifizierbar machen.

Die vom FOG gegenüber einer Pseudonymisierung bevorzugte **Anonymisierung** von Daten hebt den Personenbezug überhaupt auf – oder lässt diesen erst gar nicht entstehen. Für völlig anonyme Daten sind die Bestimmungen der DSGVO nicht relevant.

Eine Anonymisierung ermöglicht keine (weitere) Einzelpersonenzuordnung, indem sie
– die Daten überhaupt ohne jeglichen Personenbezug erfasst,
– alle Details löscht, die eine Identifizierung (Personenzuordnung) ermöglichen,
– oder vorerst personenbezogene Informationen nur aggregiert erfasst (und damit die Einzelpersonenzuordnung unmöglich macht).

Anonymisierung ist aber nicht immer möglich oder sinnvoll.

Im Falle sehr weniger qualitativer Einzelinterviews kann aus den Inhalten einzelner Aussagen eventuell darauf geschlossen werden, von wem sie stammen.

---

[38] Dazu zählen Seminar- und wissenschaftliche (Abschluss-)Arbeiten für Zwecke der Lehre.

[39] Vgl. Kapitel 3.3.2.2 ab Seite 53.

[40] Ausgenommen vom Datenweitergabeverbot sind statistische Zwecke, im öffentlichen Interesse liegende Archivzwecke sowie wissenschaftliche oder historische Forschungszwecke.

Bei Expert:inneninterviews oder Interviews mit Zeitzeug:innen wiederum ist es oft notwendig, zu WISSEN, von wem welche Aussage stammt.

Hier und überall dort, wo eine Einwilligungserklärung benötigt wird, müssen Betroffene unterfertigen, dass sie der Erhebung und Verarbeitung ihrer Daten zustimmen. Ein Link auf ein (studentisches) **Muster für eine Zustimmungserklärung** findet sich in Kapitel 3.3.4 ab Seite 58. Zustimmungen sind für Forschende dennoch problembehaftet – sie können jederzeit **widerrufen** werden:[41] Tritt dieser Fall ein, müssen ab dem Zeitpunkt des Widerrufs alle weiteren Analysen ohne die vom Widerruf betroffenen Datensätze erfolgen.

Ein weiterer wichtiger Datenschutzaspekt ist jener der **Speicherdauer** personenbezogener Daten. Diese dürfen nur so lange gespeichert werden, bis der Zweck ihrer Verarbeitung erreicht ist. Danach sind auch Sicherheitskopien zu löschen.

Es gibt im Datenschutz keine eigenständigen Aufbewahrungsfristen. Diese richten sich üblicherweise nach dem Zweck, für welchen die Daten erhoben wurden. Marktforschungsinstitute speichern Daten üblicherweise für den Zeitraum, in dem sie die ordentliche Abwicklung einer Erhebung nachweisen müssen. Danach löschen oder anonymisieren sie sie, weil sich dadurch Datensicherheitsvorgaben erfüllen und darüber hinaus die Auskunftspflicht (vgl. Kapitel 3.3.2.4 auf Seite 56) vereinfacht.

In der Forschung sind das Speichern und Verarbeiten von personenbezogenen Rohdaten gemäß FOG grundsätzlich unbeschränkt zulässig. Damit bleibt gute wissenschaftliche Praxis auch dann nachweisbar, wenn keine Anonymisierung durchgeführt wurde.

3.3.2.4 | Informationspflichten – die Datenschutzerklärung

Die DSGVO legt fest, dass von einer Datenverarbeitung Betroffene in einer **Datenschutzerklärung** über folgende Details informiert werden müssen: Wer verarbeitet (analysiert) zu welchem Zweck welche personenbezogenen Daten? Auf Basis welcher Rechtsgrundlage (vgl. Kapitel 3.3.2.3 ab Seite 54) passiert das? Wie – in welcher Form und welchem Umfang – erfolgt die Verarbeitung? Wem werden die Daten offengelegt, wie lange werden sie gespeichert? Außerdem sind alle Betroffenenrechte (vgl. Kapitel 3.3.2.5 auf Seite 57) klar und ausdrücklich anzuführen.

Diese gesetzliche Informationspflicht soll Transparenz schaffen und individuelle Möglichkeiten zu Gegenmaßnahmen einräumen. Die Datenschutzerklärung muss leicht auffindbar bzw. direkt verlinkt sein. Auf den meisten Webseiten von Unternehmen und Bildungseinrichtungen finden sich deshalb seit Gültigkeit der DSGVO an prominenter Stelle ausführlich formulierte Datenschutzrichtlinien.

Eine explizite Auflistung der vorgeschriebenen Informationsinhalte findet sich in Art 13 und Art 14 DSGVO bzw. bei Haller (2018, S. 5) und Huemer (2019, S. 25–26). Auf ein **Muster für eine Datenschutzerklärung** mit den Minimalanforderungen für übliche studentische Befragungen verlinkt Kapitel 3.3.4 ab Seite 58.

[41] Vgl. dazu auch die beiden Kapitel 3.3.2.4 und 3.3.2.5 ab Seite 56.

Was den Zeitpunkt der Bekanntgabe betrifft, müssen Datenschutzinformationen – bei Sozialforschung grundsätzlich – direkt im Zuge der Erhebung erteilt werden.

Bei **telefonischer Kontaktaufnahme** sind umfangreiche Informationen nicht möglich, hier genügen Angaben über die Identität der/des Verantwortlichen, über die Verarbeitungszwecke, bei Datenübermittlungen an Dritte über DEREN Identität sowie Informationen, wo eine Datenschutzerklärung eingesehen werden kann. Möglich wäre auch die Nennung eines Links oder eine postalische Zusendung in Papierform.

Erfolgt eine Befragung in Form **persönlicher Interviews**, einer **Straßenbefragung** oder von **Expert:inneninterviews**, sind die Datenschutzinformationen unbedingt explizit anzusprechen. Sie müssen als Papierausdruck oder elektronisch mitgeführt und bei Bedarf hergezeigt werden. Ein bloßer Verweis auf eine Datenschutzerklärung im Internet wäre zu wenig, sollte aber trotzdem möglich und vorhanden sein. Ein praxistaugliches Vorgehen besteht darin, die Informationen auf der Vorderseite des Fragebogens anzukündigen und weiter hinten (z.B. auf der Rückseite der ersten Seite oder an vergleichbarer Position) im Detail abzudrucken.

Bei **Online-Befragungen** sollten sich die Informationen zum Datenschutz oder der direkte Link zur Datenschutzerklärung gleich in der Einladung zur Erhebung finden (vgl. Kapitel 3.3.4 ab Seite 58). Teilnehmerinnen an Online Access Panels (vgl. Seite 67) gelten als „deklariert Auskunftswillige“ und müssen ebenfalls zu Beginn ihrer Teilnahme wie oben beschrieben informiert werden. Bei weiteren (neuerlichen) Umfragen ist das aber nicht immer und wiederholt notwendig.

Datenschutzinformationen sind nur dann vorgeschrieben, wenn PERSONENBEZOGENE Daten erhoben werden. Sobald aus den erhobenen Daten kein Rückschluss auf Individuen gezogen werden kann, liegen die Daten anonym vor und die Informationspflichten entfallen.

Anonymitätszusicherungen finden sich in der empirischen Sozialforschung trotzdem und immer schon an prominenter Stelle jedes Vorhabens (vgl. auch Kapitel 3.3.1 ab Seite 50) – auch schon lange vor der DSGVO. Seit es die strengen Datenschutzgesetze gibt, erfolgen in der Praxis auch bei Erhebungen ohne direkt erkennbaren Personenbezug Datenschutzinformationen in Form einer Datenschutzerklärung: Nun wird in DIESER Form explizit auf die völlige Anonymität der Befragungsdaten hingewiesen.[42]

3.3.2.5 | *Rechte der Betroffenen*

Die Datenschutzgesetzgebung räumt den von einer personenbezogenen Datenverarbeitung betroffenen Personen ausdrückliche Rechte ein. Dazu zählen das Recht auf Auskunft, ob und welche Daten in welcher Form und zu welchem Zweck verarbeitet werden, sowie

[42] Dies ist – bei Online-Befragungen, die zwar anonyme BEFRAGUNGSdaten erheben – oft auch deshalb notwendig, weil im Hintergrund eine technische Verifizierung des ausgesandten Teilnahmelinks durchgeführt wird: Nur dann ist es z.B. nachvollziehbar, ob ein Link nur EINmal angeklickt wurde. Hierbei werden an dieser Stelle der Befragung personenbezogene Daten (z.B. Tracking-Link oder IP-Adresse) erhoben (vgl. den personalisierten Einladungslink in der beispielhaften Einladungs-E-Mail auf Seite 66). Für diesen Teil der Datenverarbeitung ist die DSGVO dann natürlich maßgeblich. Um Missverständnisse zu vermeiden, sollte die Datenschutzerklärung hier über diese „Zweiteilung“ der Datenerhebung aufklären, auch wenn die Antworten selbst dann anonym erfolgen.

das Recht auf Berichtigung, falls dabei unrichtige Informationen entstanden sind. Betroffene können auch eine Übertragung (Kopie) ihrer Daten, eine Einschränkung der Verarbeitung oder Löschung verlangen oder der Verarbeitung gänzlich widersprechen. Wenn die personenbezogene Erhebung aufgrund einer Einwilligung stattgefunden hat, kann auch diese widerrufen werden: Die betroffenen Daten dürfen ab diesem Zeitpunkt nicht mehr weiter analysiert oder verarbeitet werden.[43]

3.3.3 | Methodische Implikationen von Forschungsethik und Datenschutz

Die beschriebenen Datenschutzbestimmungen führen bei der Durchführung empirischer Erhebungen oft zu Einschränkungen: Darf überhaupt erhoben, wer darf adressiert werden, ist eine Einwilligung notwendig usw. Das führt (auch) aus methodischer Sicht zu (Repräsentativitäts-)Problemen (vgl. Kapitel 4.1 ab Seite 61).

Zieht jemand z.B. aus einer Adressenliste eine Stichprobe, müssen die Datensätze vorab nach „erlaubten“ Personen gefiltert werden. Das reduziert die Grundgesamtheit der Erhebung, schon die so wichtige Ausgangsbasis ist damit maßgeblich eingeschränkt: Unterscheidet sich die Struktur der Adressierbaren von jenen, die nicht kontaktiert werden dürfen, wird bereits an dieser Stelle das Erreichen von Repräsentativität fraglich.

Läuft die Stichprobe aus „erlaubten“ Datensätzen der Struktur der GESAMTEN Grundgesamtheit (inkl. aller Unadressierbaren) zuwider, können Datengewichtungen (vgl. Kapitel 4.2.3 ab Seite 72) rechnerisch ausgleichen. Gewichtungen können auch strukturelle Abweichungen von der Grundgesamtheit auffangen, die durch Teilnahmeverweigerungen entstehen.

Nicht immer aber ist Repräsentativität durch Datengewichtungen „errechenbar“: Verweigern zu viele oder bestehen neben strukturellen auch „meinungsmäßige“ Unterschiede zwischen Adressier- und Nicht-Adressierbaren (bzw. Verweigernden), stößt auch ein rechnerischer Strukturausgleich an methodische Grenzen. Nicht vorhandene, fehlende Meinungen KANN niemand „geraderechnen“.

3.3.4 | Beispiele praktischer Umsetzung

Für das gesetzeskonforme Procedere bei qualitativen und quantitativen Befragungen wurden in den letzten Jahren wiederholt Vorlagen entwickelt.

*Das folgende Beispiel einer **Einladung** zu einer Online-Befragung könnte sich entweder an Personen richten, die ihre Erlaubnis dazu erteilt haben (vgl. Kapitel 3.3.2.2 ab Seite 53), oder der Befragungslink wird im öffentlichen Bereich – z.B. auf Social Media – kommuniziert.*[44]

> *Liebe:r […],*
>
> *im Rahmen eines Forschungsprojekts an der Universität [Auftraggeber] führt [Angabe, wer die Erhebung durchführt] eine Umfrage zum Thema […] durch. Die Befragung hat einen rein wissenschaftlichen Zweck. Ihre Beantwortung dauert höchstens 5 Minuten.*

---

[43] Weitere Details zu den Betroffenenrechten finden sich bei Huemer, 2019, S. 27–28.

[44] Das Beispiel und die beiden darauffolgenden Links stellen inhaltliche Fusionierungen folgender Quellen dar: Büro Studienpräses der Universität Wien (2018), rechtskonforme E-Mail-Einladungen zu Online-Befragungen, die den Autor 2020 bis 2023 erreicht haben, sowie mit Datenschutzjurist:innen erarbeitete Anwendungspraxis.

> *Jede Meinung ist wichtig – bitte unterstützen auch Sie dieses Projekt!*
>
> *Sie nehmen freiwillig teil. Ihre Angaben sind völlig anonym: Das bedeutet, dass Ihre Antworten mit Ihrer Person in keinerlei Verbindung gebracht werden können! Die Befragung richtet sich an Teilnehmer:innen, die das 15. Lebensjahr vollendet haben. Die erhobenen Daten werden streng vertraulich behandelt und keinesfalls an Dritte weitergegeben.*
>
> *Information über die Datenverarbeitung:*
>
> > *Erfasst und verarbeitet werden folgende soziodemographische Daten: Alter, Ausbildung, Wohnort (Bundesland). Die Erhebung dieser Daten hat den alleinigen Zweck, auf Basis gruppierter Auswertungen Erkenntnisse über das Meinungsbild der verschiedenen sozial-statistischen Bevölkerungsgruppen zu erlangen.*
>
> *Herzlichen Dank für Ihre Teilnahme!*
> *[Person(en), die für die Erhebung verantwortlich ist (sind)]*
>
> *Eine Datenschutzmitteilung gemäß DSGVO findet sich unter folgendem Link:*[45]
> *https://link-zur-umfrage.at/datenschutzmitteilung*
>
> *Zur Umfrage gelangen Sie über diesen Link:*
> *https://link-zur-umfrage.at*
> *Wenn sich der Fragebogen nicht direkt öffnet, kopieren Sie bitte den Link in die Adresszeile Ihres Browsers.*

Manche formulieren bei anonymer Einladung auf z.B. Social Media dort kürzer und geben gesetzliche Infos erst direkt im Befragungs-Formular, andere beschreiben Details bereits in der Einladung ausführlich(er), und nach Klicken des Links noch einmal (ähnlich). Das Einhalten der gesetzlichen Kontaktier- und Datenschutzbestimmungen ist jedenfalls meist nicht alltagstauglich: Die vom Gesetz geforderten umfangreichen Informationen überladen die Startseite der Befragung mit viel Text. Zu viele und komplizierte Sätze, gleich zu Beginn, schrecken potenziell Antwortwillige ab, die Ausfüllbereitschaft sinkt stark.

Hier bietet sich an, alle Datenschutzinformationen hinter einem eigenen Link zu platzieren. Diese Infos befinden sich aber nicht – wie im obigen Beispiel signalisiert – auf einem eigenen Webspace, sondern direkt im Umfrage-Formular. Dort wird von der Startseite mittels Filterfrage – (sinngemäß) „Wollen Sie Datenschutz-Infos?" bei „Ja" – auf eine „Datenschutz-Subseite" verlinkt, die keine Frage(n), sondern nur den Mitteilungstext enthält.

Wenig Einigkeit unter Datenschutzjurist:innen besteht hinsichtlich einer expliziten Einwilligung zur Befragung. Während die einen das unbedingt fordern, meinen andere, dass durch die Teilnahme an der Befragung die Einwilligung ja konkludent vorhanden ist.

Die folgenden Beispiele stellen beide Varianten vor:

umfrageonline.com/s/Mustereinleitung_ohne_Einwilligung

umfrageonline.com/s/Mustereinleitung_mit_Einwilligung

---

[45] Wie bereits in Fußnote 42 auf Seite 57 erläutert, erheben auch von den Antworten her anonyme Online-Befragungen im „technischen Hintergrund" oft personenbezogene Meta-Daten wie z.B. IP-Adresse, Cookie-Kennzahlen oder sonstige Web-Analysedaten. Aus diesem Grund sind auch bei vordergründig anonymen Online-Erhebungen Datenschutzerklärungen anzubieten.

Beide Fälle enthalten eine Filterfrage auf eine Datenschutzmitteilung.[46]

Ein weiterer beispielhafter Text einer „Datenschutzmitteilung für Befragungen" findet sich unter der *in Kapitel 3.3.2 auf Seite 52* *angeführten Verlinkung „Datenschutz in der sozialwissenschaftlichen Forschung" (Büro Studienpräses der Universität Wien, 2018). Auch eine Textvorlage für eine „Zustimmungserklärung (inkl. Datenschutzmitteilung) für Expert*innen-, Zeitzeug*inneninterviews etc." ist dort abrufbar.*

Alle Beispiele sind Mustertexte. Für verschiedene Bildungseinrichtungen oder andere als studentische Zwecke können Modifizierungen notwendig sein.

[46] Die Formulierung der Datenschutzmitteilung wurde von namhafter österreichischer Datenschutzkompetenz geprüft und befürwortet. Beide Beispiele basieren auf dem Feedbackformular howtodo.at/howtodofeedback dieses Buchs. Die Muster wurden mit größter Sorgfalt unter Beachtung des aktuellen Judikatur- und Literaturstands sowie der gängigen Praxis erstellt. In Zweifels- und Einzelfällen muss darüber hinaus zusätzlich Rücksprache mit im Datenschutzrecht ausgewiesenen Expert:innen erfolgen.

4 | Repräsentativität, Arten von Stichproben

▼ **Abstract** *(in diesem Kapitel geht's um ...)* ▼

- **Repräsentativität:**
  strukturelles Abbild der Grundgesamtheit • große Stichproben sind nicht automatisch repräsentativ • **Online**-Erhebungen sind **nur** in **personalisiert**er Form kontrollierbar repräsentativ • qualitative Erhebungen (und experimentelle Designs) sind meist NICHT repräsentativ
- **Zufallsstichprobe:**
  ausgewählte Elemente MÜSSEN in die Erhebung • methodisch hochwertigste Stichprobenart • einfache Zufallsauswahl aus einer Datenbank • komplexe Zufallsauswahl vorgeschichtet und kleine Untergruppen disproportional aufgestockt • Faktorengewichtung auf Repräsentativität
- **Nicht zufällige Stichprobe:**
  völlig willkürlich oder nach Quoten • Forschende wählen Zielpersonen individuell oder nach definierten Merkmalen aus • dadurch subjektiv gefärbt • Quotenstichproben sind strukturell oft repräsentativer als Zufallssamples • keine Berechnung von Schwankungsbreiten zulässig
- **Good Practice-Praxisbeispiele:**
  ökonomisch, gut anwendbar, (noch) methodisch O.K. oder zumindest argumentierbar

4.1 | Repräsentativität

Eine Stichprobe ist repräsentativ, wenn sie ein exaktes, lediglich verkleinertes strukturelles Abbild der Grundgesamtheit darstellt. Ziel einer Repräsentativ-Stichprobe ist es, anhand einer kleinen Zahl von Untersuchungseinheiten Aussagen über die Grundgesamtheit zu treffen (vgl. Ebster & Stalzer, 2017, S. 178).

Von wenigen Einheiten wird auf alle geschlossen. **Die Ergebnisse weniger Teile „repräsentieren" alle:** Das funktioniert dann am besten, wenn die Struktur der Stichprobe jener der Grundgesamtheit möglichst genau entspricht.

In mangelnder Repräsentativität liegt eines der Hauptprobleme quantitativer Forschungspraxis: In zahlreichen Fällen werden Ergebnisse quantitativer Erhebungen als für Grundgesamtheiten gültig erachtet, obwohl sie teilweise oder gar nicht repräsentativ sind. Damit erfolgen Verallgemeinerungen, die methodisch eigentlich nicht zu rechtfertigen sind.

Unrepräsentative Ergebnisse quantitativer Erhebungen eignen sich als Richtwerte. Und auch das nur dann, wenn die fehlende Repräsentativität nicht zu stark ausgeprägt ist: „Teilweise" unrepräsentativ ist eine Stichprobe dann, wenn ihre Struktur der Grundgesamtheit nur nahekommt – z.B. 20% jüngere Personen unter 30 anstelle der laut Grundgesamtheit eigentlich erforderlichen 30%. Oder eine Stichprobe ist nach gewissen Kriterien repräsentativ, nach anderen aber nicht. Ist die Zusammensetzung der Grundgesamtheit hingegen in der Stichprobe völlig verzerrt abgebildet, sind aus ihr gar keine verwertbaren Schlüsse abzuleiten. Das bedeutet sonst sinnbildlich, die Ohrenlänge von Mäusen würde gemessen und auf Elefantenohren projiziert.

Welche Kriterien zur Beurteilung von Repräsentativität herangezogen werden, ist vom Gegenstand und Thema der Forschung abhängig.

Bei Bevölkerungsstichproben sind Geschlecht, Alter, Bundesland, Bildung, Beruf gebräuchliche Merkmale. Für Kund:innenbefragungen macht oft eine Untergliederung nach Dauer der Kund:innenbeziehung oder Umsatzstärke Sinn. Inhaltsanalysen können Repräsentativität über eine Verteilung nach Medien, Genres, Artikellängen, Zugriffszahlen, Interaktionen oder Ähnlichem definieren. Handelt es sich um Mystery-Tests oder Beobachtungen, macht eine strukturelle Untergliederung der Test- bzw. Beobachtungsorte nach Größe (z.B. m^2), Kund:innenfrequenz, Zahl der Angestellten usw. Sinn.

Zur besseren Veranschaulichung des Unterschieds zwischen (sehr) repräsentativen und (völlig) unrepräsentativen Stichproben sollen zwei symbolische Abbildungen mit farbcodierten Figuren dienen:

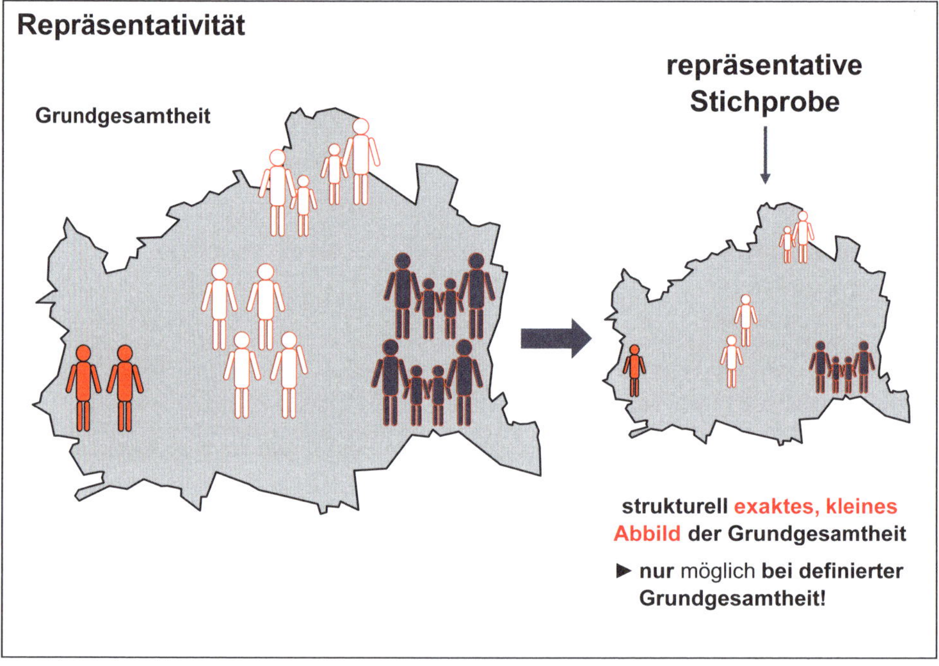

Abbildung 11: Repräsentative Stichprobe

In der obenstehenden Abbildung (vgl. Abbildung 11) ist Wien im Umriss dargestellt. In der Mitte, im Westen, Norden und Osten befinden sich verschieden große und farbige Figuren, die eine Grundgesamtheit symbolisieren. Rechts daneben, im kleinen stichprobenartigen Abbild, ist von jeder Gruppe der Grundgesamtheit genau die Hälfte vertreten – also eine strukturell völlig gleiche und damit völlig repräsentative Stichprobe.

Ist eine strukturelle Gleichheit zwischen Grundgesamtheit und Stichprobe NICHT gegeben (vgl. Abbildung 12 auf Seite 63), lässt sich von den erhobenen Einheiten nicht mehr auf die Grundgesamtheit schließen: Sie repräsentieren die Grundgesamtheit nicht mehr in deren Zusammensetzung.

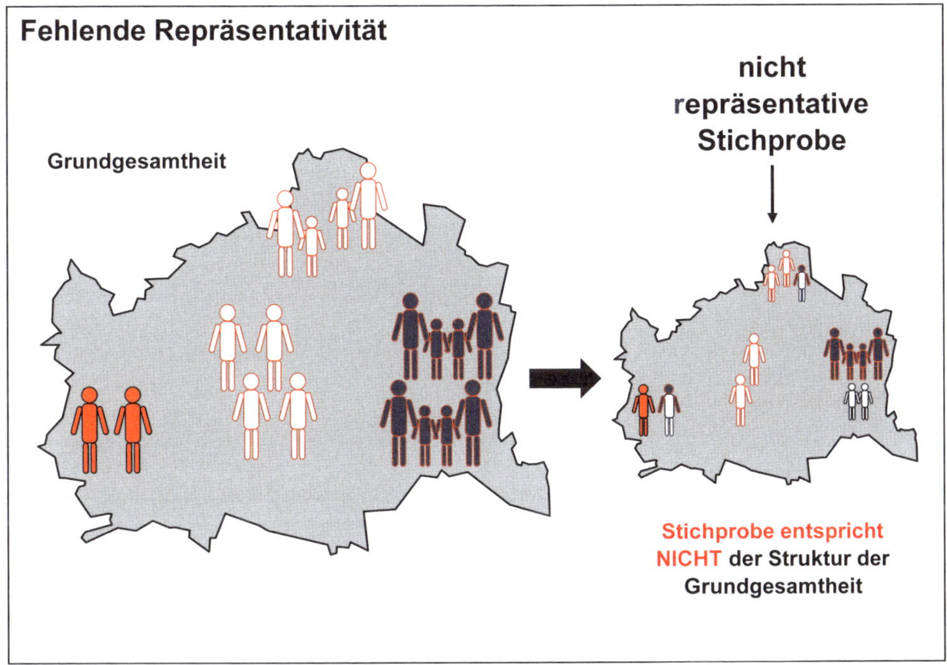

Abbildung 12: Nicht repräsentative Stichprobe

Repräsentativität hat nicht überall einen derart hohen Stellenwert. In der qualitativen Forschung gelten z.B. ganz andere Regeln: Hier wird eine überschaubare Anzahl von Untersuchungselementen detailliert und umfangreich vor allem mit Worten (und kaum mit Zahlen) beschrieben (vgl. Kapitel 2.1 ab Seite 25). Die Einzelelemente werden sehr sorgfältig und speziell ausgewählt – passend zum jeweiligen Anlassfall.

Bei quantitativen Experimenten ist Repräsentativität ebenfalls selten, aber auch nicht notwendig: Dort werden zufällig zusammengestellte, strukturgleiche Gruppen auf die Wirksamkeit von Reizen hin analysiert (vgl. Kapitel 2.8 ab Seite 42).

Daraus resultiert in der Regel ein bewusster Verzicht auf Repräsentativität. Das bedeutet aber nicht gleich einen völligen „Freibrief" für die Auswahl der Erhebungselemente! Es wäre methodisch unrichtig – um bei obiger Terminologie zu bleiben –, der Einfachheit halber ausschließlich Mäuse qualitativ zu erforschen und von ihnen auch auf Elefanten zu schließen. Bei absichtlicher Nicht-Repräsentativität fällt aber EINE Notwendigkeit weg: die mengenmäßige Aufteilung der beiden Tierarten in der Grundgesamtheit auch in der Stichprobe möglichst exakt nachzubilden.

4.1.1 | Stichprobengröße ≠ Repräsentativität

Eine große Stichprobe bedingt nicht automatisch Repräsentativität.

Der Irrglaube „große Stichprobe = repräsentatives Ergebnis" ist weit verbreitet. Zwar wird meist – wegen der größeren Unterschiedlichkeit (Bandbreite) der sie bildenden Elemente

– eine größere Stichprobe repräsentativer („besser") sein als eine kleine. Es kann aber genauso gut vorkommen, dass nur 100 Fälle repräsentativer sind als 1.000: Bei der Beurteilung der Repräsentativität einer Stichprobe zählt einzig und allein ihre Übereinstimmung mit der strukturellen Zusammensetzung der Grundgesamtheit.[47]

Dazu ist es jedoch erforderlich, die Struktur der Grundgesamtheit zu kennen. Ist das nicht möglich, bleibt bei ausreichender Größe und guter Verteilung der Stichprobenelemente nur die (berechtigte) ANNAHME, eine Art „Quasi"-Repräsentativität erzielt zu haben. Zahlenmäßig – durch einen Strukturvergleich – belegbar ist das aber nicht. Reine Zufallsstichproben z.B. sind – methodisch garantiert – auch ohne Kenntnis über Strukturen der Grundgesamtheit repräsentativ. Mehr zur Stichprobenziehung findet sich in Kapitel 4.2 ab Seite 68.

4.1.2 | Repräsentativität in Zahlen

Abbildung 13 zeigt beispielhaft, wie Repräsentativität berechnet und interpretiert wird.

Repräsentativität einer Stichprobe

- Stichprobe 1 ist repräsentativ nach Beruf und Alter.
- Stichprobe 2 ist repräsentativ nur nach Alter.
- Stichprobe 3 ist repräsentativ (auf die Person genau, nach Beruf und Alter) bei 100 Interviews.
- Stichprobe 4 ist repräsentativ (auf die Person genau, nach Beruf und Alter) bei 10.000 Interviews.

	Bevölkerung *)	Stichprobe 1	Stichprobe 2	Stichprobe 3	Stichprobe 4
Total	absolut	absolut	absolut	absolut	absolut
	8 978 929	1 000	1 000	100	10 000
	%	%	%	Anzahl	Anzahl
	100,0	100,0	100,0		
Beruf					
erwerbstätig	49,48	49,3	72,3	49	4 948
nicht erwerbstätig	50,52	50,7	27,7	51	5 052
Alter					
< 20 Jahre	19,28	19,4	19,4	19	1 928
20–64 Jahre	61,28	61,2	61,2	61	6 128
> 64 Jahre	19,44	19,5	19,5	20	1 944

*) Quelle: Statistik Austria, 2023a. | Statistik Austria, 2023b. | Für die Abbildung wurde das Jahr 2022 nach Berufstätigkeit und Alter adaptiert.

Abbildung 13: Repräsentativität in Zahlen

Die Bevölkerungsdaten der Statistik Austria weisen in diesem Beispiel 8.978.929 Personen als österreichische Gesamtbevölkerung aus. Die Bevölkerung setzt sich zu 49,48% aus Erwerbstätigen, zu 50,52% aus nicht erwerbstätigen Menschen zusammen. 19,28% sind unter 20 Jahre alt, 19,44% 65 Jahre und älter, 61,28% der Bevölkerung liegen dazwischen.

[47] Eine Stichprobe von 100 Personen, die die Altersverteilung der deutschen Bevölkerung exakt abbildet, ist repräsentativer als eine von 1.000 Personen, die sich (fast) nur aus Jugendlichen unter 25 zusammensetzt.

Eine – auf der Abbildung dargestellte – repräsentative Stichprobe 1 (hier nur repräsentativ nach Beruf und Alter) würde die Prozentverteilung der Grundgesamtheit[48] genau oder zumindest ziemlich genau widerspiegeln. Stichprobe 2 im Beispiel ist nach Beruf überhaupt nicht repräsentativ (hier gibt es gegenüber der Grundgesamtheit starken Überhang Erwerbstätiger), nach dem Alter aber schon. Stichprobe 3 und 4 veranschaulichen, wie viele Personen sie nach den beiden angeführten Merkmalen enthalten müssten, wenn sie bei 100 bzw. 10.000 Fällen völlig (auf die Person genau) repräsentativ sein wollten.

In der Praxis genügen zur Repräsentativität Näherungswerte (vgl. Stichprobe 1 in Abbildung 13). Völlig zahlengenau zu definieren ist nicht notwendig und meist auch nicht möglich.

4.1.3 | Repräsentativität bei Online-Erhebungen

Online-Befragungen sind aktuell weit verbreitet und rasch realisierbar. Da rückt der Gedanke an Repräsentativität gerne in den Hintergrund. Befragungen über einen Link auf ein Befragungsformular können jedoch nur dann repräsentativ sein, wenn ihre Durchführung kontrolliert erfolgt. Was bedeutet das im Detail?

Offene Links (= für alle zugänglich, jede:r kann sie – auch mehrfach – anklicken) führen zu großer Unklarheit: Wer nimmt an der Umfrage teil – und wie oft? Ohne das zu wissen, ist am Ende keine Beurteilung möglich, ob das Ergebnis repräsentativ ist.

Eine weltweit agierende Autofirma führt eine Kundenzufriedenheitsbefragung durch. Damit möglichst viele Kundinnen und Kunden rasch und einfach angesprochen werden, stellt die Firma auf ihrer Homepage einen Link zu einem Online-Formular ins Netz. Um den Ausfüllanreiz zu erhöhen, wird unter allen teilnehmenden Personen ein Kleinwagen verlost. Dazu ist es erforderlich, am Ende der Befragung eine E-Mail-Adresse bekanntzugeben.

Herr Mustermann trifft beim Surfen zufällig auf den Link zur Umfrage, liest von der Verlosung und nimmt gleich an der Befragung teil. Damit seine Chancen auf das zu verlosende Auto steigen, beurteilt er die Firma überall positiv. Außerdem klickt er das Befragungsformular in den kommenden Tagen insgesamt zehn Mal durch und gibt am Ende immer andere E-Mail-Adressen für die Verlosung bekannt. Denn der mögliche Gewinn ist für ihn sehr verlockend.

Eine Befragung wie im Beispiel ist dreifach zu bemängeln: Sie ist für alle offen, mehrfach beantwortbar und enthält unehrliche Antworten. Damit ist sie weder repräsentativ noch liefert sie verlässliche Ergebnisse. Auch wenn Online-Erhebungen nicht derart „falsch" angelegt sind, sondern z.B. „nur" mit offenen Links arbeiten, gilt aus methodischer Sicht:

(Bevölkerungs-)Repräsentative Online-Samples sind nur über personalisierte Einladungen erzielbar: Es muss klar sein, WER genau antwortet! Nur dann ist es möglich, Kontrolle über die Samplestruktur zu erzielen und Mehrfachbeantwortungen zu verhindern.

Bei personalisierten Befragungen werden konkrete Zielpersonen aus vorliegenden Listen oder Datenbeständen ausgewählt. Das können bei einer Vollerhebung alle Mitglieder einer Datenbank sein, bei einer Zufallsstichprobe (vgl. Kapitel 4.2 ab Seite 68) ein repräsentativer Teil davon.

---

[48] Spaltenprozentuierung: Erwerbstätig und nicht erwerbstätig = 100%; Altersgruppen in Summe = 100%.

Die Einladung zur Befragung erfolgt mittels singulärer, individueller Links auf das Online-Formular. Diese Links werden von der Befragungsformular-Software[49] erstellt. Sie bestehen aus einem für alle Befragten identen Hauptlink und einer individuell angehängten, meist per Zufall erzeugten Zeichenkette (im Beispiel fettgedruckt). Dieser Zufallscode existiert nur einmal und wird für jede Person neu erzeugt. Der individuelle Link wird NICHT mit den Antworten der Befragten verbunden – das stellen alle seriösen Befragungs-Tools sicher.

Befragtenpools (vgl. „Online Access Panel" auf Seite 67) nutzen gerne diese Form der persönlichen Teilnehmendenadressierung:

Einladungs-E-Mail *für eine personalisierte Online-Befragung (Beispiel, hier auf themenrelevante Aspekte beschränkt):*

> *Sehr geehrte Frau Sommer,*
>
> *eine neue Online-Umfrage von [Umfrageinstitut] wartet auf Sie.*
>
> *[...]*
>
> *Zur Umfrage gelangen Sie über diesen Link:*
> *https://link-zur-umfrage.at/***?id=08quwertzui15**
>
> *[...]*

Die Online-Software registriert ausschließlich, WER das Formular fertig[50] durchgeklickt und ausgefüllt hat, und wer (noch) nicht. Dadurch lassen sich in weiterer Folge Reminder-E-Mails adressgenau nur an Noch-Nicht-Teilnehmende versenden.

Reminder-E-Mail *(Beispiel, Auszüge):*

> *Sehr geehrte Frau Sommer,*
>
> *vor ein paar Tagen haben wir Ihnen eine Einladung zu einer neuen Online-Umfrage von [Umfrageinstitut] geschickt. Sie haben daran noch nicht teilgenommen.*
>
> *[...]*
>
> *Zur Umfrage gelangen Sie über diesen Link:*
> *https://link-zur-umfrage.at/***?id=08quwertzui15**
>
> *[...]*

Auf diese Weise können auch noch unvollständige Sampleteilgruppen (z.B. wegen Verweigerungen) zielgerichtet nacherfasst oder bereits vollständige Stichprobenteile von weiteren Teilnahmen ausgeschlossen werden.

Wenn am Ende zehn Jugendliche unter 20 Jahren fehlen, werden nur noch Menschen dieser Altersgruppe kontaktiert.

Aus Wien sind bereits genügend Personen im Sample. Gibt jemand zu Beginn an, in Wien zu wohnen, erhält diese Person ein „Danke" und das Befragungsformular „bricht ab".

---

[49] Online-Erhebungssoftware gelangt nicht nur in Instituten zum Einsatz. Auch Einzelpersonen stehen im Netz viele kostengünstige Lösungen zur Verfügung (vgl. dazu Kapitel 7.4 ab Seite 136).

[50] In der Regel kann eine befragte Person die Beantwortung der Fragen jederzeit unterbrechen und später – bei neuerlichem Aufruf des individuellen Links – an der unterbrochenen Stelle fortsetzen.

Nur mittels kontrollierter Links kann letztendlich Repräsentativität erzielt werden.

Zufallssamples aus Kunden-, Mitarbeiter- oder Mitgliederdatenbanken von Vereinigungen lassen sich in dieser Form gut personalisieren und als repräsentatives Online-Sample anlegen. Allerdings erfordert personenbezogene Adressierung aus Datenschutzgründen eine vorherige Einwilligung (vgl. Seite 53 im Kapitel 3.3.2.2).

Datenschutzbestimmungen bedingen deshalb oft Alternativen: Zwar nicht optimal, aber methodisch noch argumentierbar ist aus Autorensicht z.B. ein Erhebungsstart mit den zwar problematischen offenen Links. Diese werden aber gezielt verteilt[51] und über Quoten kontrolliert (vgl. das Kapitel zur Quotenstichprobe ab Seite 74 und Kapitel 4.5.3 ab Seite 79). Das führt zumindest in die Nähe von Repräsentativität.

Umfrageinstitute erzielen Repräsentativität mit wirtschaftlich vertretbaren Mitteln und datenschutzrechtlich sauber über sogenannte **Online Access Panels**. Diese funktionieren nach dem oben angesprochenen Prinzip kontrollierter personalisierter Online-Forschung. Ein Online Access Panel ist ein Pool von freiwilligen Personen, die dazu bereit sind, in unregelmäßigen Abständen an Online-Befragungen teilzunehmen. Zu diesem Zweck ist eine Registrierung erforderlich: Neben Namen und E-Mail-Adresse werden verschiedene soziodemografische (z.B. Geschlecht, Alter ...) und meist auch zielgruppenspezifische Merkmale (z.B. Nutzungsvorlieben) in einer Datenbank gespeichert. Je nach Studienthema können somit spezielle Teilgruppen repräsentativ aus diesem Pool ausgewählt werden.

Leider schränken dennoch oft Selbstselektionseffekte die Repräsentativität ein.

Bei Empirie, die sich mit Menschen beschäftigt, treten zwei Selbstselektionseffekte zutage: Bereits beim Aufbau eines Befragtenpools beeinträchtigen Personen, die sich aufgrund mangelnden Interesses gar nicht in die Datenbank Befragungswilliger aufnehmen lassen, das strukturgerechte Abbild jeder Zielgruppe. Ihre Meinungen fehlen. Genauso wie die Meinungen jener, die dann bei der Befragung selbst die Teilnahme verweigern.

Weitere Verzerrungen der Datenqualität können durch „Bezahlung“[52] entstehen, die für die Teilnahme an Befragungen dieser Art üblich ist. Manche Panelmitglieder steuern ihre Antworten in Richtung möglichst guter Abgeltung.

Herr Winter weiß, dass er je nach Länge einer Befragung mehr oder weniger Bonus-Punkte bekommt. Dementsprechend kreuzt er immer möglichst umfangreich Verhaltensweisen an, die auf ihn zutreffen. Damit wird er nach vielen Details vertiefend befragt, das Online-Interview wird länger, seine Einkaufspunkte werden mehr.

Auch die Erhebung von Bekanntheitswerten (z.B. Produkt- oder Werbebekanntheit) kann fehlerbehaftet sein: Werden dieselben Personen eines Online-Panels in kurzen Abständen zu denselben Inhalten befragt, „kennen“ sie das Produkt bzw. die Werbelinie aus der letzten Befragung, nicht aus dem realen Leben. Diesem Umstand versuchen **Fresh Samples** (vgl. Seite 41 im Kapitel 2.7) entgegenzuwirken.

---

[51] Etwa in speziellen Online-Interessengruppen oder Social Media-Communitys.

[52] Incentivierung in Form themenunabhängiger Vergütungen wie z.B. Bonuspunkten, Einkaufsgutscheinen usw.

Um Antworten verfälschende Professionalisierung von Online-Panelmitgliedern zu vermeiden, konfrontieren Institute jede Person nur mit wenigen Umfragen pro Jahr. Ähnliche oder dieselben Themen werden überhaupt nur mit großem zeitlichem Abstand an dieselben Pool-Mitglieder herangetragen.

Zum Zeitpunkt der Drucklegung dieses Buchs wird in Österreich üblicherweise **Bevölkerungsrepräsentativität von Online-Befragungen** bis zu einem Lebensalter von rund 75 Jahren garantiert. Die Pandemiejahre haben dazu beigetragen, die Online-Affinität in der Bevölkerung voranzutreiben. Dennoch erfolgt Internetnutzung vor allem bei der noch älteren Bevölkerung, teilweise aber auch in jüngeren Bevölkerungsgruppen gar nicht bzw. nur unregelmäßig. Nicht alle Themen sind deshalb für Online-Befragungen gleich gut geeignet.

Online-Umfragen sollten nicht durchgeführt werden, wenn es (überwiegend) um Fragestellungen für Ältere bzw. Nicht-Netzaffine geht. Beim Interpretieren von Online-Daten sollte außerdem klar sein, dass etliche Bevölkerungsgruppen gar nicht oder anteilsmäßig nur eingeschränkt abgebildet werden.

4.2 | Arten von Stichproben

In der Forschungspraxis gibt es zwei generelle Arten, Stichprobenerhebungen durchzuführen: zufällige und NICHT zufällige Stichproben. Worin genau liegen die Unterschiede?

Zufallsstichproben bestehen aus per Zufall ausgewählten Individuen bzw. Erhebungselementen. Die ausgewählten Elemente MÜSSEN Teil der Erhebung sein und dürfen nicht durch andere ersetzt werden – auch wenn diese ähnlich sind. Können Teile der Auswahl – wegen Verweigerung oder aus anderen Gründen – nicht in die Erhebung gelangen, müssen ergänzend neue – wieder per Zufall(!) – ausgewählt werden. Die nicht einbezogenen Elemente sind genau zu dokumentieren.

Nicht zufällige Stichproben unterliegen diesen strengen Regeln nicht. Sind hier Teile der Stichprobe nicht erreichbar, werden sie einfach durch andere ersetzt: Die neuen müssen bloß den ursprünglich geplanten Elementen strukturell entsprechen.

Zur praktischen Veranschaulichung soll ein Beispiel dienen:

Elke Sommer hat die Aufgabe, im Zentrum einer Stadt Befragungen durchzuführen. Sie arbeitet mit einer Zufallsstichprobe und erhält eine Liste mit Namen und Adressen, wen und wo sie im Stadtzentrum befragen muss. Darunter ist auch Fritz Feindlich, ein 40-jähriger Mann. Elke geht zur Wohnung von Herrn Feindlich, läutet an und wartet, bis er aufsperrt. Sie ist entsetzt: Herr Feindlich ist für sie der allerletzte Mensch, mit dem sie sich vorstellen kann, ein Gespräch zu führen. Arrogant, unfreundlich, sehr abweisend, einfach nur unangenehm. Trotzdem MUSS Elke versuchen, Herrn Feindlich zu befragen.

Da hat es Georg Herbst weitaus leichter. Er arbeitet an einer anderen Erhebung mit, eine Woche später, im selben Stadtzentrum. Allerdings gelangt hier eine NICHT zufällige Stichprobe zur Anwendung. Eine der Vorgaben an Georg lautet: „Befrage einen 40-jährigen Mann im Stadtzentrum.“ Auch er läutet an der Tür von Fritz Feindlich. Als er die Tür aufmacht, sieht Georg sofort, wie unnahbar Herr Feindlich ist. Er entschuldigt sich, sich in der

Tür geirrt zu haben, und geht weiter. Ein paar Wohnungen daneben trifft er auf Franz Freundlich. Auch der ist 40 und wohnt im Stadtzentrum, ist also ebenfalls eine perfekte Zielperson. Im Gegensatz zu Herrn Feindlich ist Franz Freundlich aber sehr zuvorkommend, höflich, an Befragungen interessiert. In wenigen Minuten hat Georg Herbst sein Interview mit ihm erledigt und macht sich sogleich auf die Suche nach dem nächsten Probanden ...

Nach diesem Beispiel mag sich die Frage stellen: Welche Stichproben sind besser? Jene, bei denen allein der Zufall Regie führt (vgl. Elke Sommer)? Oder jene, bei denen die Forschungspersonen die Auswahl selbst vornehmen (vgl. Georg Herbst)?

Stichproben sind **inhaltlich hochwertiger**, wenn sie möglichst unterschiedliche Elemente beinhalten (Heterogenität). Aus diesem Blickwinkel sind Zufalls-Samples die besseren.

Alle Erhebungsteile werden rein zufällig ausgewählt. Persönliche Sympathien und Antipathien forschender Personen sind bei der Auswahl völlig bedeutungslos. Dafür müssen mancherorts Ausfälle in Kauf genommen werden: Bezieht sich die Zufallsauswahl auf Menschen, gibt es meist Verweigerungen, an der Erhebung teilzunehmen. Besteht das Sample aus nicht menschlichen Elementen, sind vielleicht einzelne Teile nicht mehr zugänglich oder erreichbar (z.B. vergriffene Medien bei einer Inhaltsanalyse). Um derartige Ausfälle zu kompensieren, müssen neuerlich Zufallsauswahlen durchgeführt werden.

Stichproben sind **zahlenmäßig** umso **repräsentativer**, je besser sie strukturell der Grundgesamtheit entsprechen. Das ist bei NICHT zufälligen Stichproben einfacher: Dort werden gezielt nur (mehr) jene Elemente gesucht, die für die Zielstruktur (noch) benötigt werden.

Nicht zufällige Stichproben haben aber den großen Nachteil fehlender Objektivität: Alle, die freie Hand haben, werden zuerst aus ihrer individuellen Sicht „sympathische" bzw. „leicht erreichbare" Elemente auswählen. Damit werden derartige Stichproben oft sehr subjektiv (vgl. Kapitel 6.5.4 ab Seite 114).

4.2.1 | Zufällige Auswahl: Reine Zufallsstichproben

Reine Zufallsstichproben sind aus theoretischem Blickwinkel die „schönsten", „besten" und mathematisch einwandfreisten. Bei ihnen hat das Forschungspersonal keinerlei subjektiven Einfluss auf die Auswahl. Zufällige Stichproben sind deshalb, wenn möglich, die erste Wahl.

Rein zufällige Stichprobenverfahren bedingen eine „bekannte" und erreichbare Grundgesamtheit. Sie muss in irgendeiner Form – datenschutzrechtlich erlaubt – zugänglich sein: also z.B. als Liste oder Datenbank mit Kontaktmöglichkeiten[53] vorliegen. Wie bei einer Lottoziehung darf jedes Element nur ein Mal vorkommen. Ansonsten würde keine Chancengleichheit bei der Auswahl bestehen. Kenntnisse über die Struktur der Grundgesamtheit sind nicht unbedingt erforderlich, der Zufall sorgt verlässlich für Repräsentativität.

Franziska Forscherin hat – nach einer Prüfung auf Kontakterlaubnis – eine Excel-Liste von 5.000 Kundinnen und Kunden (vgl. Abbildung 14 auf Seite 70), aus der sie per Zufall 500 auswählen möchte. Um die Zufälligkeit der Auswahl zu garantieren, fügt sie in die Liste eine zusätzliche Spalte ein, mit der Spaltenüberschrift „ZUFALL". Ab der zweiten Zeile dieser

[53] Etwa Kund:innendatenbanken, Wähler:innenlisten usw. Zum Datenschutz vgl. Kapitel 3.3.2 ab Seite 51.

neuen Spalte trägt sie die Excel-Funktion =ZUFALLSZAHL() *ein (vgl. Spalte ❶): Das führt jeweils zu einer zufälligen Zahl zwischen 0 und 1. Wenn die gesamte Liste jetzt nach dieser Zufallszahl sortiert wird, ist die Kundendatenbank perfekt gemischt. Die Zufallsauswahl kann beginnen. Franziska Forscherin muss nur mehr an beliebiger Stelle der Liste 500 Kontakte entnehmen. Sie hat völlige Zufälligkeit erreicht.*

Zufallsstichprobe

► Zuerst nach Zufallszahlen sortieren und dann x-beliebige Datensätze entnehmen …

ZUFALL	Vorname	Zuname	Geburts-datum	E-Mail-Adresse
=ZUFALLSZAHL()	Ernst	Mayer	17.10.1942	Ernst.Mayer@[...].de
0,05087	Helene	Müller	11.01.1985	Helene.Müller@[...].de
0,12148	John	Berger	18.02.1947	John.Berger@[...].de
0,18116	Emelie	Franz	18.03.1967	Emelie.Franz@[...].de
0,23312	Hermann	Mann	17.01.1965	Hermann.Mann@[...].de
0,25621	Anna	Sommer	10.08.1955	Anna.Sommer@[...].de
0,32622	Wilhelm	Huber	10.07.1991	Wilhelm.Huber@[...].de
0,35114	Ingrid	Brauner	30.08.1987	Ingrid.Brauner@[...].de
0,38488	Herta	Muster	24.04.1986	Herta.Muster@[...].de
0,41664	Otto	Gelbmann	15.10.1990	Otto.Gelbmann@[...].de
0,51188	Rudolf	Herbst	12.01.1976	Rudolf.Herbst@[...].de
0,70729	Linda	Schwarz	11.01.1965	Linda.Schwarz@[...].de
...	...	...	...	...
0,99392	Charlotte	Weiss	23.04.1971	Charlotte.Weiss@[...].de

Abbildung 14: Zufallsstichprobe aus einer Datenbank

4.2.2 | Exkurs: Vorgeschichtete Stichproben

Drohen Teile einer (Zufalls-)Stichprobe zu klein zu werden, wird die Grundgesamtheit vorgeschichtet. Dabei wird sie bezüglich eines ihrer Merkmale in homogene Teile zerlegt (z.B. Vertriebsregionen einer Firma). Erst im zweiten Schritt erfolgt aus diesen Teilen die endgültige Auswahl. Diese kann proportional oder disproportional erfolgen.

In Abbildung 15 auf Seite 71 sind Kund:innenzahlen einer Firma nach Vertriebsregionen in Absolutzahlen (Spalte ❶) und Prozentwerten (❷) aufgelistet. Diese Vorschichtung zeigt, dass aus der Region Süd die wenigsten Kund:innen stammen. In einer proportionalen Stichprobe fallen in dieser Gegend nur sehr wenige Personen in die Auswahl: Auf ein 1.000 Personen-Sample gerechnet würden nur 25 Menschen den Süden repräsentieren (Spalte ❸, rot markiert). Das sind für statistisch abgesicherte Aussagen über die Kund:innen dieser Region viel zu wenige: Eine viermal so große Menge wäre ein ideales Mindestmaß. Erhält der Süden die vierfache Menge und bleibt dabei das mengenmäßige Verhältnis der Regionen zueinander bestehen, wird aber die gesamte Stichprobe vier Mal so groß: Die jetzt ausreichenden 100

Proportionale und disproportionale Stichprobe

Kund:innendaten

Vertriebsregion	**Anzahl der Kund:innen** im letzten Jahr	in %	**Stichprobe** pro-portional	dispro-portional	**Gewichtung** Berechnung	Faktor
Nord	15 615	36,1	361	250	= 361 / 250	1,44
Süd	1 091	2,5	25	250	= 25 / 250	0,10
Ost	14 690	33,9	339	250	= 339 / 250	1,36
West	11 898	27,5	275	250	= 275 / 250	1,10
insgesamt	**43 294**	**100,0**	**1 000**	**1 000**		
	❶	❷	❸	❹	❺	❻

Abbildung 15: Vorgeschichtete Stichprobe

Fälle im Süden bedeuten für den Norden, Osten und Westen ebenfalls eine Vervierfachung. Das ist methodisch nicht notwendig, der beträchtliche Mehraufwand für eine Gesamtstichprobe von n = 4.000 ist nicht ausreichend gerechtfertigt.

Der hohe Zusatzaufwand ließe sich durch eine Nichtbeachtung der Proportionalität der Regionen zueinander vermeiden: Jede Vertriebsregion kommt in „guter" Menge von jeweils 250 Fällen in die Stichprobe. Die Auswahl enthält also dort überproportional mehr, wo es in den Daten (zu) wenige gibt. Wo viele vorhanden sind, wird die Menge unterproportional (vgl. Spalte ❹ in Abbildung 15). Damit bleibt der ursprünglich geplante Aufwand von 1.000 Fällen bestehen, dennoch wird jede Region in ausreichender Menge abgebildet.

Eine andere Variante könnte auch darin bestehen, bloß den Süden auf 100 Fälle aufzustocken. Dann würde der Erhebungsaufwand von 1.000 auf 1.075 Fälle ansteigen.

Eine Vorschichtung hilft dabei, kritische Teilstichprobengrößen zu entdecken und in weiterer Folge zu vermeiden. Zu kleine Teile eines Samples sind mit einem großen statistischen Messfehler behaftet (vgl. Kapitel 5 ab Seite 82): Ihre Ergebnisse werden (sehr) unverlässlich.

Das beschriebene disproportionale Vorgehen hat aber auch einen Nachteil: Im obigen Beispiel (vgl. Spalte ❹) lässt sich jetzt zwar über jede Region EINZELN eine sinnvolle Aussage treffen. Verloren geht aber das repräsentative GESAMTbild aller Kund:innen im Verhältnis der Regionen zueinander.

Für das repräsentative Gesamtbild muss deshalb am Ende noch eine Gewichtung der Datensätze (Reproportionalisierung) erfolgen (vgl. Spalten ❺ und ❻ in Abbildung 15).

4.2.3 | Exkurs: Gewichtung von Datensätzen

Gewichten bietet sich an, wenn erzielte Sample-Strukturen nicht „passen“: Entweder sie entsprechen nicht einer gewollten Verteilung oder sie weisen größere Strukturunterschiede zur Grundgesamtheit auf, der sie entstammen. Beim Gewichten werden im Sample unterrepräsentierte Datensätze rechnerisch vermehrt, überrepräsentierte reduziert.

Bei der Zufallsstichprobe einer Befragung wohnen 4 der zu besuchenden Kunden im Villenviertel einer Stadt. 3 der 4 Interviews können rasch und gleich beim ersten Besuch abgewickelt werden. Die vierte Interviewpartnerin ist jedoch nie zu Hause anzutreffen. Nach mehreren erfolglosen Kontaktversuchen wird entschieden, das fehlende Interview durch Gewichtung auszugleichen. Dabei werden die Datensätze der 3 befragten Personen bei der Auswertung mit einem Faktor von 1,33 gewichtet (4 Soll- dividiert durch 3 Ist-Interviews = 1,33 Gewichtungsfaktor: Damit ergeben sich aus tatsächlich vorhandenen 3 Datensätzen rechnerische 4 für die Datenanalyse). Jeder Mensch „zählt“ als 1,33 Menschen.

Im Zentrum der Stadt sind für Repräsentativität 5 Interviews nötig. Um nicht dieselben Probleme zu erleiden wie im Villenviertel, werden gleich doppelt so viele als die benötigten 5 Adressen per Zufall gezogen (= 10). Wider Erwarten werden aber hier alle Personen sofort angetroffen und befragt. Es gibt somit letztendlich 10 (IST) anstelle der benötigten 5 (SOLL) Interviews. Deshalb wird auch hier gewichtet, und zwar mit dem Faktor 0,5 (5 SOLL durch 10 IST = 0,5 Gewichtungsfaktor: Damit ergeben sich aus 10 tatsächlichen 5 rechnerische Datensätze für die Analyse). Jeder Mensch „zählt“ als ein halber Mensch.

Eine Gewichtung von Datensätzen wird in der Praxis vor allem bei Zufallsstichproben gern angewandt. Auch wenn eine Stichprobe am Ende die geforderte Größe besitzt, kann sie wegen Ausfällen (Nichterreichbarkeit von Personen, Teilnahmeverweigerungen, vergriffene Zeitungsausgaben bei einer Inhaltsanalyse ...) nicht „richtig“ repräsentativ sein.

Von den leichter erreichbaren Zielgruppen bzw. Elementen gibt es ein paar zu viele, von den schwerer erreichbaren ein paar zu wenige. Die Repräsentativität der Ergebnisse leidet.

Eine Gewichtung hilft, solche Ergebnisverzerrungen auszugleichen. Nach ihr liegen die Daten (wieder) in der geforderten Gesamtgröße der Stichprobe vor: nun allerdings in der richtigen Struktur. Jeder Datensatz hat jetzt das Gewicht, das ihm in der Stichprobe zusteht.

Dieses Prinzip der Gewichtung auf Repräsentativität lässt sich auch auf geplante Totalerhebungen anwenden, wo Ausfälle ebenfalls dafür sorgen, dass der Datenrücklauf kein repräsentatives Abbild der Grundgesamtheit mehr darstellt.

Viele Institute zählen die **Faktorengewichtung** deshalb zu ihrem standardmäßigen Repertoire. Mit ihr können sie vollkommene Stichprobenrepräsentativität erzielen.[54] Ein Beispiel, wie Faktoren in Datenfiles eingebettet werden, findet sich in Abbildung 16 auf Seite 73. Jeder Datensatz besitzt für die Auswertung ein eigenes Gewicht.

---

[54] Dazu setzen Institute eigene Gewichtungsprogramme – oft Software-Eigenentwicklungen – ein. Die Gewichte werden aus einer Vielzahl demografischer Merkmale ermittelt. In die Betrachtung gelangen z.B. Soll- und Ist-Verteilungen von Geschlecht, Region, Altersgruppe und Bildung – jeweils in Kombination zueinander. Das Gewichtungsprogramm ermittelt für jeden einzelnen Datensatz einen Gewichtungsfaktor, der in die Daten mitaufgenommen wird. Bei der Ergebnisauswertung fließt dann jeder Datensatz mit diesem Gewicht in die Auswertung ein.

Faktorengewichtung von Datensätzen

Datensatz	Gewicht	Geschlecht	Region	Alter	Bildung	Frage_1
1	0,622	m	S	42	6	3
2	0,740	w	W	30	4	5
3	0,663	w	N	81	3	3
4	0,719	m	N	56	1	4
5	0,550	m	N	16	4	2
6	1,135	d	N	83	2	3
7	0,599	w	O	44	3	6
8	1,293	w	O	46	2	2
9	1,034	w	S	48	4	5
10	1,098	m	W	32	6	1
11	0,692	m	W	63	3	3
12	1,211	m	S	83	1	6
13	1,115	w	S	26	1	1
14	0,297	m	N	62	2	5
15	1,441	w	N	38	6	2
16	0,914	m	O	29	1	4
17	0,331	w	O	76	4	1
usw. ⇩	usw. ⇩	usw. ⇩	usw. ⇩	usw. ⇩	usw. ⇩	usw. ⇩

Abbildung 16: Faktoren zur Gewichtung von Datensätzen (beispielhafter Auszug aus einem Datenfile)

Faktorengewichtung ist auch bei disproportionalen Stichproben wie in Abbildung 15 auf Seite 71 (Spalten ❺ und ❻) eine notwendige Vorgehensweise. Nur mit einer Gewichtung lassen sich mengenmäßig veränderte (aufgestockte oder reduzierte) Stichprobenteile für die Ergebnis-GESAMTbetrachtung wieder proportional rechnen (reproportionalisieren).

Im Beispiel besitzt jede Vertriebsregion aufgrund der disproportionalen Stichprobe eine „satte" Größe von 250 Fällen (Spalte ❹). Daraus lassen sich REGIONSSPEZIFISCHE Aussagen ableiten. Für ein GESAMTergebnis muss jedoch wieder auf die proportionale Verteilung der Regionen zueinander Rücksicht genommen werden: Das mündet in eine regionsspezifische Gewichtung der Datensätze mit den angeführten Faktoren (Spalte ❻).

Wie „stark" darf gewichtet werden? Grundsätzlich ist bei strukturellen Stichproben-Anpassungen über Faktoren dafür Sorge zu tragen, dass die einzelnen Faktoren nicht zu groß werden. Ein – nicht zu oftmaliger – Faktor von 1,5 gilt als noch akzeptabel. In wenigen Einzelfällen(!) – z.B. bei 1.000 Datensätzen – kann es auch größere Faktoren bis zu 3 oder 4 geben.

Je mehr Faktoren 1 überschreiten, desto seltener sollten sie vorkommen: Bedeuten Faktoren von 2, 3 oder 4 doch sinnbildlich einen Fragebogen, der mehrmals kopiert wird.

Entstehen beim Gewichten (zu) viele Faktoren über 1,5 oder 2 oder noch mehr, stellt das die Datenqualität der gesamten Erhebung in Frage. Dadurch werden ja bloß vorhandene Daten rechnerisch vermehrt, aber keine neuen Aspekte (z.B. Meinungen von Personen) hinzugefügt. ZU viele große Faktoren legen nahe, die Stichprobe lieber physisch zu vergrößern!

In eine Datenanalyse von 500 Personen werden 7 Personen einer sehr schwer erreichbaren Zielgruppe integriert. Sie besitzen jeweils Gewichtungsfaktor 8 – die 7 Personen stehen somit für 56 Befragte. 6 von den 7 Personen geben zufällig in Bezug auf alle übrigen Befragten völlig atypische Antworten: Aus den 6 atypischen Antworten entstehen rechnerische 48. Das entspricht rund 10% aller befragten Personen. Ein verfälschtes Ergebnis und Fehlinterpretationen sind die ziemlich wahrscheinliche Konsequenz.

Weitaus besser für die Datenqualität sind Faktoren, die um die Zahl 1 streuen bzw. 1 unterschreiten: Nur hier liegen ja wirkliche Datensätze mehrerer Individuen (bzw. anderer Erhebungsobjekte) vor. Diese werden zwar bei Faktoren unter 1 „herabgerechnet", ihre Heterogenität bleibt aber erhalten.

4.2.4 | Nicht zufällige Auswahl: Willkürliche Stichprobe

Im **strikten Gegensatz zur Zufallsauswahl** sucht bei völlig willkürlichen Stichproben das Forschungspersonal die Erhebungselemente völlig subjektiv aus. Diese **Auswahl auf's Geratewohl**, **Convenience-Sample** oder auch **Anfallsstichprobe** kommt z.B. bei Passantenbefragungen zum Einsatz. Es gibt hier weder Zufall, feste Regeln noch einen Auswahlplan.

Die Auswahl erfolgt entweder VÖLLIG ungeregelt und frei – jede x-beliebige Person (bzw. jedes Objekt) kann somit in die Stichprobe gelangen. Oder die Erhebenden erhalten zur Orientierung ein paar Mindestvorgaben – z.B. „altersmäßige Streuung", „gleich viele Artikel mit und ohne Bild" usw. Dann fällt die Auswahl letztendlich nicht ZU einseitig aus.

Willkürliche Auswahlverfahren sind nicht repräsentativ. Sie haben deshalb ihren Platz vor allem bei qualitativen Erhebungen. Dort spielt Repräsentativität oft keine (besondere) Rolle (vgl. auch Kapitel 4.1 ab Seite 61). Auch zur Teilnehmendensuche für z.B. Gruppendiskussionen sind sie gut geeignet.

Die verbreiteten (Social Media-)Erhebungen, bei denen offene Links ins Netz gestellt werden, zählen ebenfalls zu dieser methodisch eigentlich „schlechtesten" Sampleform.

4.2.5 | Nicht zufällige Auswahl: Quotenstichprobe

Quotenstichproben stellen in der gängigen Erhebungspraxis das Pendant zu Zufallsstichproben dar.[55] Sie sind das am häufigsten eingesetzte nicht zufällige Auswahlverfahren.

Wie bei Convenience-Samples erfolgt bei Quotenstichproben die Auswahl der Erhebungselemente direkt durch das Erhebungspersonal. Dieses geht hier aber nach vorab definierten **Quotenmerkmalen** (Kriterien) vor. Die Quotierungsmerkmale müssen (zumindest vermutete) Relevanz für das Forschungsthema besitzen. Die Ausprägungen der Quotenkriterien sowie die jeweilige Menge der zu suchenden Elemente orientieren sich an der bekannten oder vermuteten strukturellen Beschaffenheit der Grundgesamtheit.

Kenntnisse über die Struktur der Grundgesamtheit stammen von (Bevölkerungs-)Statistiken, Zugriffszahlen (aus dem Internet), aus Vorstudien, (Personen-)Datenbanken usw.

Für eine Befragung werden z.B. die Kriterien Alter und Wohngebiet als relevante Quotenmerkmale definiert. Die Grundgesamtheit besteht zur Hälfte aus Personen bis und über

[55] Fast alle Erhebungsprojekte Studierender und sehr viele in der Wirtschaft verfügen nicht über die notwendigen Ressourcen, Möglichkeiten oder (datenschutzrechtliche) Erlaubnis, auf echten Zufallsstichproben aufzusetzen.

50 Jahre, ein Drittel wohnt in der Stadt, zwei Drittel am Land. Angenommen, ein Interviewer soll 20 Befragungen durchführen: Er müsste 10 Personen bis 50, 10 Personen über 50 Jahre, 6,6 (= 7) Personen aus der Stadt und 13,2 (= 13) Personen vom Land kontaktieren.

Einfache Quotenpläne lassen dem Erhebungspersonal in der Kombination der Ausprägungen der als relevant eingestuften Kriterien freie Hand.[56]

Damit könnten im Beispiel alle 10 Personen über 50 Jahre vom Land sein und kein einziger dieser Altersgruppe die Stadt repräsentieren.

Um derartige Stichprobenverzerrungen zu vermeiden, sind qualitativ hochwertigere **Quotenpläne** strenger: Sie schreiben die genaue Kombination der Ausprägungen vor – entsprechend der Realität in der Grundgesamtheit. Die Interviews sind dann für jede Erhebungsperson – in Kombination der Quotenkriterien – exakt definiert.

Quotenstichprobe: Quotenplan

	Grund-gesamtheit		Stich-probe	Erhebungsperson				
				A	B	C	D	E
	absolut	in %	Interviews	Interviews				
Alter > Wohngebiet								
Personen bis 50	**500**							
Stadt	160	*16,0*	16	3	3	3	3	4
Land	340	*34,0*	34	7	7	7	7	6
Personen über 50	**500**							
Stadt	180	*18,0*	18	3	3	4	4	4
Land	320	*32,0*	32	7	7	6	6	6
Gesamt	**1.000**	***100,0***	**100**	**20**	**20**	**20**	**20**	**20**
	❶	❷	❸	❹	❹	❹	❹	❹

Abbildung 17: Quotenplan einer Quotenstichprobe für fünf Erhebungspersonen

Abbildung 17 zeigt einen zum obigen Beispiel passenden Quotenplan für fünf Erhebungspersonen A, B, C, D und E. In Spalte ❶ sind die in der Grundgesamtheit tatsächlich vorkommenden Bevölkerungszahlen ausgewiesen: je Altersgruppe in der Stadt und am Land (fiktive Zahlen). Spalte ❷ stellt den jeweiligen Prozentanteil der vier Teilgruppen an der Grundgesamtheit dar. Spalte ❸ listet die je Teilgruppe aufgrund ihrer Prozentanteile anfallenden

---

[56] Wenn bei der Zielpersonenauswahl in der Kombination ihrer Merkmale Freiheit vorherrscht, werden zunächst wohl eher planlos „schnell Freiwillige“ befragt. Damit kann es dann gegen Ende des Quotenplans unmöglich werden, gewisse Merkmalskombinationen zu finden, die noch übriggeblieben sind: Beispielsweise wird es kaum Pensionistinnen geben, die jünger als 20 Jahre sind. Auch über 65-jährige Lehrlinge werden sicher zu einer Herausforderung ...

Interviews bei n = 100 Stichprobengröße. Die mit ❹ gekennzeichneten Spalten teilen die in ❸ angeführten Interviews auf fünf erhebende Personen auf.

Bei Quotenplänen muss am Ende noch händisch auf „ganze" Personen gerundet werden.

Basiert der Quotenplan auf einer aus der Grundgesamtheit bekannten Verteilung, ist die Stichprobe am Ende – nach den Quotierungsmerkmalen – repräsentativ. Die für Repräsentativität RELEVANTEN Quotierungsmerkmale hängen von den Fragestellungen des empirischen Vorhabens ab.

Ein Quotierungsmerkmal **Schuhgröße** *wird bei einer Befragung zum politischen Wahlverhalten weniger Relevanz besitzen als bei einer Erhebung zu Jogginggewohnheiten.*

Quotenstichproben stimmen aber oft auch über die Quotenmerkmale hinaus – ohne weiteres Zutun – mit der Grundgesamtheit strukturell überein.

Nicht jede Quotenstichprobe erhebt den Anspruch auf Repräsentativität: In vielen Fällen liegen keine strukturellen Informationen über die Grundgesamtheit vor. Somit können die für die spezifische Erhebung als relevant erachteten Quotierungsmerkmale nicht an der Population ausgerichtet werden. Dennoch werden hier aber (vermutete) Mengenquoten definiert – einfach nur, um „alles" abzudecken: Die erhobenen Teilsegmente sind dann zwar nicht als Gesamtbild repräsentativ, können nur jedes extra für sich analysiert werden. Aber: Es ist zumindest sicher, dass keine wichtige Teilgruppe fehlt!

Auf das *in Abbildung 17 auf Seite 75* *konstruierte Beispiel angewendet, könnte fehlende Information über die Grundgesamtheit bedeuten: Es finden je zur Hälfte Interviews mit Stadt- bzw. Landbevölkerung statt. Sowohl Stadt- als auch Landsample setzen sich je zur Hälfte aus Personen bis und über 50 Jahre Lebensalter zusammen.*

Generell sollten Quotenstichproben ein paar wichtigen Grundsätzen folgen:

- Die **Quotenmerkmale** müssen für die Erhebungspersonen **leicht erkennbar**, **objektiv** und **ohne Interpretationsspielraum** sein.

  „Brillentragend" z.B. wäre einfach und objektiv, „Anzahl der Zahnarztbesuche mit Wurzelbehandlungen im letzten Jahr" hingegen sehr herausfordernd bzw. undurchführbar. „Hohes Umweltbewusstsein" an Passant:innen abzulesen, wäre unmöglich.

- **Möglichst viele, möglichst heterogene Erhebende** sollten **jeweils möglichst wenige Interviews** durchführen. Die Erhebungen müssen **an Orten** stattfinden, **wo alle** potenziellen Stichprobenteile **anzutreffen sind.** Quotenverfahren stellen eine sehr individuelle, subjektive Auswahlform dar. Unterschiedliche Menschen haben verschiedenes persönliches Umfeld: Dieses bilden sie in ihrer Auswahl der Zielpersonen (oft unbewusst) ab. Definieren nur wenige Personen die Stichprobe, wird diese „gesellschaftlich einseitig".

Das individuelle, subjektive Auswählen geschieht nicht zufällig. Deshalb ist bei Quotenstichproben das Anwenden mathematischer Zufallstheorien unzulässig. Fazit: **Bei Quotenverfahren dürfen** eigentlich **keine statistischen Schwankungsbreiten berechnet werden!** Trotzdem werden in der Praxis gerne auch hier „Quasi-Schwankungsbreiten" ausgewiesen.

Gerne argumentiert wird das mit dem dadurch erzielbaren „Gefühl" für die Datenqualität der Stichprobe. Mehr Details zu diesem Thema finden sich in Kapitel 5 ab Seite 82.

4.3 | Inzidenz, Penetration, Durchdringungsgrad

Alle Überlegungen zur Stichprobenziehung müssen unbedingt auch im Lichte der praktischen Erreichbarkeit der Zielpersonen bzw. Auswahlelemente gesehen werden.

Vor jeder Entscheidung über ein Stichprobenverfahren stellt sich eine sehr wesentliche Frage: Sind die erforderlichen Stichprobenelemente mit vertretbarem Aufwand auffindbar? Welche Stichprobe ist überhaupt realistisch?

Ein fiktives Beispiel: Eine Forschungsgruppe sucht in Portugal (~ 10 Millionen Einwohner:innen) nach Weizenbier-Konsumierenden. Aus einer älteren Umfrage kennt sie die diesbezügliche Inzidenz: Weizenbier wird in Portugal von rund 1% der Bevölkerung zumindest einmal jährlich konsumiert. Das bedeutet, dass in einer bevölkerungsrepräsentativen Zufallsstichprobe nur jeder hundertste Fall einen „Treffer" (= Konsument:in von Weizenbier) ergeben würde. Um wenigstens 100 Weizenbier-Trinkende zu finden, müssten also 100 • 100 = 10.000 Personen kontaktiert werden. Es liegt auf der Hand, dass DIESES Vorhaben kaum über ein Bevölkerungssample realisierbar ist.

Bei der praktischen Umsetzung einer Stichprobe kommt der Inzidenz (= Penetration oder Durchdringungsgrad) eine sehr hohe Bedeutung zu. Im angeführten Beispiel wird wohl mit weniger Repräsentativem als einem Bevölkerungssample das Auslangen zu finden sein.

Viel einfacher wäre es wahrscheinlich, Weizenbier-Affine direkt an jenen Orten zu kontaktieren, wo das Produkt verkauft oder konsumiert wird.

Hier weicht die Forderung nach Repräsentativität eindeutig praktischer Durchführbarkeit.

4.4 | Mindestgröße von Stichproben

Wie groß muss eine „gute" Stichprobe sein? Zu kleine Stichproben liefern „schlechte" Ergebnisse, zu große Stichproben sind unnötig, weil aufwendig bzw. teuer.

Als **Richtlinie** für Mindeststichprobengrößen kann gelten: Ein Sample muss INSGESAMT so groß sein, dass sich noch verlässliche Aussagen über seine kleinsten TEILE treffen lassen. Die statistische Unschärfe der kleinsten Teilgruppe, die noch interpretiert werden soll, muss in einem noch akzeptablen Rahmen liegen (höchstens ± 10%, besser ± 5% oder weniger).

Ein Beispiel: In einer Grundgesamtheit sind 5% der Menschen 80 Jahre und älter. Eine Stichprobe will statistisch noch sinnvolle Aussagen über diese Personen ableiten.

Das Sample muss damit INSGESAMT so groß sein, dass die „80Plus" oft genug vorkommen.[57] *Bei einem Sample von n = 100 Menschen wäre nur mit 5 Mitgliedern (5% von 100) dieser Altersgruppe zu rechnen, bei n = 1.000 sind wenigstens schon 50 zu erwarten. Ab 100 Fällen „80Plus" (aus n = 2.000) werden die Schwankungsbreiten mit max. ± 10% halbwegs akzeptabel. Deutlich ergebnisgenauer jedoch wäre eine statistische Unschärfe von höchstens ± 5% (bei 400 Fällen aus in diesem Beispiel insgesamt dann immerhin n = 8.000).*

Optimale Stichprobengrößen sind also eng mit dem Thema „statistische Unschärfe" verbunden (vgl. Kapitel 5.1 ab Seite 83). Die daraus abgeleiteten Anforderungen an Stichprobengrößen werden in Kapitel 5.3 ab Seite 94 detailliert beschrieben.

[57] Oder die Stichprobe wird disproportional angelegt – vgl. dazu Kapitel 4.2.2 ab Seite 70.

4.5 | Good Practice

Eine Stichprobenziehung ist theoretisch kaum ZU komplex. Aus umsetzungspraktischer Sicht hingegen ist weniger komplexes Vorgehen oft wünschenswert. Das kann dann aber schnell zu einer Art „Gratwanderung“ werden: Wenn zu viel an Methodik zurückgenommen wird, ist ein Sample rasch unverwertbar. Im Folgenden werden Anwendungen aus der Praxis beschrieben, die mit vertretbarem Aufwand dennoch „gute“ Stichproben erzielen.

4.5.1 | Repräsentative Samples in der Praxis

In Wirtschaft und Forschung verbreitet sind folgende Arten kosten- und aufwandsgerechter, meist auch methodisch akzeptierter Repräsentativstichproben:

In der **Online-Forschung** entstammen Befragungsergebnisse repräsentativer Stichproben sehr oft **Online Access Panels**. Damit wird ein Pool von Freiwilligen bezeichnet, die bereit dazu sind, in (un)regelmäßigen Abständen an Online-Befragungen teilzunehmen (Details dazu in Kapitel 4.1.3 ab Seite 65).

Bei **Telefonumfragen** verbreitet sind zufällig erzeugte Telefonnummern – **Randomized Last Digit (RLD)**. Dabei werden die letzten Ziffern realer Telefonnummern durch Zufallszahlen zwischen 00 und 99 ersetzt. Somit gelangen auch völlig Unbekannte in die dabei entstehende Zufallsstichprobe. Existiert eine Zufallsnummer gar nicht, hebt niemand ab oder will jemand nicht teilnehmen, wird – softwaregestützt – die nächste Zufallsnummer angewählt.

Personenbezogene Stichproben basieren auf Personendaten mit Kontaktinformation und setzen datenschutzrechtliche Erlaubnis voraus (vgl. dazu Kapitel 3.3.2.2 ab Seite 53). Technisch sind derartige Zufallsauswahlen einfach umsetzbar.

4.5.2 | Sample Points (Klumpenstichprobe)

Sample Points ermöglichen, Stichprobenaufwand stark zu reduzieren, dabei aber trotzdem repräsentative Samples zu erzielen. Sie verringern den zeitlichen und logistischen Aufwand deutlich, indem sie die Zielpersonen räumlich komprimiert abbilden. Sample Points gehen von der Idee aus, regionale Meinungsbilder – gewissermaßen aus einer leicht erhöhten Vogelperspektive – inmitten von Regionen an EINER anstelle mehrerer Stellen „abzuholen“.

Um eine Fragestellung geografisch breit (z.B. für ein ganzes Land) zu erforschen, ist es nicht immer notwendig, zeitintensiv längere Wege zwischen vielen einzelnen Befragungsorten zurückzulegen. Es genügt, geografische Einheiten zu definieren und davon einzelne auszuwählen. Dort finden dann an einem passenden Ort jeweils MEHRERE Erhebungen statt.

*Abbildung 18 auf Seite 79 konkretisiert ein derartiges Vorgehen für Österreich. In einem ersten Schritt wird die Bevölkerung nach Bundesländern vorgeschichtet (vgl. Punkt ❶). Im zweiten Schritt erfolgt eine proportionale Aufteilung der je Bundesland benötigten Interviews auf die Erhebungs-Cluster (**Sample Points**, ❷).*

Die strukturelle Zusammensetzung der jeweiligen „Erhebungs-Klumpen“ wird aus Sekundärdaten (z.B. der amtlichen Statistik) ermittelt und über Quoten definiert (vgl. beispielhaft die Sample-Points ❸ und ❹ der vier Salzburger Cluster).

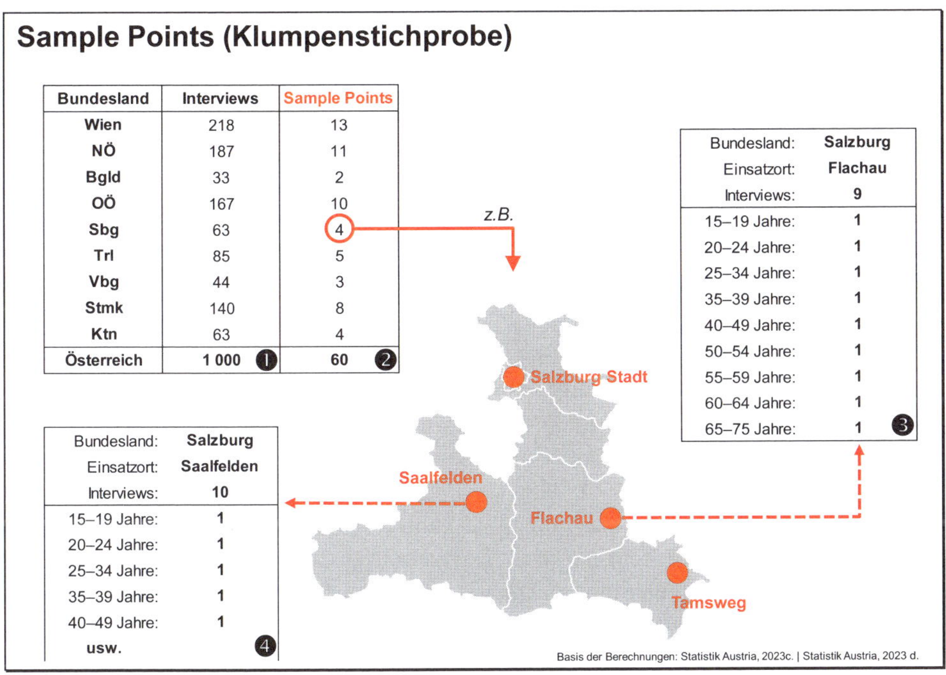

Bundesland	Interviews	Sample Points
Wien	218	13
NÖ	187	11
Bgld	33	2
OÖ	167	10
Sbg	63	4
Trl	85	5
Vbg	44	3
Stmk	140	8
Ktn	63	4
Österreich	1 000 ❶	60 ❷

Bundesland:	Salzburg
Einsatzort:	Flachau
Interviews:	9
15–19 Jahre:	1
20–24 Jahre:	1
25–34 Jahre:	1
35–39 Jahre:	1
40–49 Jahre:	1
50–54 Jahre:	1
55–59 Jahre:	1
60–64 Jahre:	1
65–75 Jahre:	1 ❸

Bundesland:	Salzburg
Einsatzort:	Saalfelden
Interviews:	10
15–19 Jahre:	1
20–24 Jahre:	1
25–34 Jahre:	1
35–39 Jahre:	1
40–49 Jahre:	1
usw.	❹

Abbildung 18: Sample Points (Klumpenstichprobe)

Der dabei entstehende Verlust an Genauigkeit wird mit dem Ressourcengewinn „gegengerechnet“. Wichtig ist jedenfalls, dass das Erhebungsthema nicht „klumpenanfällig“ ist.

Das wäre im Beispiel der Fall, wenn es etwa um die Internet-Breitbandanbindung (sehr) ländlicher Regionen geht und die Befragungen immer in den Bezirkszentren stattfinden. Hier müsste dann innerhalb der Cluster wenigstens noch nach Wohnort quotiert werden.

Ein weiteres Beispiel, wo Sample Points deutlich Ressourcen sparen können:

Angenommen, in kleinen und mittleren Firmen sollen Erhebungen stattfinden. Handelt es sich beim Thema nicht um ein standortbezogenes, bietet sich an, zunächst geografische Gebietseinheiten zu definieren. In jeder dieser Gebietseinheiten werden dann an EINER Stelle – in Nähe zueinander – ausgewählte Unternehmen kontaktiert. Das liefert ein noch immer regionsspezifisch verlässliches Bild, reduziert aber deutlich die sonst langen Wege zwischen regional sehr granular verteilten Erhebungszielorten.

4.5.3 | (Studentisches) „Viel-Zweck-Sample“

Die in Kapitel 4.2.1 ab Seite 69 bzw. in Kapitel 4.5.1 auf Seite 78 angesprochenen Stichprobenarten sind für manche Zwecke nicht umsetzbar.

Studierende z.B. als eine SEHR große Anwendergruppe haben für ihre Abschlussarbeiten nicht die erforderlichen Ressourcen oder datenschutzrechtliche Erlaubnis (vgl. vor allem Kapitel 3.3.2.2 ab Seite 53).

Trotzdem sollte auch ein Sample einer „kleineren" empirischen Arbeit zu verwertbaren Ergebnissen führen – sonst wird Empirie zum Selbstzweck. Viele (studentische) Vorhaben beschreiten deshalb einen erlaubten, bewältigbaren, trotzdem methodisch noch akzeptablen Weg[58]: Sie beginnen mit einem Convenience-Sample, setzen dabei eventuell auch auf das Prinzip der Sample Points und kontrollieren bzw. steuern den Rücklauf über Quoten.

Wie sieht hier die **genaue Vorgehensweise** aus? Begonnen wird zunächst mit einer willkürlichen Auswahl (vgl. Seite 74). Erste Überlegung: Wo überall könnten Vertreter:innen der Grundgesamtheit zu finden sein? Die möglichen Orte stellen Erhebungscluster (Sample Points, vgl. Seite 78) dar. Diese lassen sich vorschichten (vorgeschichtete Stichproben, vgl. Seite 70) bzw. listen. Einige davon werden – im Idealfall zufällig – ausgewählt. Damit kommt sogar die methodisch wichtige Zufallskomponente (vgl. Zufallsstichproben ab Seite 69) ins Spiel und drängt die Willkürlichkeit des Convenience-Samples in den Hintergrund. In den (per Zufall) ausgewählten Clustern finden schließlich die eigentlichen Erhebungen statt, nach Möglichkeit auch „irgendwie, individuell" zufällig. Wenn die Stichprobe ihre planmäßige Größe zu erreichen beginnt, erfolgt eine quotenmäßige Kontrolle (vgl. Quotenstichprobe ab Seite 74): Wer bzw. was ist strukturell noch erforderlich? Ab jetzt erfolgt dann nur mehr eine Kontaktaufnahme mit den benötigten Elementen. Oder es dürfen nur mehr solche in die Stichprobe, die noch benötigt werden (z.B. noch fehlende Altersgruppen oder Wohngebiete).

Ein Befragungsbeispiel: Grundgesamtheit einer Stichprobe sind Personen, die ein Einkaufszentrum besuchen. Da die altersmäßige Verteilung unbekannt ist, erfolgt eine Festlegung: Je ein Drittel Personen bis 30, bis 50 Jahre und ältere. Als Erhebungscluster werden zunächst Zeiteinheiten definiert: Für die Erhebung mögliche Wochentage sind Montag bis Samstag, jeweils unterteilt in die drei Zeitsegmente 9 bis 12, nach 12 bis 14 und nach 14 bis 19 Uhr. Aus diesen möglichen 18 „Sample Points"[59] werden zufällig 9 ausgewählt.

Eine zusätzliche Definition konkreter ErhebungsPLÄTZE würde die Sample Points vermehren:[60] Damit ließe sich die Variabilität der Zufallsauswahl vergrößern und verbessern. Auch saisonale Wiederholungen der Befragung würden die Datenqualität steigern.

Für jeden Erhebungseinsatz werden 30 Interviews fixiert. Die erste zufällige Auswahl fällt auf Dienstag, 12 bis 14 Uhr, Eingang Nord. Zu diesem Zeitpunkt begibt sich eine Erhebungsperson zum definierten Ort und befragt zufällig vorbeikommende Passantinnen und Passanten. Um dabei subjektive Willkürlichkeit auszuschließen, lautet die Anweisung: „Sprich exakt jede zehnte Person an, die bei der Schiebetür hereinkommt. Verweigert diese Person die Teilnahme, sprich die nächste zehnte Person an." Das geschieht so lange und so oft, bis die Zielmenge n = 30 des zeitlichen Erhebungsclusters erreicht ist.

An allen „Zeit- und Ort-Sample Points" wird analog vorgegangen. Gegen Ende jedes Einsatzes erfolgt nur mehr die Ansprache jener Altersgruppen, die für die Drittelverteilung des Erhebungstermins noch fehlen: Konnten also am Dienstag ab 12 Uhr bereits zehn bis 30-Jährige befragt werden und die nächste zehnte Person fällt in diese Altersgruppe, wird ohne Befragung auf die nächste zehnte Person einer anderen Altersgruppe zugewartet.

---

[58] Aus Sicht des Autors und vieler seiner Kolleg:innen.

[59] 6 Wochentage mal 3 Zeitsegmente.

[60] Mit „Eingang Süd", „Nord" und „Zentrum" könnte z.B. die mögliche Erhebungsmenge auf 54 verdreifacht werden.

Ein derartiges Sample eignet sich (auch) für Grundgesamtheiten, über die keine strukturellen Informationen vorliegen. Strukturvergleiche zwischen Stichprobe und Grundgesamtheit sind hier nicht möglich, Repräsentativität nicht belegbar. Durch eine breite Streuung der Erhebungen erfolgt aber die Annäherung an ein korrektes strukturelles Abbild. „Quasi"-Repräsentativität – oder zumindest Nähe dazu – ist VERMUTLICH erreichbar, jedoch nicht wissenschaftlich argumentierbar.

Vorgehen wie im vorigen Beispiel sind in ähnlicher Art und Weise auch bei den aktuell sehr beliebten (studentischen) „Schneeball-Erhebungen" im Social Media-Bereich möglich.

Hier können z.B. Foren oder Interessengruppen die Erhebungscluster-Basis bilden. Zunächst werden die zum jeweiligen Erhebungsthema passenden Gruppen und Communitys gelistet. Der Zufall wählt einige davon aus, wo zu UNTERSCHIEDLICHEN Zeitpunkten derselbe, anonymisierte Befragungslink gepostet wird. Die weitere Verbreitung des Links erfolgt nach dem Schneeballprinzip: mit der Bitte im Befragungsformular, den Link zu streuen. Nähert sich die Erhebung dem Ende, erfolgt eine Quotenkontrolle.

Ist die strukturelle Zusammensetzung der Grundgesamtheit bekannt, orientiert sich der Quotenplan an den – für das Erhebungsthema wesentlichen – Quotenmerkmalen. Ist die Struktur unbekannt, werden trotzdem Quoten definiert – nach der VERMUTETEN Zusammensetzung der Population. Allein schon deshalb, um keine erhebungsrelevanten Teilgruppen zu übersehen.

Es liegt auf der Hand, dass das letzte Beispiel keine methodisch „abgerundete" Sampleziehung darstellt.

Oft verfügt (studentische) Empirie aber über keine größeren Kapazitäten oder datenschutzrechtliche Möglichkeiten. Forschende, die diese oder eine ähnlich „lockere" Art der Stichprobenziehung wählen, sollten bei der Projektbeschreibung unbedingt die methodischen Unschärfen offenlegen und das Vorgehen argumentieren.

Alle in diesem Kapitel „Viel-Zweck-Sample" angesprochenen Wege zu einem Sample sind wissenschaftlich angreifbar, weil sie dem Grundsatz anonymer Kontaktanbahnung folgen. Damit sind sie datenschutzrechtlich zwar unbedenklich, von der korrekten Durchführung her aber „unbeweisbar" (vgl. auch Kapitel 3.3.2.2 auf Seite 53). Ihre Anwendung sollte deshalb immer nur nach Absprache mit bzw. Genehmigung durch Auftraggeberin bzw. Auftraggeber der empirischen Arbeit erfolgen.

Weiterführende Literatur zu diesem Kapitel:

howtodo.at/downloads/WeiterfuehrendeLiteratur.pdf

5 | Statistische Schwankungsbreiten und Stichprobengrößen

▼ **Abstract** *(in diesem Kapitel geht's um ...)* ▼

- **Schwankungsbreiten:**
  Unschärfe beim Übertragen der Ergebnisse aus **Zufallsstichproben** auf die Grundgesamtheit, abhängig von: • Höhe des Prozentergebnisses, • Größe der Stichprobe bzw. analysierten Sample-Teilgruppen, • Wahrscheinlichkeit ihrer Gültigkeit und vom • Größenverhältnis Stichprobe : Grundgesamtheit
- **Gruppenunterschiede**
  sind nur dann zu interpretieren, wenn sich die Fehlerspannen NICHT überlappen • doppelte Schwankungsbreite (2σ) liefert Sicherheit von 95,5%, 1.96σ eine Sicherheit von 95,**0**%
- **Mindeststichprobengröße**
  hängt von Heterogenität der Grundgesamtheit ab und von deren Größe (wenn Sample in Relation zu Grundgesamtheit groß) • ableitbar aus Schwankungsbreiten-Tabellen über die maximal akzeptierte Fehlerspanne der kleinsten Stichproben-Teilgruppe, die analysiert werden soll
- **Stichprobenausfälle**
  führen zu größeren Schwankungsbreiten • wenn Ausfälle die Stichprobenstruktur verändern, werden die Ergebnisse unrepräsentativ und nicht oder nur mehr teilweise verwendbar
- Formeln für die Berechnung von Schwankungsbreiten und Stichprobengrößen

Quantitative Forschung strebt sehr oft an, aus der Analyse einer überschaubaren Menge (= Stichprobe) generelle Aussagen über eine eher UNüberschaubare Menge (= Grundgesamtheit) zu treffen. Wenn eine Stichprobe repräsentativ ist, „repräsentieren" ihre Ergebnisse die Grundgesamtheit. Die Erhebung mit der Stichprobe findet ja statt, um Aussagen über das dahinterstehende Ganze treffen zu können. Das Schließen von Stichproben auf Grundgesamtheiten ist ein zentrales Element (quantitativer) empirischer Sozialforschung.

Schlüsse von Stichproben auf die durch sie vertretene Grundgesamtheit sind aber nicht uneingeschränkt möglich. Stichprobenergebnisse repräsentieren die Grundgesamtheit: wenn, dann meist ziemlich genau, aber nicht VÖLLIG genau – es wurde(n) ja nicht alle(s) erhoben. Stichproben weichen von den tatsächlichen Gegebenheiten in der Grundgesamtheit mit einer gewissen Wahrscheinlichkeit (ein wenig) ab. Diese Abweichungen von der Realität der Gesamtheit können in einem Mehr (Stichprobe „ergibt" mehr als real) oder Weniger (Stichprobe „ergibt" weniger als real) bestehen. Wie groß das Mehr oder Weniger der Stichprobe im Vergleich zur realen Wirklichkeit ausfällt, ist errechenbar.

Stichproben erheben nur eine Teilmenge vom Ganzen. Was dort erhoben wurde, darf nur mit kleineren oder größeren Einschränkungen auf das Ganze (= Realität bzw. Grundgesamtheit) übertragen werden. Diese Einschränkungen werden **Schwankungsbreiten** genannt. Schwankungsbreiten geben an, mit welcher statistischen Unschärfe (= statistischer Messfehler) die in einer Stichprobe ermittelten Ergebnisse auf jene Grundgesamtheit übertragen werden können, der diese Stichprobe entstammt.[61]

[61] Dazu muss die Stichprobe unbedingt repräsentativ sein – vgl. dazu Kapitel 4.1 ab Seite 61.

Die Basis statistischer Schwankungsbreiten bilden mathematische Wahrscheinlichkeitstheorien in Verbindung mit Zufallsprinzipien. Mit ihnen lässt sich berechnen, mit welcher Fehlerspanne (= Unschärfe) und wie wahrscheinlich ein Stichprobenergebnis für „seine" Grundgesamtheit gilt. Kernelement ist die zufällige Auswahl bei der Stichprobenziehung: Schwankungsbreiten bilden im Prinzip eine Unsicherheit ab, nämlich die Unsicherheit, dass bei einer Zufallsstichprobe eben immer zufällig ist, wer (welche Individuen) oder was (Erhebungselemente) genau in die Stichprobe gelangt. Der Zufall „weiß" nichts über das Erhebungsthema, er wählt einfach aus: Niemand kann genau wissen, wie gut die Stichprobe die Grundgesamtheit „erwischt" (abbildet). Auswählender Zufall kann die Population (sehr) gut repräsentieren – oder aber auch weniger gut. Je mehr außergewöhnliche Ausprägungen in die Stichprobe gelangen, desto unrealer werden die Endergebnisse.

Bei Quotenstichproben mit subjektiver Auswahl sind Schwankungsbreiten mangels Anwendbarkeit von Zufallsprinzipien eigentlich nicht interpretierbar. Auch bei Vollerhebungen sind Schwankungsbreiten obsolet: Hier wird ja die Grundgesamtheit in ihrer Gesamtheit betrachtet, eine Ergebnisübertragung aus der Stichprobe findet gar nicht statt.

Schwankungsbreiten haben deshalb ihre Berechtigung ausschließlich bei ZUFALLSstichproben. Viele Erhebungen in der Wirtschaft und fast alle Projekte Studierender verfügen aber nicht über die notwendigen Ressourcen, um auf richtigen Zufallsstichproben aufzubauen. Deshalb hat sich auch bei NICHT zufälligen Stichproben die Berechnung von **„Quasi-Schwankungsbreiten"** [62] eingebürgert.

5.1 | Schwankungsbreiten von Prozentwerten

Für ALLE Prozentergebnisse aus Zufallsstichproben gilt immer folgender Grundsatz:

Tatsächliches Ergebnis einer Erhebung	=	Ergebnis aus der Stichprobe ± Schwankungsbreite

Das Ausmaß der Schwankungsbreite hängt von mehreren Faktoren ab: Zunächst • von der Stichprobengröße und • vom in der Stichprobe ermittelten Ergebnis-Prozentwert.

Daneben spielen auch die • Wahrscheinlichkeit („Treffsicherheit"), mit der die Schwankungsbreite gelten soll, • und oft auch die Größe der Grundgesamtheit eine Rolle (vgl. dazu weiter unten in diesem Kapitel).

Kleine Stichproben sind mit großen Schwankungsbreiten behaftet und liefern deshalb eher unsichere Ergebnisse. Deshalb **sind größere Stichproben anzustreben:** Je mehr Fälle eine Stichprobe umfasst, desto kleiner werden die Fehlerspannen. Die Ergebnissicherheit wird mit steigender Fallzahl immer größer.

Auch wirken sich Schwankungsbreiten umso stärker aus, je näher ein Ergebnis aus einer Stichprobenerhebung an 50% heranreicht (= 50% der Fälle besitzen eine bestimmte Merkmalsausprägung). **Je weiter weg von 50% ein Ergebnis** hingegen **ausfällt, desto kleiner**

[62] Diese werden als eine Art „Richtwert" für die Güte der Ergebnisse argumentiert.

werden auch die Schwankungsbreiten. Ergebnisse von 1% (oder noch weniger) bzw. 99% (oder noch mehr) besitzen in einer Stichprobe die geringste Schwankungsbreite. Am größten ist die Schwankungsbreite bei einem Ergebnis von genau 50%.

Beim Interpretieren von Ergebnissen aus Stichprobenerhebungen vergessen viele darauf, diese Fehlerspannen zu berücksichtigen: Prozentergebnisse aus Stichproben werden einfach – ohne Reflexion – 1 : 1 übernommen und auf die Grundgesamtheit übertragen. Das kann schnell zu Fehlinterpretationen führen (und den Ruf der Sozialforschung belasten).

Die folgenden fiktiven Beispiele zeigen die große Auswirkung von Schwankungsbreiten:

*In einer repräsentativen Zufallsstichprobe von **1.000 Menschen** wird gefragt: „Arbeiten Sie auch an Sonntagen?" **10%** der Befragten antworten mit „JA". Als **Schwankungsbreite** lässt sich in diesem Fall <u>**± 1,9%**</u> errechnen.*

→ *Das bedeutet, dass **zwischen 8,1 und 11,9% der Grundgesamtheit ALLER Menschen auch an Sonntagen arbeitet** (10% ± 1,9%).*

*In einer Zufallsstichprobe von **1.000 Zeitungsartikeln** wird bei einer Inhaltsanalyse gezählt: Wie oft kommt das Wort „Klimawandel" vor? **50%** der Artikel enthalten diesen Begriff. Als **Schwankungsbreite** lässt sich in diesem Fall <u>**± 3,2%**</u> errechnen.*

→ *Das bedeutet, dass **zwischen 46,8 und 53,2% der Grundgesamtheit ALLER Artikel dieses Wort enthalten** (50% ± 3,2%).*

*Eine Beobachtung **100 zufällig ausgewählter Kundengespräche** eines Callcenters ermittelt: Für wie viele bringt das Gespräch eine Lösung? **50%** der Gespräche enden mit einer Lösung. Als **Schwankungsbreite** lässt sich in diesem Fall <u>**± 10%**</u> errechnen.*

→ *Das bedeutet, dass **zwischen 40 und 60% der Grundgesamtheit ALLER Gespräche eine Lösung bringen** (50% ± 10%).*

Abbildung 19 auf Seite 85 veranschaulicht die Verschiedenartigkeit der Schwankungsbreiten bei unterschiedlich großen Stichproben und unterschiedlichen Prozentergebnissen.[63]

Die Abbildung zeigt, dass – wie oben angesprochen – der „Genauigkeitsgewinn" immer mehr zunimmt, je größer eine Stichprobe wird. Die Spalte mit der größten Schwankungsbreite (in der Abbildung ganz rechts außen, bei 50%), macht aber auch klar: Beträgt die Verringerung der Fehlerspanne bei Vergrößerung einer Stichprobe von n = 50 Fälle auf n = 100 Fälle noch rund ± 4% (❶, von 14,1 auf 10,0%), sind es bei der Vergrößerung von 5.000 auf 10.000 Fälle nur noch ± 0,4% (❷, von 1,4 auf 1,0%).

Wozu gibt es dann Stichproben mit 10.000 Fällen und mehr? Große Samples werden notwendig, wenn auch die Ergebnisse anteilsmäßig kleiner TEILGRUPPEN betrachtet werden sollen (vgl. dazu Kapitel 4.2.2 ab Seite 70). Schwankungsbreiten beziehen sich immer auf die Größe jener Gesamt- oder Teilgruppe, deren Werte interpretiert werden. In großen Samples sind auch im Verhältnis zur Gesamtmenge kleine Teilgruppen noch groß genug, um auch für sie genaue Ergebnisse zu erzielen.

[63] Die Tabelle in Abbildung 19 kann z.B. auf Excel-Basis leicht an beliebige Teilgruppen-Fallzahlen einer individuellen Erhebung angepasst werden. Die Berechnungsformel – in der Tabelle dargestellt, ohne die Größe der Grundgesamtheit zu berücksichtigen – findet sich in Kapitel 5.1.1 auf Seite 87. Eine derartige Tabelle ist in den meisten Berichten von Marktforschungsinstituten enthalten.

± Schwankungsbreiten (Übersicht) [2σ, Wahrscheinlichkeit von 95,5%]

Prozentergebnis >>> größte Schwankungsbreite: ↓

Stichprobengröße >>> n	5% Restmenge 95%	10% Restmenge 90%	15% Restmenge 85%	20% Restmenge 80%	25% Restmenge 75%	30% Restmenge 70%	35% Restmenge 65%	40% Restmenge 60%	45% Restmenge 55%	50% Restmenge 50%
50	6,2	8,5	10,1	11,3	12,2	13,0	13,5	13,9	14,1	14,1 ❹
80	4,9	6,7	8,0	8,9	9,7	10,2	10,7	11,0	11,1 ❶	11,2
100	4,4	6,0	7,1	8,0	8,7	9,2	9,5	9,8	9,9	10,0
200	3,1	4,2	5,0	5,7	6,1	6,5	6,7	6,9	7,0	7,1
300	2,5	3,5	4,1	4,6	5,0	5,3	5,5	5,7	5,7	5,8
400	2,2	3,0	3,6	4,0	4,3	4,6	4,8	4,9	5,0	5,0
500	1,9	2,7	3,2	3,6	3,9	4,1	4,3	4,4	4,4	4,5
750	1,6	2,2	2,6	2,9	3,2	3,3	3,5	3,6	3,6	3,7
1.000	1,4	1,9	2,3	2,5	2,7	2,9	3,0	3,1	3,1	3,2
1.500	1,1	1,5	1,8	2,1	2,2	2,4	2,5	2,5	2,6	2,6
2.000	1,0	1,3	1,6	1,8	1,9	2,0	2,1	2,2	2,2	2,2
2.500	0,9	1,2	1,4	1,6	1,7	1,8	1,9	2,0	2,0	2,0
3.000	0,8	1,1	1,3	1,5	1,6	1,7	1,7	1,8	1,8	1,8
5.000	0,6	0,8	1,0	1,1	1,2	1,3	1,3	1,4	1,4	1,4
7.500	0,5	0,7	0,8	0,9	1,0	1,1	1,1	1,1	1,1 ❷	1,2
10.000	0,4	0,6	0,7	0,8	0,9	0,9	1,0	1,0	1,0	1,0 ❸
15.000	0,4	0,5	0,6	0,7	0,7	0,7	0,8	0,8	0,8	0,8

Abbildung 19: Schwankungsbreiten (Übersicht) (2σ, 95,5%, in Anlehnung an Ebster & Stalzer, 2017, S. 195)

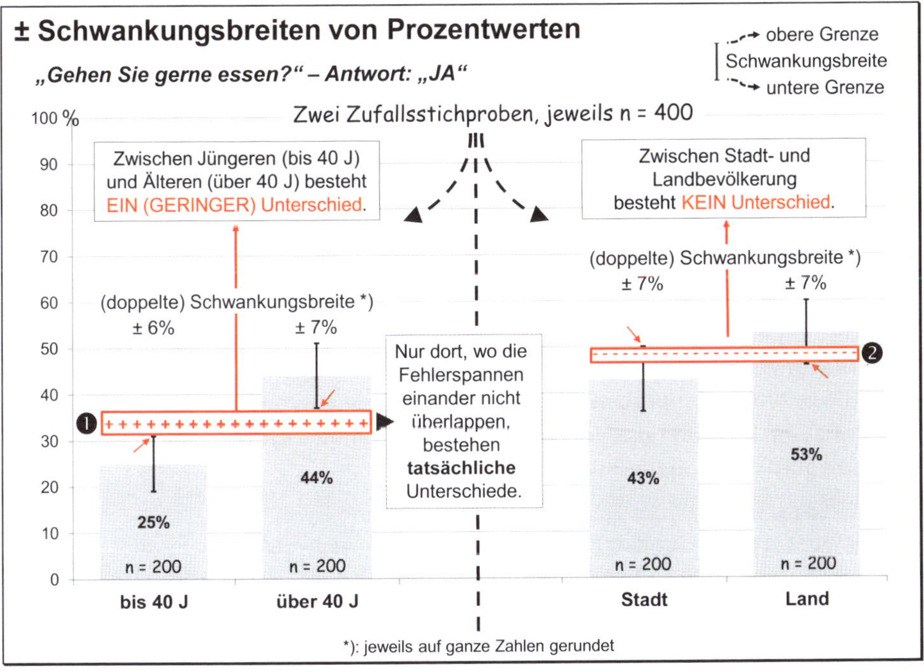

Abbildung 20: Schwankungsbreiten (Fehlerspannen) von Prozentwerten (2σ, 95,5%)

Nehmen wir an, ein Bevölkerungssample umfasst 10.000 Fälle. Aussagen über das GESAMTE Sample sind hier mit einer maximalen Fehlerspanne von ± 1% möglich (❸ in Abbildung 19 auf Seite 85). Die Schwankungsbreiten von TEILEN dieses Samples hingegen bemessen sich an DEREN Größe innerhalb der Gesamtstichprobe. Das bedeutet: Selbst bei einem 10.000er-Sample können auch hohe Schwankungsbreiten auftreten, wenn eine Teilgruppe sehr klein ist: Angenommen, es geht um Personen, die einen Modellhubschrauber besitzen, und dieses Spezialsegment umfasst nur 0,5% innerhalb der Gesamtstichprobe. Das bedeutet, dass von den 10.000 Stichprobenmitgliedern nur 50 Personen (0,5% von 10.000) einen Modell-Heli besitzen. Die maximalen Schwankungsbreiten für Heli-Fans belaufen sich demnach trotz der großen Gesamtstichprobe auf mehr als ± 14% (❹).

Abbildung 20 auf Seite 85 zeigt, wie sich die Berücksichtigung von Schwankungsbreiten auf die Interpretation von Unterschieden zwischen Befragtengruppen auswirkt.

Im Beispiel unterscheiden sich sowohl Personen bis und über 40 Jahre als auch Stadt- und Landbevölkerung im Stichprobenergebnis. In der Realität der Grundgesamtheit bestehen jedoch nur dort, wo die Fehlerspannen einander nicht überlappen, tatsächliche Unterschiede zwischen den Vergleichsgruppen.

Das trifft in Abbildung 20 nur bei den Altersgruppen zu: Aus dem Diagramm ist nur ableitbar, dass mehr Personen über 40 gerne essen gehen. Und auch dieser REALE altersspezifische Unterschied ist nur gering. Mit gewisser Sicherheit[64] darf nur von einem Unterschied von (gerundeten) 6% ausgegangen werden: Der größtmögliche Wert der bis 40-Jährigen liegt bei 31%[65], der niedrigste der über 40-Jährigen bei 37%[66]. Zwischen der obersten Grenze der Jüngeren (bei 31%) und der untersten der Älteren (bei 37%) bleiben nur mehr 6 Prozentpunkte übrig (❶ in Abbildung 20 auf Seite 85). Ein wirklicher Unterschied in der Grundgesamtheit ist also vorhanden – aber mit gewisser Sicherheit nur ein geringer (vgl. das Kapitel 5.1.1 ab Seite 87). In der Abbildung ist das Wort „gering" in Klammern gesetzt: Der reale Unterschied in der Grundgesamtheit könnte auch viel größer sein. Er könnte von 19%[67] bis zu 51%[68] reichen. Es handelt sich hier ja um FehlerSPANNEN, UnschärfeBEREICHE.

Für die Grundgesamtheit – mit gewisser Wahrscheinlichkeit[69] – NICHT abzuleiten ist jedenfalls, dass am Land anteilig mehr Menschen gerne essen gehen als in der Stadt. Hier überlappen sich die Fehlerspannen (❷, 50% in der Stadt stehen 46% am Land als kleinstmöglicher Unterschied[70] gegenüber).

Das Beispiel in Abbildung 20 macht klar, wie sensibel das Interpretieren von Gruppenunterschieden in der empirischen Sozialforschung erfolgen muss. Immer wieder werden in publizierten Erhebungsergebnissen – z.B. bei Bevölkerungsumfragen – bereits Unterschiede von 2% oder 3% in 200er-Stichproben als reale Unterschiede im Verhalten einer Grundgesamtheit beschrieben. Hier fehlt das Wissen um bzw. Verständnis für den richtigen Umgang mit Ergebnissen aus Stichprobenerhebungen.

---

64 Mehr zum Thema „Ergebnissicherheit" findet sich im nächsten Kapitel 5.1.1 ab Seite 87.

65 25% Stichprobenergebnis plus 6% Schwankungsbreite (die Praxis rundet hier üblicherweise auf ganze Zahlen).

66 44% Stichprobenergebnis minus 7% Schwankungsbreite (die Praxis rundet hier üblicherweise auf ganze Zahlen).

67 25% Stichprobenergebnis bei den Jüngeren minus 6% Schwankungsbreite.

68 44% Stichprobenergebnis bei den Älteren plus 7% Schwankungsbreite.

69 Mehr zum Thema „Ergebnissicherheit" findet sich im nächsten Kapitel 5.1.1 ab Seite 87.

70 Stadt: 43% Stichprobenergebnis plus 7% Schwankungsbreite, Land: 53% minus 7% Schwankungsbreite.

5.1.1 | Schwankungsbreiten von Prozentwerten berechnen

Schwankungsbreiten von Prozentwerten können rasch mit folgender Formel berechnet werden – dabei wird in der Regel auf ganze Zahlen oder max. eine Kommastelle gerundet.

$$\sigma = \sqrt{\frac{p \bullet (100 - p)}{n}}$$	**σ = Schwankungsbreite** („Standardabweichung")[71] p = Stichprobenergebnis (Prozentanteil) n = Stichprobengröße

Die mit dieser Formel ermittelte EINfache Schwankungsbreite 1 • σ („ein Mal [ˈsig:ma]") besitzt eine „Wahrscheinlichkeit" von – nur – 68,3%. Das bedeutet, dass ein Stichprobenergebnis mit einer Unschärfe von ± dem errechneten EINfachen σ-Wert mit rund 68% Wahrscheinlichkeit auf die dahinterstehende Grundgesamtheit übertragen werden kann.

Für das Beispiel in Abbildung 20 auf Seite 85 *ließe sich – zunächst, dort nicht dargestellt(!) – für den Stichprobenwert der bis 40-Jährigen eine EINfache Schwankungsbreite von ± 3,06%, für über 40-Jährige, Stadt- und Landbevölkerung jeweils ± 3,51% ermitteln.*

$$\sigma_{bis\ 40\ J} = \sqrt{\frac{25 \bullet (100 - 25)}{200}} = 3{,}06$$	$$\sigma_{über\ 40\ J} = \sqrt{\frac{44 \bullet (100 - 44)}{200}} = 3{,}51$$

Das bedeutet inhaltlich: Sowohl bis 40-Jährige und über 40-Jährige als auch Stadt- und Landbevölkerung unterscheiden sich auch in der Grundgesamtheit in Bezug auf ihre Vorliebe für auswärtiges Essen. Einem Maximalwert von 28,06% bei den bis 40-Jährigen stehen minimal 40,49% Ältere gegenüber.[72] Das heißt, der wirkliche, reale Unterschied beträgt auch „im schlechtesten Fall" größter Ergebnisunterschiede noch immer rund 12,4%. ***Allerdings lässt sich diese Aussage nur mit rund 68% Wahrscheinlichkeit treffen.***

Auch zwischen Stadt und Land ist der Unterschied bei einfachem σ ein realer: Maximal (rund) 46,5% aus der Stadt stehen minimal (rund) 49,5% vom Land gegenüber.[73] Wie oben gilt diese Verallgemeinerung auf die Population jedoch nur mit 68,3% Wahrscheinlichkeit.

Mit einer (auf 100% verbleibenden) Wahrscheinlichkeit von rund 32% kann die statistische Unschärfe der Messung der Realität aber in allen beschriebenen Fällen auch noch größer sein als 1 • σ. Deshalb verdoppeln die Sozialwissenschaften den einfachen Schwankungsbreiten-Wert (warum, erläutert Kapitel 5.1.3 ab Seite 89).

Die DOPPELTE Standardabweichung 2 • σ besitzt eine Wahrscheinlichkeit von mehr als 95% (genau: 95,5%): Damit kann ein Stichprobenergebnis mit einer Unschärfe von ± dem **DOPPELTEN σ-Wert** mit **95,5% Wahrscheinlichkeit** auf die repräsentierte Grundgesamtheit übertragen werden. Die Unschärfe wird zwar größer, die Ergebnisvorhersage aber sicherer.

Im Beispiel in Abbildung 20 auf Seite 85 *sind die doppelten Fehlerspannen, wie sie jeweils über den Diagramm-Säulen angeführt werden, zu 95,5% wahrscheinlich.*

---

71 Zum Begriff „Standardabweichung" vgl. Kapitel 5.1.3 ab Seite 89.

72 25% plus 3,06% maximale Fehlerspanne bei bis 40-Jährigen, 44% minus 3,51% maximale Fehlerspanne bei Älteren.

73 43% plus 3,5% max. Fehlerspanne (Städter) gegenüber 53% minus 3,5% Fehlerspanne (Personen vom Land).

$\sigma_{bis\ 40\ J} = 3{,}06 * 2 = \pm\ 6{,}12\%$	$\sigma_{über\ 40\ J} = 3{,}51 * 2 = \pm\ 7{,}02\%$

Die Differenz zwischen Jüngeren und Älteren wird damit deutlich kleiner: Den (gerundet) maximal 31% gerne auswärts Essenden bis 40 stehen minimal nur mehr (gerundet) 37% über 40-Jährige gegenüber.[74] *Der Unterschied bleibt in der Grundgesamtheit trotzdem real. Er kann jetzt nur mit viel größerer „Prognosekraft" von 95,5% behauptet werden.*

Anders wirkt sich die Verdoppelung der Schwankungsbreiten bei Stadt und Land aus. Hier vergrößern sich die Werte auf maximal 50% in der Stadt sowie auf minimal 46% am Land.[75] *Die Unschärfebereiche überlappen sich jetzt, der Realunterschied in der Grundgesamtheit fällt bei höherer Ergebnissicherheit weg.*

Ein dupliziertes Sigma erhöht zwar die statistische Unschärfe, ihre Sicherheit wird dafür aber auch deutlich höher: Bei doppelter Schwankungsbreite beträgt die Unsicherheit nur mehr 4,5% (Restmenge zu 95,5%), dass die Ergebnisunschärfe NOCH größer als 2 • σ ist.

5.1.2 | Schwankungsbreiten und Größe der Grundgesamtheit

In der bisher erläuterten Formel zur Schwankungsbreite fand die Größe der Grundgesamtheit (noch) keine Beachtung. Den Bezug zur Populationsgröße stellt der sogenannte **Endlichkeitsfaktor** her.

Eigentlich müssen die ab Seite 87 und ab Seite 92 erläuterten Berechnungsformeln GENERELL um den im Folgenden grau hinterlegten Teil (= Endlichkeitsfaktor) erweitert werden.

$$\sigma = \sqrt{\frac{p * (100 - p)}{n}} * \sqrt{\frac{N - n}{N - 1}}$$

N = Größe der Grundgesamtheit

n = Stichprobengröße

Im Beispiel in Abbildung 20 auf Seite 85 sind Teilstichprobengrößen von je n = 200 (bis 40-Jährige und über 40-Jährige) angeführt.

Angenommen, hinter diesen (Teil-)Stichproben steht eine größere Grundgesamtheit von N = 50.000. Der Endlichkeitsfaktor würde sich wie folgt berechnen:

$$\text{Endlichkeitsfaktor} = \sqrt{\frac{50.000 - 200}{50.000 - 1}} = \sqrt{\frac{49.800}{49.999}} = 0{,}998$$

Er wäre damit vernachlässigbar – ein Multiplikator von annähernd 1 ist irrelevant. Eine kleine(r)e Grundgesamtheit von z.B. N = 500 wäre hier aber deutlich ausschlaggebend:

$$\text{Endlichkeitsfaktor} = \sqrt{\frac{500 - 200}{500 - 1}} = \sqrt{\frac{300}{499}} = 0{,}775$$

[74] 25% plus 6,1% Fehlerspanne bei bis 40 J, 44% minus 7% Fehlerspanne bei ab 40 J.

[75] Stadt: 43% Stichprobenergebnis plus 7% Schwankungsbreite, Land: 53% minus 7% Schwankungsbreite.

Der in diesem Fall resultierende Multiplikator von 0,775 reduziert die ursprüngliche Schwankungsbreite um fast ein Viertel:

$\sigma_{bis\ 40\ J} = \pm\ 6{,}1\% * 0{,}775 = \pm\ 4{,}7$	$\sigma_{über\ 40\ J} = \pm\ 7\% * 0{,}775 = \pm\ 5{,}4$

Fazit: **Bei** (kleineren) **Stichproben aus großen Grundgesamtheiten** hat der Endlichkeitsfaktor **keine** (kaum) **Relevanz**: Der Multiplikator bewegt sich dann rund um 1.

Umfasst eine Stichprobe größenmäßig aber **etwa 1 bis 5% der Grundgesamtheit** oder mehr, sinkt der Endlichkeitsfaktor (immer weiter) unter 1 ab: Er **verringert** damit die **Schwankungsbreite** (vgl. auch Kapitel 5.3 ab Seite 94).

Auf den Berechnungen der letzten paar Seiten (ab Seite 85) beruhen alle Schwankungsbreiten von Prozentergebnissen aus ZUFALLSstichproben.[76]

Worauf beruhen aber diese Formeln? Welchen Hintergrund haben Zufälligkeit, die angeführten Wahrscheinlichkeiten des Schließens auf die Grundgesamtheit und die Notwendigkeit, den σ-Wert zu verdoppeln?

5.1.3 | Theoretischer Hintergrund

Schwankungsbreiten dürfen, wie oben erwähnt, eigentlich nur bei Zufallsstichproben berechnet und angewendet werden. Denn nur hier gilt die Annahme, dass zufällige Ergebnisse einer Normalverteilung folgen. Woher kommt das?

Eine Zufallsstichprobe wird zufällig aus einer Grundgesamtheit gezogen. Jede Zufallsstichprobe entsteht vor dem Hintergrund unendlich vieler theoretisch möglicher Kombinationen: Jedes Mal, wenn der Zufall aus derselben Grundgesamtheit eine neue Stichprobe wählt, sieht diese anders aus. Jede neue Stichprobe setzt sich zufällig aus immer wieder anderen Teilen der Grundgesamtheit zusammen.[77] Damit ist klar, dass Stichprobenergebnisse aus EINER zufälligen Stichprobe immer (etwas) anders aussehen als jene aus einer ANDEREN. Da theoretisch unendlich viele Stichprobenzusammensetzungen möglich sind, gibt es auch unendlich viele mögliche Ergebnisse.

Nun „weiß" die Statistik, dass die Ergebnisse aller möglichen Zufallsstichproben aus derselben Grundgesamtheit einer Normalverteilung folgen. Die Statistik bezeichnet das als „zentralen Grenzwertsatz". Aus diesem Umstand heraus lassen sich jene rechnerischen Schlüsse ableiten, die für Fehlerspannen und deren Wahrscheinlichkeiten die begründende Basis bilden.

Ein kleines Gedankenexperiment soll beim Verständnis der Zusammenhänge helfen. Eine Visualisierung dazu gibt Abbildung 21 auf Seite 90.

---

[76] Für Quotenstichproben ist wie bereits angesprochen die Berechnung von Schwankungsbreiten unzulässig – ausgenommen die zur Einschätzung der „Datenqualität" dienenden „Quasi-Schwankungsbreiten" (Studierender).

[77] Als anschaulicher Vergleich mag hier die regelmäßige Lottoziehung dienen. Hier werden mehrmals wöchentlich immer andere Zahlenkombinationen gezogen.

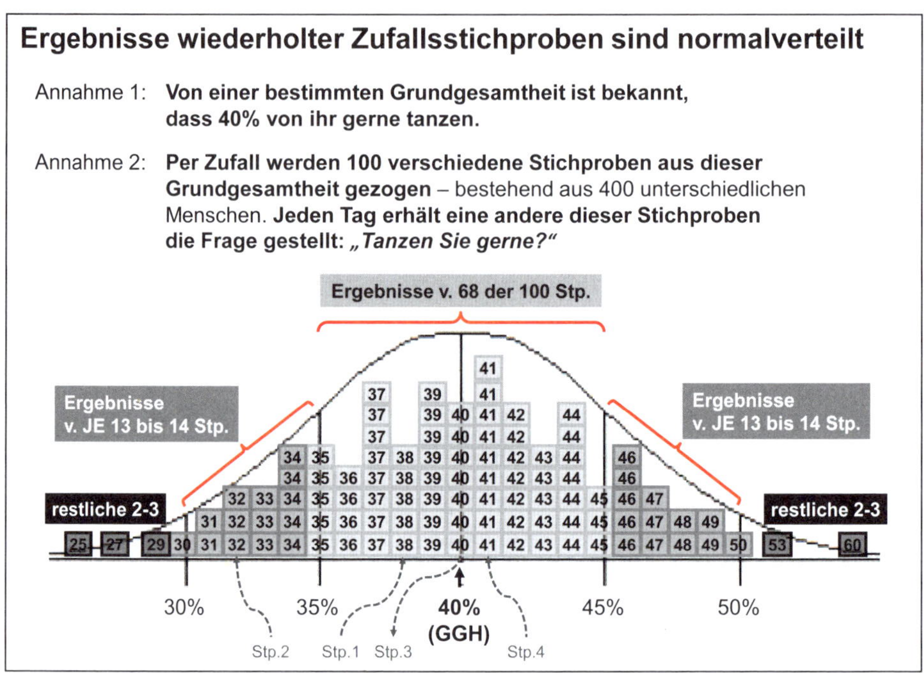

Abbildung 21: Normalverteilung der Ergebnisse wiederholter Zufallsstichproben

Angenommen, aus der Vollerhebung einer großen Grundgesamtheit ist bekannt, dass 40% gerne tanzen. Mussten wirklich alle gefragt werden? Hätte nicht eine Stichprobe genügt?

Um das zu überprüfen, werden aus dieser Grundgesamtheit mehrmals Zufallsstichproben von 400 Personen gezogen. Heute ein erstes Sample. Morgen das nächste, wieder 400 Menschen. Morgen gelangen andere in die Stichprobe als heute. Übermorgen erfolgt wieder eine Sampleziehung, wieder mit 400 neuen Individuen. Auf diese Art wird weiter fortgefahren – insgesamt 100 Tage lang. Am Ende liegen somit 100 Zufallsstichproben mit unterschiedlichen Menschen vor. Die Samples werden von 1 bis 100 durchnummeriert.

Am ersten Tag werden die 400 Personen aus Sample 1 gefragt: „Tanzen Sie gerne?“ Die Zustimmungsquote liegt bei 38%. Das Ergebnis „trifft“ also nicht genau den realen Wert der Grundgesamtheit von 40%, liegt aber ziemlich in dessen Nähe. Sample 2 wird am zweiten Tag untersucht – davon tanzen 32% gern. Sample 3 am dritten Tag liefert die realen 40% Tanzfreudige, Sample 4 am Tag darauf 41%. In Sample 5 liegt das Ergebnis bei 47%, das 6. Sample trifft wieder die realen 40%. Jeden Tag erfolgt eine neue Erhebung, insgesamt 100 Mal. In Abbildung 21 werden die Ergebnisse jeder einzelnen Stichprobe in Form eines Kästchens mit dem entsprechenden (ganzzahlig gerundeten) Prozentwert dargestellt. Weitere Stichprobenergebnisse sind 32%, 39%, 40%, 41%, 32%, 39%, 48%, 53% usw.

Am Ende zeigt sich: Die Ergebnisse von 68 von 100 Stichproben schwanken zwischen 35 und 45%. Weitere 27 Samples erhalten je zur Hälfte Resultate zwischen 30 und 35% (13 bis 14 Samples) oder 45 und 50% (13 bis 14 Samples). Die restlichen 5 Stichproben liegen etwa zur Hälfte unter 30% bzw. über 50%. Das bedeutet: 68 von 100 Stichprobenergeb-

nissen (= 68%) streuen ± 5 Prozentpunkte um den realen Wert der Grundgesamtheit. Zusammen mit weiteren 27 kommen damit 95 von 100 Ergebnissen (68 + 27 = 95%) im Bereich ± 2 Mal 5% (= ± 10%) „um die Realität herum" zu liegen. Die unterschiedlichen Befragungsergebnisse fallen aufgrund der Zufälligkeit „gemischt" an: Es treten also nicht zuerst die oben beschriebenen 68 näher an der Grundgesamtheit liegenden Resultate auf und dann erst die 27 weiter weg liegenden. An einem Tag liegt das Ergebnis innerhalb der 68 „näheren", am nächsten Tag innerhalb der 27 „entfernteren", dann wieder näher, dann wieder weiter weg usw. Weitergedacht: Der Abstand von 35% bis 45% zu den 40% der Grundgesamtheit entspricht dem im vorigen Kapitel angesprochenen EINfachen σ-Wert (± 5%) und ist zu 68,3% wahrscheinlich. Damit schließt sich der Kreis zur dort erläuterten doppelten Schwankungsbreite (± 10%) mit ihrer Geltungswahrscheinlichkeit von 95,5%.

Das obige Denkbeispiel hat eigentlich „am Ende" begonnen, beim (Prozent-)Wert der Grundgesamtheit. Dieser Wert ist in empirischen Erhebungen NICHT bekannt. Gerade DIESER Wert soll erhoben und für die Realität geschätzt werden. Dabei gilt (vgl. Abbildung 22, Abbildung und Ausführungen dazu in Anlehnung an Ebster & Stalzer, 2017, S. 180–181):

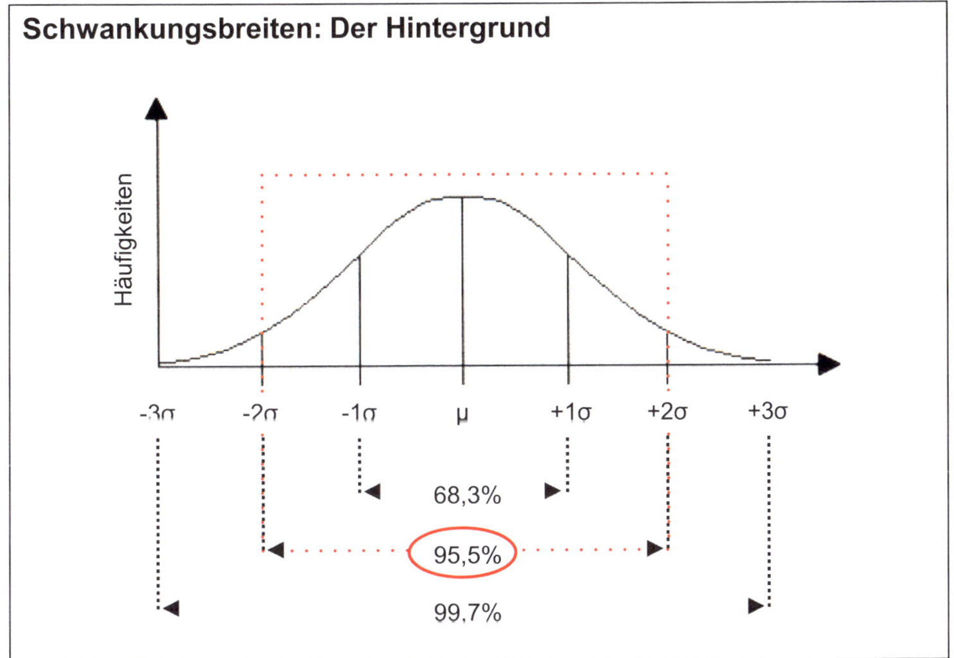

Abbildung 22: Theoretischer Hintergrund der Schwankungsbreiten

Ergebnisse von (wiederholten) Zufallsstichproben folgen der **Gauß'schen Normalverteilung**: Die Theorie geht bei ausreichend großen Samples immer vom Idealfall aus, dass sich die Merkmalsausprägungen mehrerer Stichproben aus derselben Grundgesamtheit einer Normalverteilung annähern: 100% aller unendlich möglichen Stichproben liegen mit ihren Merkmalsausprägungen unter der Normalverteilungskurve.

Die Kurve bekommt ihre charakteristische Glockenform durch die Wendepunkte bei einer Standardabweichung von ± 1σ ['sig:ma]. Durch ± 1σ wird ein Bereich gebildet, der 68,3% der Fläche umfasst: Etwa zwei Drittel aller aus der Grundgesamtheit bildbaren Stichproben ergeben also einen – merkmalsbezogenen – (Prozent- oder Mittel-)Wert, der nicht weiter als ± 1σ vom realen Wert der Grundgesamtheit abweicht (entfernt liegt). Den tatsächlichen (Prozent- oder Mittel-)Wert der Grundgesamtheit bezeichnet die Statistik als „μ" [mü:].

Im Entfernungsbereich ± 2σ von μ liegen sogar 95,5% aller erzielbaren Ergebnisse: Bei unendlich vielen möglichen Stichproben aus der Grundgesamtheit liegen 95,5% der Merkmalsausprägungen maximal innerhalb dieser Grenzen vom tatsächlichen Wert μ der Grundgesamtheit entfernt. ± 1,96σ von μ entfernt liegen genau 95,**0**% aller möglichen Werte.

Aufgrund dieser Theorien verwendet die empirische Sozialforschung bei statistischen Berechnungen üblicherweise einen sogenannten **Vertrauensbereich** (auch **Konfidenz**- oder **Sicherheitsniveau**) von 95% (95,5%) bzw. eine **Irrtumswahrscheinlichkeit** von 5% (4,5%).

Die „Grenze" von (rund) 5% findet sich auch in der Literatur und bei allen bei Braunecker (2023, S. 143–196) beschriebenen statistischen Signifikanztests: Die Sozialforschung wendet meist diesen Rest-Irrtum von 5% an. Sonst werden die Fehlerspannen noch größer. Dreifache σ-Werte („Six-Sigma") besitzen ein Sicherheitsniveau von 99,7%.[78]

In Analogie zu einer Zielscheibe: Je größer sie wird, desto wahrscheinlicher ist ein Treffer.

5.2 | „Schwankungsbreiten" von Mittelwerten

Schwankungsbreiten von Mittelwerten (arithmetisches Mittel) werden aus dem **Standardfehler** des Mittelwerts ermittelt: Dieser wird (wie die „Prozent-Schwankungsbreite") verdoppelt und ergibt dann das **Konfidenzintervall des Mittelwerts** bei 95,5%.

Analog zur Interpretation in Kapitel 5.1 ab Seite 83 muss DIESER Unschärfebereich beachtet werden, wenn ein MITTELWERT aus einer Zufallsstichprobe auf die durch sie repräsentierte Grundgesamtheit projiziert wird. Die Formel dafür lautet:

Konfidenzintervall des Mittelwerts (bei 95,5%)	$$\mathrm{KI} = \frac{s}{\sqrt{n}} * 2$$	s = Standardabweichung[79] n = Stichprobengröße

Je größer die Fehlerspanne ist, desto weniger genau gilt auch hier das Stichprobenergebnis für die Grundgesamtheit. Durch den Multiplikator von 2 wird – wie beim „Prozent-σ" – die Wahrscheinlichkeit erhöht, von 68,3 auf 95,5%, das reale Populationsergebnis innerhalb des Konfidenzintervalls zu finden. Ein Beispiel dazu findet sich in Abbildung 23 auf Seite 93.

In den Messwerten, aus denen die Säule ganz links „bis 40 J" resultiert (❶), weichen die 200 Datensätze der bis 40-Jährigen durchschnittlich um 14,7 (= Standardabweichung)[80] vom

[78] Ansprüche von ± 3σ stellen z.B. oft medizinische bzw. pharmazeutische Studien oder die Qualitätssicherung.

[79] „s" ist die durchschnittliche Abweichung der einzelnen Messwerte vom Mittelwert (vgl. im Detail Braunecker, 2023, S. 64–66). Die angeführte Formel schätzt die möglichen Abweichungen des Stichprobenergebnisses von der Grundgesamtheit aus den Werten der (einen, vorliegenden) Stichprobe und gilt nur für n > 30 (vgl. Litz, 2003, S. 370–371).

[80] Die Standardabweichung 14,7 wurde hier im Hintergrund ermittelt, der Rechenvorgang wird nicht ausgeführt.

arithmetischen Mittel 25,1 (= Mittelwert, Wert der Säule ❶ „bis 40 J") ab. Daraus lässt sich eine „einfache Schwankungsbreite des Mittelwerts" von ± „1,04 Mal essen gehen" ermitteln. Um die „Trefferquote" zu erhöhen, muss der Wert verdoppelt werden:

KI = 14,7 / $\sqrt{200} = 1{,}04$ ▶ wegen Wahrscheinlichkeit von 95,5% ▶ $* 2 = 2{,}08$

Wegen der identen Interpretation ist das Diagramm in Abbildung 23[81] analog zu dem in Abbildung 20 (Seite 85) gestaltet.

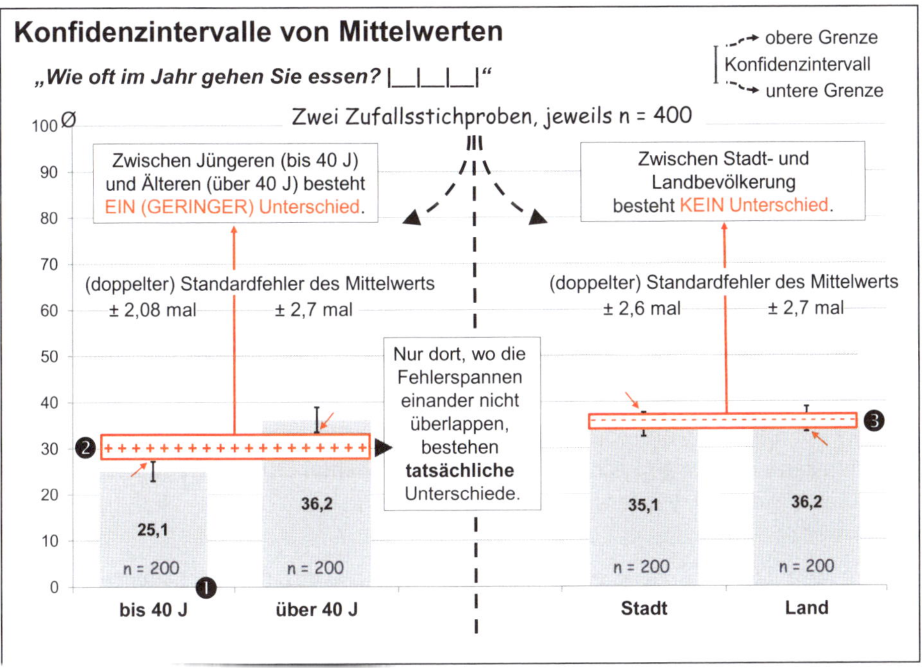

Abbildung 23: Konfidenzintervalle von Mittelwerten

Der Mittelwert der Häufigkeit, essen zu gehen, lässt im Altersgruppenvergleich EINEN realen Unterschied – auch in der Grundgesamtheit – erkennen: Die Konfidenzintervalle überlappen sich NICHT (❷).

Anders im Vergleich von Stadt und Land. Die Fehlerbalken der beiden rechten Säulen überlappen sich (❸). Hier ist somit von KEINEM signifikanten, realen Unterschied dieser beiden Vergleichsgruppen in der Grundgesamtheit auszugehen.

Wie die Schwankungsbreiten von Prozentwerten wird auch das Konfidenzintervall für den Mittelwert mit steigendem Stichprobenumfang kleiner. Die Ergebnisse werden durch eine größere Erhebungszahl also auch bei metrischen Daten (vgl. Kapitel 6.3 ab Seite 104) genauer.

[81] Mittelwert-Konfidenzintervalle werden oft in Fehlerbalkendiagrammen dargestellt (vgl. Braunecker, 2023, S. 96; 99; 164).

5.3 | Ermittlung von Mindeststichprobengrößen

Wie groß muss eine gute Stichprobe sein? Zu große Stichproben verbrauchen unnötig Ressourcen, zu kleine sind wegen großer Schwankungsbreiten ungenau. Wo liegt das Ideal?

Die im Einzelfall benötige Stichprobengröße richtet sich nach drei (bzw. vier) Kriterien:

- **Maximal zulässige Höhe der statistischen Unschärfe:**
  Je kleiner die Schwankungsbreiten sind, die aus dem Blickwinkel eines Forschungsvorhabens höchstens akzeptiert werden (können), desto größer muss die Stichprobe sein.

- **Größe der kleinsten Teilgruppe,**
  über die noch (halbwegs) verlässliche Aussagen getroffen werden sollen.

- **Zu erwartende Prozentwert-Ergebnisse in der Grundgesamtheit:**
  Je kleiner die Ergebnis-Prozentwerte (bzw. deren Gegenmengen auf 100%) voraussichtlich ausfallen werden, desto geringer sind die Schwankungsbreiten. Sehr oft ist von vorab unbekannten (bzw. unterschiedlichen, kleinen und großen) Resultaten auszugehen: Dann ist es am besten, vom „schlechtesten Fall" auszugehen – von einem Ergebnis von 50%. Dort sind die Schwankungsbreiten am größten.

- **(Verhältnis zwischen Größe der Stichprobe und Größe der Grundgesamtheit:)**
  Dieses Kriterium wird erst relevant, wenn die Stichprobe mehr als etwa 3 bis 5% der Grundgesamtheit umfasst (vgl. Kapitel 5.3.1 ab Seite 95).

Im Hinblick auf die ersten drei soeben angeführten „allgemeingültigen" (vgl. Fußnote 76 auf Seite 89) Kriterien kann die nötige Stichprobengröße aus üblichen Standardtabellen für Schwankungsbreiten abgelesen werden. Aus der Tabelle in Abbildung 24 auf Seite 95 ließe sich entnehmen:

> *Prozentergebnisse sind meist unterschiedlich und nicht abschätzbar: Üblich ist deshalb, von der größtmöglichen Unsicherheit auszugehen (Spalte rechts außen). Angenommen, die Fehlerspanne soll maximal ± 2% betragen, die Ergebnissicherheit bei 95,5% liegen.*
>
> *Aus diesen drei Faktoren lässt sich eine eindeutige Mindest-Samplegröße von n = 2.500 ableiten (vgl. die Hervorhebungen in Abbildung 24). Diese Größenfestlegung ist jedoch einer wesentlichen Einschränkung unterworfen: Die maximale Schwankungsbreite von ± 2% würde jetzt ausschließlich bei Aussagen über das GESAMTsample gelten.*

Bei Untergruppenvergleichen von SampleTEILEN orientieren sich deren Fehlerspannen an DEREN Größe innerhalb der Gesamtstichprobe.

Dazu ein weiteres Beispiel – wieder bezogen auf Abbildung 24 auf Seite 95:

> *In der Grundgesamtheit einer Inhaltsanalyse liegen in derselben Menge Print- und Online-Artikel vor. Für BEIDE Artikelarten dürfen die Ergebnisse JEWEILS höchstens ± 2% Unschärfe besitzen. Damit ist sowohl für Print als auch Online ein – wegen der identen Mengenverhältnisse gleich großer – Sampleteil in Größe von n = 2.500 erforderlich.*

Stichprobengröße ableiten [2σ, Wahrscheinlichkeit von 95,5%]

Prozentergebnis >>> größte Schwankungsbreite: ↓

Stichprobengröße >>>	5%	10%	15%	20%	25%	30%	35%	40%	45%	50%
	Restmenge	Restmenge	Restmenge	Restmenge	Restmenge	Restmenge	Restmenge	Restmenge	Restmenge	Restmenge
n	95%	90%	85%	80%	75%	70%	65%	60%	55%	50%
50	6,2	8,5	10,1	11,3	12,2	13,0	13,5	13,9	14,1	❷ 14,1
80	4,9	6,7	8,0	8,9	9,7	10,2	10,7	11,0	11,1	11,2
100	4,4	6,0	7,1	8,0	8,7	9,2	9,5	9,8	9,9	10,0
200	3,1	4,2	5,0	5,7	6,1	6,5	6,7	6,9	7,0	7,1
300	2,5	3,5	4,1	4,6	5,0	5,3	5,5	5,7	5,7	5,8
❹ 400	2,2	3,0	3,6	4,0	4,3	4,6	4,8	4,9	5,0	❸ 5,0
500	1,9	2,7	3,2	3,6	3,9	4,1	4,3	4,4	4,4	4,5
750	1,6	2,2	2,6	2,9	3,2	3,3	3,5	3,6	3,6	3,7
1.000	1,4	1,9	2,3	2,5	2,7	2,9	3,0	3,1	3,1	3,2
1.500	1,1	1,5	1,8	2,1	2,2	2,4	2,5	2,5	2,6	2,6
2.000	1,0	1,3	1,6	1,8	1,9	2,0	2,1	2,2	2,2	2,2
2.500	0,9	1,2	1,4	1,6	1,7	1,8	1,9	2,0	2,0	2,0
3.000	0,8	1,1	1,3	1,5	1,6	1,7	1,7	1,8	1,8	1,8
5.000	0,6	0,8	1,0	1,1	1,2	1,3	1,3	1,4	1,4	❶ 1,4
7.500	0,5	0,7	0,8	0,9	1,0	1,1	1,1	1,1	1,1	1,2
10.000	0,4	0,6	0,7	0,8	0,9	0,9	1,0	1,0	1,0	1,0
15.000	0,4	0,5	0,6	0,7	0,7	0,7	0,8	0,8	0,8	0,8

[± Schwankungsbreiten hier ohne Berücksichtigung der Größe der Grundgesamtheit!]

Abbildung 24: Stichprobengröße ableiten (in Anlehnung an Ebster & Stalzer, 2017, S. 195)

Die Gesamtstichprobe müsste dementsprechend n = 5.000 Artikel umfassen (2.500 Print-Artikel und 2.500 Online-Artikel). Aussagen über die GESAMTE Stichprobe hätten dann mit nur mehr ± 1,4% eine größere Schärfe (❶).

Andererseits können in Grundgesamtheiten auch sehr kleine Untergruppen vorkommen. Angenommen, im Beispiel soll es auch Aussagen über ein sehr kleines Online-Newsportal geben. Dessen Artikel machen einen Anteil von lediglich 2% aus. Zwei Prozent von 2.500 bedeuten lediglich 50 Fälle. Fehlerspannen berechnen sich auch für SampleTEILgruppen nach deren Größe: Damit besitzen die Ergebnisse des kleinen Online-Portals trotz der großen Gesamtstichprobe mit 2.500 Fällen eine Maximalschwankung von ± 14,1% (❷).

Derart kleine Teilgruppen sollten in der Stichprobe vergrößert werden. Dazu wird entweder das gesamte Sample verdoppelt: Dann werden aus den 50 Fällen 100. Die Gesamtstichprobe wächst damit aber ebenfalls auf unnötig ressourcenfressende n = 5.000. Um das zu vermeiden, kann auch lediglich die kleine Teilgruppe mit den 50 Fällen disproportional verstärkt werden – aber: Für eine Betrachtung der GESAMTEN Stichprobe ist dann eine Reproportionalisierung (Datengewichtung) notwendig. Details zu diesem Thema finden sich in Kapitel 4.2.2 ab Seite 70.

5.3.1 | Stichprobengröße und Größe der Grundgesamtheit

Wie bereits in Kapitel 5.1.2 ab Seite 88 erläutert und beispielhaft berechnet, ist es aus Sicht der Ergebnisschärfe weitgehend unerheblich, ob hinter einer Stichprobe eine große oder kleine Grundgesamtheit steht.

Nur dann, **wenn einer klein(er)en Grundgesamtheit (N) eine im Verhältnis dazu größere Stichprobe (n > als ~ 1 bis 5% der Grundgesamtheit oder mehr) entnommen wurde,** wird **bei der statistischen Unschärfe der** sogenannte **Endlichkeitsfaktor** (vgl. Seite 88) **wirksam.**

Fällt der Endlichkeitsfaktor unter 1, verringert er die Schwankungsbreite. Was sich dadurch ebenfalls verkleinert, ist die nötige Stichprobengröße.

Abbildung 25 zeigt diese „Ersparnis" bei maximaler Schwankungsbreite von ± 5% und ± 3%.[82]

Grundgesamtheit : Stichprobengröße [2σ, Wahrscheinlichkeit von 95,5%]

Größe der Grundgesamtheit N		Größe der Stichprobe n	größte Schwankungsbreite: OHNE Einbeziehung des Endlichkeitsfaktors	größte Schwankungsbreite: MIT Einbeziehung des Endlichkeitsfaktors		Endlichkeitsfaktor
200	❶	133	± 8,7%	± 5,0%		0,58
400		200 ❽	± 7,1%	± 5,0%		0,71
750		258	± 6,2%	± 5,0%		0,81
1 500		312	± 5,7%	± 5,0%		0,89
3 000		347	± 5,4%	± 5,0%		0,94
10 000		378	± 5,1%	± 5,0%		0,98
50 000	❷	390	± 5,1%	± 5,0%	❼	0,996
500 000	❸	392	± 5,1%	± 5,0%		1,000
200	❹	169	± 7,7%	± 3,0%		0,39
400		292	± 5,9%	± 3,0%		0,52
750		443	± 4,8%	± 3,0%		0,64
1 500		627	± 4,0%	± 3,0%		0,76
3 000		792	± 3,6%	± 3,0%		0,86
10 000		971	± 3,2%	± 3,0%		0,95
50 000	❺	1053	± 3,1%	± 3,0%	❼	0,989
500 000	❻	1073	± 3,1%	± 3,0%		0,999

Abbildung 25: Grundgesamtheit und Stichprobengröße

Bei einer Grundgesamtheit (N) von 200 Fällen sind nur 133 Fälle nötig, um (gerundet) 5,0% Schwankungsbreite nicht zu überschreiten (❶). Bei N = 50.000 muss die Stichprobe hingegen fast drei Mal so groß sein – nämlich 390 Fälle umfassen (❷). Ist N noch größer, verändert sich die errechnete Mindest-Stichprobengröße kaum mehr: Auch bei weiterem Anstieg der Grundgesamtheit auf N = 500.000 sind rechnerisch nur weitere 2 Fälle erforderlich, um höchstens (gerundet) 5,0% Stichprobenunschärfe zu erzielen (❸).

Noch deutlicher „wirkt" der Endlichkeitsfaktor bei einer statistischen Maximalunschärfe von z.B. (gerundet) ± 3%: Erforderlichen 169 Sample-Fällen bei N = 200 (❹) stehen 1.053 Elemente bei N = 50.000 gegenüber (❺). Bei noch größerem N flacht auch hier die Ersparnis stark ab (❻).

[82] Den Zahlen in der Abbildung liegt eine Ergebnissicherheit von 95,5% zugrunde, bei der der laut Formel ermittelte σ-Wert verdoppelt werden muss (vgl. Kapitel 5.1.1 ab Seite 87). Eine derart fallgenaue Stichprobengrößenberechnung wie im Beispiel dient zu Demonstrationszwecken und ist in der Praxis unüblich und nicht nötig.

Abbildung 25 auf Seite 96 zeigt (auch), dass sich der Endlichkeitsfaktor immer mehr der Zahl 1 annähert, je mehr Fälle die Grundgesamtheit (im Verhältnis zur Stichprobe) umfasst (❼).

Für Schwankungsbreiten und Ergebnisschärfe mag es zwar – wie soeben erläutert – rechnerisch ziemlich unerheblich sein, ob die Stichprobe aus einer SEHR großen oder großen Grundgesamtheit stammt. Die Qualität der Ergebnisse korreliert aber nicht ausschließlich mit geringen Fehlerspannen. Für die „Güte" einer Erhebung ist auch deren Repräsentativität entscheidend: Natürlich bildet ein Sample von z.B. 1.000 Personen die Bevölkerung einer größeren Stadt wesentlich besser ab als – extrem gesehen – die Weltbevölkerung.

Bei sehr großen bzw. heterogenen Grundgesamtheiten sind – **unabhängig von Schwankungsbreiten** – deutlich größere Samples nötig als bei kleiner bzw. relativ homogener Basis.

Am besten erfolgt bei jeder Erhebung eine neue Entscheidung, ob aus DIESEM Blickwinkel die Stichprobe etwas größer angelegt wird oder nicht.

Dazu kommt ein weiterer zentraler Aspekt: Repräsentativität und Schwankungsbreiten beziehen sich nie auf die GEZOGENE Stichprobe, sondern IMMER auf den RÜCKLAUF: Als Maß gilt die erreichte **Netto**-, niemals die gezogene **Bruttostichprobe** (vgl. das nächste Kapitel 5.3.2).

5.3.2 | Stichprobenausfälle (bei Zufallsstichproben)

Bei „menschlichen" Zufallsstichproben gibt es fast immer Stichprobenausfälle. **Zufallsstichproben** verlangen ja, vorab genau definierte Zielpersonen zu kontaktieren (vgl. Kapitel 4.2 ab Seite 68). Dabei ist es meist unrealistisch, tatsächlich mit jeder Person sprechen zu können: Qualitätsneutrale (z.B. Adressfehler) und qualitätsrelevante Ausfälle (Verweigerung, Krankheit, Nicht-Anwesenheit, Abbruch usw.) verhindern die Vollständigkeit des Samples. Auch nicht menschliche Elemente in Zufallsstichproben können zu Ausfällen führen – z.B. vergriffene Artikel einer Inhaltsanalyse.

Der Prozentsatz erreichter Stichprobenelemente wird als **Rücklaufquote (Ausschöpfungsgrad)** bezeichnet. Die nicht erreichte Gegenmenge dazu ist die **Ausfallquote**.

Ob sich Stichprobenausfälle auf die Ergebnisqualität auswirken, hängt entscheidend davon ab, ob sie „repräsentativ" sind: Bleibt die ursprüngliche Samplestruktur trotz auftretender Ausfälle erhalten, steigen lediglich die Schwankungsbreiten – die Stichprobe wird ja kleiner. Verzerren die Ausfälle hingegen auch die Samplestruktur gegenüber der Grundgesamtheit, wird die Stichprobe unrepräsentativ: Sie kann dann nur mehr teilweise oder im schlimmsten Fall gar nicht verwendet werden.

Eine etwas niedrigere Rücklaufquote muss also nicht gleich zu Ergebnisverzerrung führen. Wenn der Rücklauf jedoch generell sehr gering ausfällt, entstehen ziemlich sicher Probleme bei der Datenqualität. Andererseits können trotz hohen Rücklaufs Ergebnisse noch immer deutlich „danebenliegen", wenn bestimmte homogene Gruppen ganz oder stark ausfallen.

Samplerücklaufquoten sind schwer vorhersehbar, weil sie sehr von Themen und Zielgruppen abhängen. Wegen der zu erwartenden Sampleausfälle muss die gezogene BRUTTOstichprobe jedenfalls immer größer sein als die tatsächlich geplante NETTOstichprobe. Ein fünffaches oder noch größeres **Oversampling** (= die Mengenziehung ist deutlich größer als tatsächlich benötigt) ist hier deshalb sinnvoll und üblich.

Bei nicht zufälligen Stichprobenverfahren gibt es zwar eigentlich keine Ausfälle: Wenn jemand verweigert oder Elemente unerreichbar sind, wird nach einem Ersatz gesucht. Wenn die Antwortbereitschaft zu gering und die Stichprobe (noch) zu klein ist, wird durch motivierende oder „ausdehnende" Maßnahmen (z.B. neuerliche bzw. zusätzliche Postings) versucht, nachzubessern und einen größeren Rücklauf zu erzielen.

Ist jedoch kein adäquater Ersatz auffindbar oder bleiben die zusätzlichen Maßnahmen ergebnislos, können dieselben auf der vorigen Seite angeführten **Repräsentativitätsprobleme** entstehen.

5.3.3 | Mindeststichprobengröße selbst berechnen

Mindeststichprobengrößen wurden bereits aus Abbildung 24 auf Seite 95 bzw. Abbildung 25 auf Seite 96 beispielhaft ohne und mit Einbezug der Größe der Grundgesamtheit abgeleitet. Alle Beispielzahlen in den beiden Abbildungen (und darüber hinaus) sind für den Einzelfall auch individuell berechenbar. Dazu müssen einfach die Berechnungsformeln für statistische Fehlerspannen und Endlichkeitsfaktor mathematisch aufgelöst werden.

Auch beim eigenständigen Errechnen der Mindeststichprobengröße gilt: Der zu ermittelnde Stichprobenumfang hängt immer von jener Schwankungsbreite ab, die im konkreten Fall noch höchstens toleriert wird. Diese Fehlerspanne muss direkt in die Formel eingegeben werden.

Das Resultat ist die Mindestgröße der GESAMTstichprobe. Soll die maximal zu tolerierende Fehlerspanne bereits für SampleTEILE berechnet werden, setzt sich die Gesamtstichprobe aus den Summen dieser Sampleteile zusammen (vgl. dazu auch die Ausführungen zu Beginn dieses Kapitels auf Seite 94).

5.3.3.1 | OHNE Einbeziehung der Grundgesamtheit

Ist die Grundgesamtheit sehr groß oder größenmäßig nicht zu beziffern, reicht **bei Prozentwerten** folgende Formel (abgeleitet von der Formel auf Seite 87) aus:

$$n \geq \frac{\text{Multiplikator}_{\text{für die Wahrscheinlichkeit}}^{2} * \text{p} * (100 - \text{p})}{\text{Schwankungsbreite}_{\text{maximal akzeptiert}}^{2}}$$

n = zu ermittelnde Mindeststichprobengröße

$\text{Multiplikator}_{\text{für die Wahrscheinlichkeit}}$
= Multiplikator für das Sicherheitsniveau aus der Schwankungsbreitenformel (**2** für 95,5% bzw. **1,96** für 95,0% Wahrscheinlichkeit)

p = zu erwartender Ergebnisprozentsatz
(bei keiner bestimmten Ergebniserwartung: **50**)

$\text{Schwankungsbreite}_{\text{maximal akzeptiert}}$
= maximale Schwankungsbreite, die noch toleriert werden soll

Angenommen, die Schwankungsbreite in einer (Teil-)Stichprobe soll höchstens ± 5% betragen. Das Sicherheitsniveau wird auf 95,5% festgelegt, Ergebniserwartung gibt es keine.

$$n \geq \frac{2^2 * 50 * 50}{5^2} = \frac{4 * 2.500}{25} = 400$$

Die Mindeststichprobengröße beträgt in diesem Fall also 400 (vgl. auch ❸ in Abbildung 24 auf Seite 95).

Auch **bei Mittelwerten** kann die Mindestgröße eines Samples – hier aus der Formel für das Konfidenzintervall des Mittelwerts – errechnet werden (vgl. die Formel in Kapitel 5.2 und Fußnote 79 auf Seite 92):

$$n \geq \frac{\text{Multiplikator}_{\text{für die Wahrscheinlichkeit}}^{\;2} * s^2}{\text{Konfidenzintervall}_{\text{maximal akzeptiert}}^{\;2}}$$

n = zu ermittelnde Mindeststichprobengröße

$\text{Multiplikator}_{\text{für die Wahrscheinlichkeit}}$
= Multiplikator für das Sicherheitsniveau aus der Schwankungsbreitenformel (**2** für 95,5% bzw. **1,96** für 95,0% Wahrscheinlichkeit)

s = Standardabweichung, die in der Stichprobe erwartet wird

$\text{Konfidenzintervall}_{\text{maximal akzeptiert}}$
= maximales Konfidenzintervall, das noch toleriert werden soll

Angenommen, das Konfidenzintervall für ein (Teil-)Sample soll eine „Mittelwertsspanne" (= Konfidenzintervall) von höchstens ± 2,0 umfassen. Das Sicherheitsniveau wird auf 95,5% festgelegt, die Standardabweichung wird auf etwa 15 geschätzt.[83]

$$n \geq \frac{2^2 * 15^2}{2^2} = \frac{4 * 225}{4} = 225$$

Die Mindeststichprobengröße beträgt also 225 Fälle.

Ähnliche Zahlenverhältnisse (Konfidenzintervall und Stichprobengröße bei 95,5%) sind vergleichsweise Abbildung 23 auf Seite 93 zu entnehmen (vgl. z.B. die Säule ganz links „bis 40 J" (❶): ± 2,08 Fehlerspanne bei n = 200).

5.3.3.2 | MIT Einbeziehung der Grundgesamtheit

Ist die Größe der Grundgesamtheit (zumindest ungefähr) bekannt, ist die Schwankungsbreiten-Formel **für Prozentwerte** MIT Endlichkeitsfaktor aufzulösen (vgl. zu Beginn von Kapitel 5.1.2

[83] Eine **Annahme** (= Schätzung) ist hier notwendig (vgl. Litz, 2003, S. 370 und Fußnote 79 auf Seite 92), weil ja die durchschnittliche Abweichung der einzelnen Messwerte vom Mittelwert (= Standardabweichung, „s") im Vorfeld der Erhebung noch unbekannt ist.

auf Seite 88). Die Formel sieht auf den ersten Blick ein wenig „erschreckend" aus, ist aber bei näherer Betrachtung dann doch eigentlich durchaus „einfach" und nachvollziehbar zu befüllen:

$$n \geq \frac{N}{1 + \frac{(N-1) * \text{Schwankungsbreite}_{\text{maximal akzeptiert}}^2}{\text{Multiplikator}_{\text{für die Wahrscheinlichkeit}}^2 * p * (100-p)}}$$

n = zu ermittelnde Mindeststichprobengröße

N = Größe der Grundgesamtheit

$\text{Schwankungsbreite}_{\text{maximal akzeptiert}}$
= maximale Schwankungsbreite, die noch toleriert werden soll

$\text{Multiplikator}_{\text{für die Wahrscheinlichkeit}}$
= Multiplikator für das Sicherheitsniveau aus der Schwankungsbreitenformel (**2** für 95,5% bzw. **1,96** für 95,0% Wahrscheinlichkeit)

p = zu erwartender Ergebnisprozentsatz
(bei keiner bestimmten Ergebniserwartung: **50**)

Angenommen, die Grundgesamtheit umfasst 400 Fälle. Die maximale Schwankungsbreite, die toleriert werden soll, beträgt ± 5%. Die Wahrscheinlichkeit der Schwankungsbreiten-Gültigkeit soll 95,5% betragen. Ein Prozentergebnis kann nicht vorhergesagt werden, deshalb muss vom „schlimmsten Fall" 50% ausgegangen werden.

$$n \geq \frac{400}{1 + \frac{(400-1) * 5^2}{2^2 * 50 * 50}} = \frac{400}{1 + \frac{399 * 25}{4 * 50 * 50}} = \frac{400}{1 + \frac{9.975}{10.000}} = 200$$

Sind die Werte in die Formel eingesetzt, berechnet sich mit diesen Angaben die (Teil-)Stichprobengröße auf zumindest 200 Fälle (vgl. auch ❽ in Abbildung 25 auf Seite 96).

Das bedeutet gegenüber der Ermittlung der Mindeststichprobengröße OHNE Berücksichtigung der Grundgesamtheit eine Ersparnis um die Hälfte.

Aus Abbildung 24 auf Seite 95 hätten sich – ohne Einbeziehung des Endlichkeitsfaktors – bei 5% Maximalschwankung (vgl. ❸), 95,5% Sicherheit und unbekanntem Ergebnis n = 400 (vgl. ❹) ergeben. Das hätte im Beispiel gleich oben der Notwendigkeit einer Totalerhebung entsprochen.

Das Beispiel zeigt: Es macht durchaus Sinn, die Größe der Grundgesamtheit – wenn möglich – in alle Stichprobenüberlegungen zunächst einmal miteinzubeziehen.

Im Fall von Mittelwerten wird bei (ungefähr) bekannter Grundgesamtheit die Formel für das Mittelwert-Konfidenzintervall (vgl. Kapitel 5.2 auf Seite 92) ebenfalls MIT Einbezug des Endlichkeitsfaktors aufgelöst:

$$n \geq \frac{N}{1 + \frac{(N-1) * \text{Konfidenzintervall}_{\text{maximal akzeptiert}}^{2}}{\text{Multiplikator}_{\text{für die Wahrscheinlichkeit}}^{2} * s^2}}$$

n = zu ermittelnde Mindeststichprobengröße

N = Größe der Grundgesamtheit

$\text{Konfidenzintervall}_{\text{maximal akzeptiert}}$
= maximales Konfidenzintervall, das noch toleriert werden soll

$\text{Multiplikator}_{\text{für die Wahrscheinlichkeit}}$
= Multiplikator für das Sicherheitsniveau aus der Schwankungsbreitenformel (**2** für 95,5 % bzw. **1,96** für 95,0% Wahrscheinlichkeit)

s = in der Stichprobe zu erwartende Standardabweichung[84]

Angenommen, die Grundgesamtheit umfasst 400 Fälle. Das maximal akzeptierte Konfidenzintervall eines Mittelwerts soll max. ± 2,1 umfassen, bei 95,5% Wahrscheinlichkeit. Die Standardabweichung wird auf 15 geschätzt. In die Formel eingesetzt werden somit – zu Vergleichszwecken – Werte aus *Abbildung 23 auf Seite 93 (vgl. die Säule ganz links „bis 40 J"* *(❶). Die dort angegebene, im Hintergrund ermittelte Standardabweichung von 14,7* *(vgl. Fußnote 80 auf Seite 92)* *wird auf 15 gerundet.*

$$n \geq \frac{400}{1 + \frac{(400-1) * 2{,}1^2}{2^2 * 15^2}} = \frac{400}{1 + \frac{399 * 4{,}41}{4 * 225}} = \frac{400}{1 + \frac{1.795{,}59}{900}} = \sim 135$$

Das Ergebnis der Berechnung zeigt auch hier das „Wirken" des Endlichkeitsfaktors bei verhältnismäßig großer Grundgesamtheit (vgl. Kapitel 5.1.2 auf Seite 88):

In Abbildung 23 auf Seite 93 *beträgt das Konfidenzintervall für den Mittelwert bei n = 200 – ohne Berücksichtigung der Grundgesamtheit – ± 2,1 (vgl. die Säule ganz links „bis 40 J" (❶)). In der soeben durchgeführten Berechnung wird von einer Grundgesamtheit von N = 400 ausgegangen. Die sich beim selben Mittelwert-Konfidenzintervall von ± 2,1 ergebende Mindest-(Teil-)Stichprobengröße reduziert sich damit auf ~ 135 Fälle.*

Weiterführende Literatur zu diesem Kapitel:

howtodo.at/downloads/WeiterfuehrendeLiteratur.pdf

[84] Vgl. Fußnote 83 auf Seite 99 und Fußnote 79 auf Seite 92.

6 | Messen in der Sozialforschung

▼ **Abstract** *(in diesem Kapitel geht's um ...)* ▼

• Das Skalenniveau (= Messniveau) bestimmt die späteren Möglichkeiten der Datenanalyse.
• **Nominalskalen:** gekennzeichnet durch „entweder" – „oder" • nur Häufigkeitsauswertung
• **Ordinalskalen:** Rangordnung • zusätzlich Median bestimmbar
• **metrische Skalen:** **Intervallskalen** weisen gleiche Distanzen auf • **Rationalskalen** kennzeichnet Verhältnismäßigkeit und realer Nullpunkt • beliebige Datenanalysen (Mittelwert, Standardabweichung ...) sind möglich • (ordinale) Schulnoten- bzw. Beurteilungsskalen gelten als **„quasi-metrisch"**
• **Anzahl** der Skalenabstufungen, **gerade oder ungerade** Ausprägungsanzahl, mono- oder **bipolare Itembatterien** usw.: abhängig von forschender Person und Thema
• **Indikatoren:** repräsentieren nicht direkt messbare Eigenschaften • mehrere Indikatoren (= Aussagen) bilden eine Einstellungsskala • müssen objektiv, reliabel und vor allem valid sein

6.1 | Messbegriff, Skala

Die Sozial- und Wirtschaftswissenschaften „messen", indem sie zu untersuchende Subjekte oder Objekte anhand ihrer Eigenschaften beschreiben. Die Subjekte oder Objekte (= Forschungsgegenstände) können Menschen, Artikel einer Inhaltsanalyse, Beobachtungen, Produkte, Verkaufsdatensätze und vieles mehr sein (vgl. dazu Kapitel 3.1 ab Seite 45). Die Eigenschaften, mit denen die Forschungsgegenstände beschrieben werden, werden „Merkmale" (auch „Variablen") genannt.

Die Merkmale haben Merkmalsausprägungen (vgl. Ebster & Stalzer, 2017, S. 159).

So kann z.B. das Merkmal **Altersgruppe** *eines Untersuchungsobjekts MENSCH die Ausprägungen „14 bis 40 Jahre" und „41 Jahre und älter" haben.*

Quantitatives „Messen" besteht nun darin, den Merkmalsausprägungen systematisch Zahlen zuzuordnen. Das Verhältnis der Zahlen zueinander entspricht den Relationen der Untersuchungs-Subjekte oder -Objekte in Bezug auf das gemessene Merkmal. Dadurch entstehen präzisierte und systematisierte Informationen in leicht (ab)lesbarer Form.

Die den Merkmalsausprägungen zugeordneten Zahlen werden „Skala" genannt: Eine Skala ist jener Bereich, innerhalb dessen die Messergebnisse variieren. Eine Skala bilden nicht die Ausprägungen eines Merkmals (z.B. Antworten einer Frage) an sich, sondern die Zahlen, die den Ausprägungen (z.B. Antwortmöglichkeiten) zugeordnet werden.

Den Merkmalsausprägungen „bis 30 Jahre", „31 bis 50" und „51 Jahre und älter" können z.B. die Zahlen 1, 2 und 3 zugeordnet werden.

Diese Skala zum Merkmal **Altersgruppe** besteht aus drei Zahlen und ist einfach zu interpretieren: Auf eine Person trifft die eine oder die zweite oder die dritte Ausprägung zu.

Es gibt aber auch weit komplexere Skalen.

Werden 100 Personen befragt, wie viel sie monatlich durchschnittlich netto verdienen, können sich die Antworten stufenlos zwischen 0 und mehreren Tausend Euro bewegen.

Hier ist zwar auch wie bei der Altersgruppe die Interpretation eines „ODER“ möglich (0 oder 1.000 EUR oder 1.500 EUR oder 2.120 EUR usw.). Darüber hinaus wären aber auch Berechnungen durchführbar, etwa zum mittleren Einkommen aller Personen oder zum durchschnittlichen Wocheneinkommen usw.

6.2 | Messniveaus (Skalenniveaus) und Datenanalyse

Skalen besitzen also unterschiedliche Komplexität. Das hat Einfluss auf ihren Informationsgehalt: Je komplexer eine Skala ist (= ein je höheres Messniveau sie besitzt), desto mehr lässt sich aus den Daten herauslesen.

Das Mess- bzw. Skalenniveau ist verantwortlich dafür, wie die in Zahlen erfassten Antworten oder Merkmalsausprägungen ausgewertet und interpretiert werden müssen: Es gibt vor, welche Rechenoperationen bei der späteren Datenanalyse sinnvoll und zulässig sind.

Damit ist das Messniveau **schon bei der Konzeption jeder Erhebung wegweisend**: Bereits die Forschungsfragen oder Hypothesen (vgl. Kapitel 1.3 ab Seite 16) bedingen die einzelnen Messniveaus und legen damit die späteren Datenanalyseoptionen (vgl. Kapitel 8.1 ab Seite 139) fest.

Die in der Sozialforschung gebräuchlichen Skalenarten finden sich in Abbildung 26 auf Seite 104 überblicksmäßig dargestellt und charakterisiert.

Das höchste Skalenniveau bietet die meisten und besten (statistischen) Auswertungsmöglichkeiten.

Hohe Skalenniveaus lassen aber auch einfache Berechnungen zu: Sie **sind sozusagen „abwärtskompatibel“**.

So könnte eine Befragung das Merkmal Alter in offener Form abfragen:

Wie alt sind Sie?	|__|__|__|

Damit würde das höchste Skalenniveau (= rationales Messniveau) vorliegen und z.B. ein Durchschnittsalter (Mittelwert) errechenbar sein. Genauso gut könnte aber auch eine Analyse erfolgen, wie viele Befragte 15, 16, 17 usw. Jahre alt sind (Häufigkeiten).

Umgekehrt können jedoch Daten, die mit niedrigen Skalenniveaus (= nominales oder ordinales Messniveau) erhoben werden, ausschließlich auf niedrigem Niveau ausgewertet werden.

Einfache Skalenniveaus sind NICHT „aufwärtskompatibel“.

Wird das Alter nicht offen abgefragt, sondern in Antwortkategorien (ordinal) vorgegeben:

In welche der folgenden Alterskategorien stufen Sie sich ein?	*15 bis 26 Jahre* ☐ *27 bis 50 Jahre* ☐	*51 Jahre und älter* ☐

ist ausschließlich darstellbar, wie viele der Befragten in die jeweilige der drei Altersgruppen fallen (Häufigkeiten). Die Ermittlung eines Durchschnittsalters wäre hier unmöglich.

Bieten sich bei einer Fragestellung (Forschungsfrage, Hypothese) mehrere Skalenarten an, liefert das höchste Skalenniveau also immer die umfangreichsten Analysemöglichkeiten. Erhebungstechnisch ist es aber nicht zielführend, jedes Mal das „beste" Skalenniveau anzuwenden. Hohe Skalenniveaus stellen weitaus größere Anforderungen an Befragte, weil sie meist mit intensivem Nachdenken verbunden sind:

Müssen Menschen angeben, wie oft sie in den letzten vier Wochen Sport betrieben haben, ist das viel schwieriger zu beantworten, als zwischen „(fast) täglich | mehrmals pro Woche | ein bis zweimal pro Woche | etwa alle zwei Wochen | seltener | nie" auszuwählen.

Um bei Interviews nicht zu überfordern oder Datenerhebungen nicht zu überfrachten, sind hohe Messniveaus nur sinnvoll, wenn sie zur Ergebnisermittlung auch notwendig sind.

Arten von Skalen

Skalenart, Messniveau	**Kennzeichnung**		**Beispiele**			Codierung	**mögliche Analyse-Verfahren**
(höchstes) rational	**Verhältnis-mäßigkeit!** EIN realer Nullpunkt: 0 = „nicht ausgeprägt"	A = x * B	• Einkommen • Länge • Maße • Geschwindigkeit	*Alter*	*in Jahren (anzugeben)*	*15* *16* … *104* *105*	• Häufigkeiten • Median • Mittelwert • Varianz • Standard-abweichung • beliebige weitere Verfahren
(quasi-) intervall	**gleiche Distanzen!** KEIN (realer) Nullpunkt	B – A = D – C	• Datum • IQ • Grad Celsius • Schulnoten-**Bewertungen**, Zustimmungs-Skalen	*Alter*	*Jahrgang (anzugeben)*	*2000* *1999* … *1920* *1919*	
ordinal	**Rangordnung!** mehr – weniger	A < B < C	• Rangreihen • Schul**noten**	*Alter*	*15 bis 26 Jahre* *27 bis 50 Jahre* *51 Jahre plus*	1 4 6	• Häufigkeiten • Median
nominal (niedrigstes)	**Unterschied!** entweder – oder	A ≠ B ≠ C	• Hauptwohnsitz-Bundesland • zuletzt gewählte Partei	*Alter*	*entspricht der Zielgruppe 15 bis 26* *entspricht NICHT der Zielgruppe*	12 34	• Häufigkeiten

Abbildung 26: Arten von Skalen und Messniveaus

6.3 | Messniveaus (Skalenniveaus) im Detail

Bei **Nominalskalen** – der einfachsten und „niedrigsten" (vgl. Abbildung 26) Skalenform – erfolgt eine eindeutige, aber willkürliche Zuordnung von Zahlen zu Antwortkategorien. Es gibt hier keine Beziehung zwischen Antwortkategorie und Wert.[85] Mit diesem Messniveau kann nur

[85] Es ist unerheblich, ob die Zielgruppe 15 bis 26 mit Code 1, alle anderen mit Code 2 erfasst werden oder die einen z.B. mit Code 12, die anderen mit 34. Die Zahlen haben nur „Entweder-oder"-, jedoch keine rechnerische Bedeutung.

Gleichheit bzw. Unterschiedlichkeit erfasst werden. Die Kategorien „hinter den Zahlen" müssen lediglich exakt abgegrenzt sein und sich gegenseitig ausschließen. Nominalskalen bieten die wenigsten Informationen, nur Häufigkeitszählungen sind möglich.

Ordinalskalen sind dadurch gekennzeichnet, dass ein höherer Zahlenwert einer stärkeren Merkmalsausprägung entspricht. Solange die Informationen über „größer" bzw. „kleiner" erhalten bleiben, sind – wie bei Nominalskalen – auch hier willkürliche Zahlenzuordnungen möglich. Die Hauptinformation dieser Skalenart besteht in einer Ranginformation, berechenbar sind auch hier nur einfache Häufigkeiten (und zusätzlich der Median, vgl. Braunecker, 2023, S. 58).

Bei **Intervallskalen** sind die Abstände zwischen den Zahlenwerten gleich groß und repräsentieren damit „tatsächliche", je Zahlenfolge empirisch gleiche Abstände zwischen den Untersuchungselementen. Damit haben ab dieser Skalenform die Codierungen rechnerische Bedeutung und erlauben Addition, Subtraktion und weitere „statistische" Berechnungen wie z.B. Mittelwert und Standardabweichung (vgl. Braunecker, 2023, S. 55–57; Braunecker, 2023, S. 64–66).

> **Schulnoten** (und andere Zustimmungs- und Beurteilungsskalen) besitzen eine Art Zwischenstellung: Sie werden – obwohl eigentlich Ordinalskala[86] – in den Sozial- und Wirtschaftswissenschaften meist als Intervallskala eingestuft. Warum das? In Erhebungsinstrumenten werden viele Aspekte gerne mit Schulnoten oder ähnlichen Skalenformen abgebildet. Das impliziert gleiche Abstände zwischen den Skalenpositionen.
>
> *Bildet ein Fragebogen Zustimmung und Ablehnung zu Aussagen auf einer Schulnotenskala zwischen 1 = „trifft sehr zu" und 5 = „trifft gar nicht zu" ab, dann bedeutet z.B.: Eine Person, die der Aussage „ich lese gern" mit 1 „sehr" zustimmt, ist von einer Person, die 2 („eher") wählt, EINE Skalenposition entfernt. Und jemand, der 4 („weniger") angibt, ist gegenüber jemand anderem, der 5 („gar nicht") wählt, ebenso EINE Skalenposition entfernt.*

Aus diesem Grund werden in der sozial- und wirtschaftswissenschaftlichen Forschungspraxis ALLE eigentlich ordinalen Ratingskalen (= SchulnotenBEURTEILUNGEN) fast immer als „quasi-metrisch" behandelt. Sie werden damit für Mittelwerts- und weitere statistische Berechnungen „tauglich gemacht".

Rationalskalen zeichnet zusätzlich zu den bisher angeführten Skalen (entweder – oder, größer – kleiner, idente Abstände) auch eine Verhältnismäßigkeit der Zahlen zueinander aus: Wert 4 bedeutet damit „doppelt so viel" wie Wert 2. Zusätzlich zu Intervallskalen gibt es hier auch einen realen Nullpunkt: 0 bedeutet „keine Ausprägung" des mit der Skala abgebildeten Merkmals. Auswertungstechnisch sind Rationalskalen „die besten": Möglich sind Addition, Subtraktion, hier sind wegen der Verhältnismäßigkeit der Zahlen auch Multiplikation und Division sinnvoll. Natürlich können auch Mittelwert und Standardabweichung berechnet sowie beliebige weitere statistische Verfahren angewendet werden.

[86] Schulnoten weisen aus theoretischer Sicht nicht dieselben Abstände zwischen den Skalenpositionen auf: Werden bei einer Prüfung z.B. 100 mögliche Prozentpunkte auf fünf Schulnoten aufgeteilt, entfällt üblicherweise die erste Hälfte des gesamten Spektrums (0 bis 50%) auf EINE Note, die 5. Und dann: Note 1 z.B. ist von einem „gerade noch Zweier, fast schon Dreier" weiter entfernt als vom „guten Zweier, gerade nicht mehr Einser" usw.

Ein Beispiel soll den Unterschied zwischen Intervall- und Rationalskalen verdeutlichen.

Der Nullpunkt einer Celsius-Temperatur-Skala (= Intervallskalierung) ist willkürlich. 0 Grad bedeutet nicht „keine Temperatur", sondern „relativ kalt". Zwischen 0 und 10 Grad liegt zwar der idente Abstand wie zwischen 10 und 20 Grad, 20 Grad sind aber nicht „doppelt so warm" wie 10 Grad (daher keine Rationalskala).

Wenn hingegen jemand in der Stunde 20 € in bar verdient, bekommt diese Person doppelt so viel ausbezahlt wie jemand, der mit 10 € entlohnt wird. Hier handelt es sich um eine Rationalskalierung. Das zeigt auch der Nullpunkt: Jemand, der für dieselbe Tätigkeit 0 € bekommt, verfügt danach – zusätzlich zu bisher – über keine weiteren Geldscheine.

Nominal- und Ordinalskalen sind **diskret** bzw. **kategorial**: Das bedeutet, dass Merkmalsausprägungen definierten Antwortkategorien zugeordnet werden müssen. Ein Merkmal kann nur bestimmte vorher festgelegte Werte annehmen. Diese Werte (= Zahlen) haben aber keine rechnerische Bedeutung.

Intervall- und Rationalskalen hingegen sind **stetig** bzw. **metrisch**: Ein Merkmal kann jeden beliebigen Wert zwischen einem Minimal- und einem Maximalwert annehmen. Hier haben die Zahlen hinter den Antworten rechnerische Bedeutung – z.B. für die Ermittlung von Mittelwerten und anderen statistischen Maßzahlen.

6.4 | Praktische Anwendung von Messniveaus

Zur praktischen Veranschaulichung sind im zweiseitigen **Beispielfragebogen** in Abbildung 27 und Abbildung 28 (Seite 107 und Seite 108) am rechten Rand grau hinterlegt die Messniveaus jeder Frage angeführt. Anmerkungen zum Fragebogen finden sich in Fußnote 6 auf Seite 18.

6.4.1 | Schulnotenskalen oder andere Skalen?

Oft stellt sich die Frage, ob ein Fragebogen Schulnoten- oder andere, „bessere", „breitere" Skalen verwenden soll: Diese Entscheidung müssen Forschende für sich selbst treffen.

FÜR Beurteilungen mit Schulnoten spricht, dass sie „in den Köpfen verankert" sind. Alle Menschen aller Bildungsschichten können für gewöhnlich gut damit umgehen. Dies gilt allerdings nur für Erhebungen, die nationale Grenzen nicht überschreiten.

Würde jemand z.B. eine Befragung in Ungarn, Österreich und Deutschland mit österreichischen Schulnoten durchführen, könnten ausschließlich Personen aus Österreich „vertraut" urteilen. Ungarische Schulnotenbeurteilungen laufen umgekehrt (5 ist der beste Wert), Deutschland hat mit seinen 6 Noten ebenfalls ein anderes System. Ein Teil der Befragten antwortet somit auf „verinnerlichter" Basis, der andere Teil in einem fremden System. Das führt zu verzerrten, nur eingeschränkt vergleichbaren Ergebnissen. In einem derartigen Fall sollten ALLE an der Erhebung teilnehmenden Personen mit einem abstrakten Beurteilungssystem konfrontiert werden (z.B. „Urteilen Sie bitte zwischen 0 und 100 ...").

Ein weiterer Vorteil von Schulnotenskalen besteht in ihrer besseren **medialen Kommunizierbarkeit**: „Note 2 für den letzten Sommer" ist eine deutlich plakativere Schlagzeile als etwa „Mittelwert von 3,2 auf der 7-stufigen Beurteilungsskala".

Fragebogen & Skalenniveaus

Liebe:r [...],

im Rahmen eines Forschungsprojekts an der Universität [...] führt [...] eine Umfrage zum allgemeinen Leseverhalten durch. Die Befragung hat einen rein wissenschaftlichen Zweck und dauert max. 5 Minuten. Jede Meinung ist wichtig!

Bitte unterstützen auch Sie dieses Projekt! Ihre Antworten sind freiwillig, völlig anonym und können mit Ihrer Person in keinerlei Verbindung gebracht werden. Die erhobenen Daten werden streng vertraulich behandelt und keinesfalls an Dritte weitergegeben. Informationen zu Inhalt und Datenschutz bei dieser Befragung befinden sich auf der Rückseite der ersten Fragebogenseite.

Herzlichen Dank für Ihre Teilnahme!

Bei den folgenden Fragen geht es ganz allgemein um das Lesen von Zeitungen, Zeitschriften und Büchern.	**Messniveau**
1 In der heutigen Informationsgesellschaft gibt es überall ein sehr breites Angebot an Texten aller Art. Wie ist das bei Ihnen? Egal, wo und was: Lesen Sie gerne? ja ☐1 nein ☐0	nominal
2 Haben Sie in den letzten 12 Monaten zumindest einen Roman gelesen? ja ☐1 nein ☐0	nominal
3 Haben Sie in den letzten 12 Monaten zumindest ein Fachbuch gelesen? ja ☐1 nein ☐0	nominal

Wenn Sie zumindest ein Mal pro Jahr Fachliteratur lesen – weiter zu Frage 4! Sonst bitte weiter bei Frage 9.

Frage	Messniveau
4 Kaufen Sie Bücher lieber in einer Buchhandlung oder im Versandhandel? lieber in einer Buchhandlung ☐1 lieber im Versandhandel ☐2	nominal
5 Ganz spontan: Wie muss ein ideales Fachbuch für Sie beschaffen sein? ____ ____	nominal

6 Wie muss ein ideales Fachbuch für Sie beschaffen sein, damit Sie es gerne lesen?
Urteilen Sie jetzt bitte auf einer Skala von 1 bis 5, wobei 1 = „sehr wichtig" und 5 = „gar nicht wichtig" bedeutet. Dazwischen können Sie abstufen.

Messniveau: ordinal, in Sozialforschung **quasi-metrisch** (wie intervall behandelt)

	Ein Fachbuch muss ...	sehr wichtig				gar nicht wichtig
6.1	mir sympathisch sein	①	②	③	④	⑤
6.2	optisch ansprechend sein	①	②	③	④	⑤
6.3	leicht verständlich sein	①	②	③	④	⑤
6.4	interessante Inhalte haben	①	②	③	④	⑤
6.5	einen leicht lesbaren Text haben	①	②	③	④	⑤
6.6	einen hohen persönlichen Nutzen haben	①	②	③	④	⑤
6.7	rasch Informationen liefern	①	②	③	④	⑤
6.8	übersichtlich gestaltet sein	①	②	③	④	⑤
6.9	immer wieder Neues zu entdecken haben	①	②	③	④	⑤

Frage	Messniveau
7 Denken Sie jetzt bitte an das letzte Fachbuch, das Sie gelesen haben. Versuchen Sie bitte, dieses Fachbuch mit drei Eigenschaftswörtern möglichst treffend zu charakterisieren. |____| |____| |____|	nominal
8 Wie viel Euro haben Sie in den letzten sechs Monaten für Fachliteratur ausgegeben? Wenn Sie es nicht genau wissen, schätzen Sie bitte. EUR: |_|_|_|	rational

Bitte umblättern ...

Abbildung 27: Ein Fragebogen (Seite 1) und seine Messniveaus

Fragebogen & Skalenniveaus

Wieder an alle Befragten:

9 Egal, ob Sie sie lesen oder nicht: Was denken Sie GANZ ALLGEMEIN über Fachbücher?
Wie sehr treffen die positiven oder negativen Ausprägungen der folgenden Eigenschaften Ihrer Ansicht nach auf Fachbücher zu?

Urteilen Sie bitte auf einer Skala von 1 bis 6.

Fachbücher sind/bieten generell ...

9.1	sympathisch	①	②	③	④	⑤	⑥	unsympathisch
9.2	optisch nicht ansprechend	①	②	③	④	⑤	⑥	optisch ansprechend
9.3	leicht verständlich	①	②	③	④	⑤	⑥	nicht leicht verständlich
9.4	uninteressant	①	②	③	④	⑤	⑥	interessant
9.5	leicht lesbar	①	②	③	④	⑤	⑥	schwer lesbar
9.6	niedrigen persönlichen Nutzen	①	②	③	④	⑤	⑥	hohen persönlichen Nutzen
9.7	rasch Informationen	①	②	③	④	⑤	⑥	langsam Informationen
9.8	übersichtlich	①	②	③	④	⑤	⑥	unübersichtlich
9.9	nicht viel Neues zu entdecken	①	②	③	④	⑤	⑥	immer Neues zu entdecken

ordinal, in Sozialforschung **quasi-metrisch** (wie intervall behandelt)

10 Welches Papierformat ist Ihnen bei einem Buch das liebste, welches am zweitliebsten usw.?

Tragen Sie bitte Rangplätze zwischen 1 und 6 ein.
Das Ihnen sympathischste Format erhält eine 1,
das am wenigsten sympathische eine 6.

	A4	A5	A6
Taschenbuch	|___|1	|___|3	|___|5
Hardcover	|___|2	|___|4	|___|6

ordinal

11 Wenn Sie einmal ein gutes Buch lesen: Wem empfehlen Sie es weiter? (Mehrfachantworten sind möglich)

PartnerIn, Familie ☐1 FreundInnen ☐1 KollegInnen ☐1 Anderen ☐1

nominal

Abschließend bitten wir noch um ein paar Angaben zu Ihrer Person. Diese dienen lediglich dazu, auf Basis gruppierter Auswertungen Erkenntnisse über das Meinungsbild der verschiedenen sozialstatistischen Bevölkerungsgruppen zu erlangen.

12 Sind Sie ... weiblich ☐1 männlich ☐2 divers ☐3

nominal

13 In welchem Bundesland wohnen Sie?

Wien ☐1 NÖ ☐2 Bgld ☐3 OÖ ☐4 Sbg ☐5 Trl ☐6 Vbg ☐7 Stmk ☐8 Ktn ☐9

nominal

14 Wie alt sind Sie? \|__\|__\|

rational

15 Welche Art von Texten lesen Sie am liebsten?

Artikel online, in Zeitungen, Zeitschriften ... ☐1 Romane ☐2 Sach-, Fachbücher ☐3
andere, und zwar __________________ ☐4

nominal

16 Wie viele Bücher lesen Sie im Schnitt pro Jahr? \|__\|__\|__\|

rational

17 Und wie viele Bücher lesen Sie im Schnitt pro Jahr „nicht ganz freiwillig" (z.B. im Rahmen einer Ausbildung)? \|__\|__\|__\|

rational

Herzlichen Dank für die Beantwortung der Fragen!

Abbildung 28: Ein Fragebogen (Seite 2) und seine Messniveaus

Ein Nachteil von Schulnotenskalen mit ungerader Anzahl von Positionen – wie Note 3 in Österreich – kann die **„Flucht“** EINIGER Befragter **zur Mittelposition** sein. Damit ist bei jeder „ungeraden“ Skala zu rechnen (vgl. dazu auch das folgende Kapitel).

6.4.2 | Skalenbreite, gerade oder ungerade Anzahl von Skalenpositionen?

Wie bei der Entscheidung pro oder contra Schulnoten gibt es auch bei Überlegungen zu Anzahl sowie gerader oder ungerader Skalenposition unterschiedliche Sichtweisen.

Einerseits kann mit der Anwendung „gerader Skalen“ die Fluchttendenz zur Mitte verhindert werden: Probandinnen und Probanden werden dazu gezwungen, sich für ein positives oder negatives Urteil zu entscheiden.

Andererseits gibt es Themen, bei denen viele Befragte gern auf eine Mittelposition ausweichen – immer dann nämlich, wenn sie Gleichgültigkeit zu einer Frage ausdrücken möchten.

Angenommen, eine Frage zur Taschenbuchausgabe eines Romans lautet:

> *Wie sehr würden Sie sich wünschen, dass die Titelseite dieses Buchs eine andere Farbe hat als die aktuelle? Urteilen Sie bitte von 1 bis 7, wobei 1 bedeutet: „würde ich mir sehr wünschen“, 4: „ist mir egal“ und 7: „würde ich völlig ablehnen“. Dazwischen können Sie abstufen.*

würden sicher EINIGE die mittlere Antwort „4“ wählen ...

Erfasst die Fragestellung hingegen, wie der Roman bei seinen Lesenden ankommt, ist der Zwang zu einer Entscheidung für positiv oder negativ vielleicht eher angebracht:

> *Wie gefällt Ihnen dieses Buch? Urteilen Sie bitte zwischen 1 und 4, 1 bedeutet: „gefällt mir sehr gut“, 2: „gefällt mir gut“, 3: „gefällt mir weniger“, 4 „gefällt mir gar nicht“.*

Auch hier müssen Forschende also themenabhängig bzw. aus dem Forschungskontext heraus entscheiden.

Für eine gerade oder ungerade Skala sowie die Anzahl ihrer Abstufungen lässt sich keine eindeutige Empfehlung abgeben. Fakt ist: Je mehr Skalenpositionen zur Auswahl stehen, desto genauer lassen sich – rein technisch – Unterschiede in den Merkmalsausprägungen abbilden. ZU breite Skalen überfordern jedoch Befragte und begünstigen willkürliche Antwortmuster. Dann werden skalenbedingte Artefakte irrtümlich zu Ergebnisunterschieden.

6.4.3 | Eigenschaften bipolar abfragen, Skalierungsrichtung wechseln?

Auch weitere Kriterien der Skalengestaltung sind – vor allem bei Eigenschaftslisten – umstritten. Sollen die Eigenschaften mit nur EINER Ausprägung der Items vorliegen (vgl. Frage 6 im Beispielfragebogen in Abbildung 27 auf Seite 107) oder jeweils die positive und negative Bedeutung der Items angeführt werden (vgl. Frage 9 in Abbildung 28 auf Seite 108)?

Und dann: Weisen bei Eigenschaftslisten deren Items alle in dieselbe Richtung? Wird immer links positiv formuliert (und rechts negativ) bzw. umgekehrt oder wird die Skalenrichtung abgewechselt (wie z.B. bei Frage 9 in Abbildung 28)?

Auch diese Fragen sind abhängig von Themen und Sichtweisen der Forschenden.

EINE Meinungsposition innerhalb der gängigen Forschungspraxis argumentiert, dass oftmaliger Richtungswechsel zu fehlerhaften Antworten führt. Viele Menschen lesen Fragebögen nur flüchtig oder hören bei Befragungen nicht genau zu. Damit fällt ihnen nicht auf, dass sich die Skalierung plötzlich umdreht. Im Glauben, (noch) die andere Item-Richtung vor sich zu haben, antworten sie falsch.

Vertreterinnen und Vertreter der gegenteiligen Meinung befürworten den Richtungswechsel von Skalen. Sie sind überzeugt, dass Befragte dadurch „gezwungen" werden, sich mit der Befragungsmaterie ernsthafter auseinanderzusetzen. Idente Polarität führt dieser Ansicht nach oft zu einer vereinheitlichten Beurteilung der gesamten Skala: Viele ziehen dann aus Bequemlichkeit vom ersten bis zum letzten Item z.B. über alle Noten 2 einen Strich – oder klicken alle Items gedankenlos bei 2 durch ...

6.5 | Indikatoren, Einstellungsskalen und Gütekriterien

Empirische Sozialforschung versucht immer wieder, nicht direkt erfahrbare Sachverhalte zu ergründen. So sind etwa Meinungen, Einstellungen oder Werthaltungen nicht am Menschen „ablesbar", nicht direkt messbar. Erhebungen arbeiten deshalb oft mit **Indikatoren**.

Indikatoren stehen stellvertretend für nicht direkt messbare Eigenschaften, sie versinnbildlichen das nicht direkt Messbare. Ein „richtiger" Indikator korreliert hoch mit einem nicht direkt beobachtbaren Merkmal.

Komplexe Merkmale können aber meist nicht nur durch EINEN Indikator erfasst werden.

Aus diesem Grund werden bei der Einstellungsmessung in der Regel mehrere Indikatoren (= Items oder Aussagen) aneinandergereiht. Listen von Items (= **Itembatterie**) oder Aussagen sollen die gesuchten Einstellungen (= **Konstrukte**) widerspiegeln (**Einstellungsskala**).

Dabei gibt jede befragte Person für jedes Item (den Grad ihrer) Zustimmung oder Ablehnung an. Daraus wird bei der späteren Datenanalyse ein individueller Summen- oder Durchschnittsscore errechnet. Aus diesem Score ergibt sich die persönliche Eigenschaftsausprägung.

6.5.1 | Skalierungsverfahren

Alle TECHNISCHEN Methoden, die zur Entwicklung eines Messinstruments führen, werden unter dem Begriff **Skalierungsverfahren** zusammengefasst.

Ein sehr gebräuchliches Skalierungsverfahren ist das **semantische Differential**. Es gelangt verbreitet zur Abtestung von Eigenschaften (z.B. Images) zum Einsatz. Das semantische Differential besteht aus bipolaren, mit jeweils gegensätzlichen Adjektiven besetzten Ratingskalen (vgl. dazu technisch – nicht inhaltlich – Frage 9 in Abbildung 28 auf Seite 108). Dabei sollte die Anzahl der Gegensatzpaare 20 nicht übersteigen, da ansonsten Befragte überfordert werden. Die Auswertung dieser Skalenform erfolgt sehr oft in Form von Mittelwerten über alle Befragten und spezielle Teilgruppen im Vergleich. Grafisch dargestellt werden die Ergebnisse in Form von Eigenschaftsprofilen.

Weitere (technische) Möglichkeiten, Skalierungsfragen zu formulieren, führt Kapitel 7.3.2.3 ab Seite 131 aus.

Das Um und Auf jeder Einstellungsskala ist der Einsatz der RICHTIGEN Indikatoren. Nur dann misst sie auch wirklich jenes Merkmal, das sie messen möchte (= **Validität**, vgl. Kapitel 6.5.2 auf Seite 112).

Möchte eine Skala z.B. die Einstellung zum Klimaschutz erheben, wird sie falsch messen, wenn dafür z.B. folgende Indikatoren definiert werden: „Wie sehr stimmen Sie den folgenden Aussagen zu? Urteilen Sie bitte von 1 = ‚stimme voll zu' bis 5 = ‚stimme gar nicht zu': ‚Ich fahre immer mit dem öffentlichen Verkehr zur Arbeit' und ‚Ich lehne Reisen mit dem Flugzeug ab'". Beides kann völlig andere Ursachen als Klimaschutzgedanken haben.

Das Erstellen einer validen Itembatterie ist ein sehr komplexer und langwieriger Vorgang. Deshalb ist es empfehlenswert, von der eigenen Formulierung einer Skala nach Möglichkeit abzusehen. In der Literatur finden sich eine Vielzahl fertig entwickelter Einstellungsskalen zu unterschiedlichsten Themen. „Fertige" Skalen beschreiben in ihrer Endfassung erprobterweise das, was sie vorgeben zu messen. Sie sind valide (vgl. Kapitel 6.5.2 auf Seite 112), wurden meist in mehreren Durchgängen geschärft[87] und verbessert. Oft haben auch Vergleichsfragen ihre Tauglichkeit untermauert.

Überprüfte Skalen messen damit deutlich zuverlässiger und „konstruktentsprechender" als in Eigenregie entwickelte Itemlisten.

Viele „einsatzbereite" und aktuelle Skalen finden sich bei Rössler (2011) und online beim GESIS – Leibniz-Institut für Sozialwissenschaften e.V. (2023):

Das folgende Beispiel zeigt das Anwendungsprinzip eines Konstrukts: Die validierte Skala „Umweltschützende Verzichte" „erfasst die Tendenz, der Umwelt zuliebe auf bestimmte Verhaltensweisen zu verzichten". Sie besteht aus fünf Items, für die „über Mittelwertbildung ein Skalen-[...]-Gesamt-Score gebildet werden" kann (Montada et al., 1999, S. 2).

Haben Sie sich so verhalten? *Ich habe in den letzten zwei Monaten ...*	*Stimmt überhaupt nicht*					*Trifft voll und ganz zu*
... im Haushalt Reinigungsmittel niedriger dosiert als vom Hersteller empfohlen wird (beim Autowaschen, Spülen, Putzen usw.).	*1*	*2*	*3*	*4*	*5*	*6*
... aus Umweltgründen im Haushalt Wasser eingespart (z.B. nur kurzes Duschen statt Baden usw.).	*1*	*2*	*3*	*4*	*5*	*6*

[87] Eine erste Erhebung stellt für das zu messende Merkmal als Indikatoren Items auf – entnommen aus theoretischen Vorüberlegungen oder Vorstudien. Die Ergebnisse dieser ersten Nullmessung werden mittels statistischer Verfahren (z.B. Faktorenanalyse) verdichtet. Zusätzlich überprüfen thematisch ähnliche Zusatzfragen die Übereinstimmung mit dem zu messenden Merkmal. In weiteren Erhebungen werden Items ergänzt, weggelassen, Formulierungen adaptiert. Erst wenn wiederholte Umfragen idente Ergebnisse bringen und zusätzlich Vergleichsfragen Übereinstimmung zeigen, ist die Skalenentwicklung erfolgreich abgeschlossen.

… darauf geachtet, Fenster und Türen zu schließen, um der Umwelt zuliebe Energie zu sparen.	*1*	*2*	*3*	*4*	*5*	*6*
… Sondermüll immer fachgerecht entsorgt (wie Altöl, leere Batterien, abgelaufene Medikamente usw.).	*1*	*2*	*3*	*4*	*5*	*6*
… Wertstoffe (Papier, Glas, Aluminium usw.) immer zu entsprechenden Recycling-Vorrichtungen gebracht.	*1*	*2*	*3*	*4*	*5*	*6*

zis.gesis.org

„Umweltschützende Verzichte"-Skala: *doi.org/10.6102/zis70*

Indikatoren und Konstrukte (wie im obigen Beispiel) müssen aber nicht nur die Bedingungen der **Validität**, sondern auch noch jene der **Reliabilität** (vgl. Kapitel 6.5.3 ab Seite 112) und **Objektivität** (vgl. Kapitel 6.5.4 ab Seite 114) erfüllen.

6.5.2 | Validität

Valid ist ein Erhebungsinstrument dann, wenn das Merkmal, das gemessen werden soll, auch wirklich gemessen wird: Damit ist die Validität das wichtigste Gütekriterium.

Wenn jemand (ausschließlich) aus der Zustimmung zur Formulierung

> *„Ich lasse mein Auto nach Möglichkeit stehen und benutze, wann immer es möglich ist, den öffentlichen Verkehr"*

Befürwortung des Klimaschutzes ableitet, ist das ziemlich sicher invalid: Das Stehenlassen des Autos kann neben Klimaschutzbewusstsein auch monetäre (hohe Spritpreise) oder völlig andere Gründe wie fehlende Parkplatzverfügbarkeit usw. haben.

Die Validität empirischer Erhebungen wird in der Literatur breit, aber relativ theoretisch erläutert (vgl. z.B. Karmasin & Karmasin, 1977, S. 140–144; Friedrichs, 1990, S. 100–102; Diekmann, 2021, S. 256–261). Auf Einstellungsskalen fokussiert bedeutet Validität: Ein Einstellungs-Messmodell erweist sich dann als valid, wenn das Konstrukt, das es vorgibt zu messen, empirisch nachweisbare Zusammenhänge zu einem vergleichbaren, ähnlichen Konstrukt (das vorgibt, dasselbe oder Ähnliches zu messen) aufweist (vgl. Schnell et al., 2018, S. 138–146). Eben (auch) dieser Umstand wird bei der Entwicklung einer Einstellungsskala überprüft (vgl. das vorige Kapitel 6.5 ab Seite 110).

6.5.3 | Reliabilität

Ein Erhebungsinstrument ist **reliabel** (zuverlässig), wenn das zu untersuchende Merkmal auch bei wiederholter Untersuchung unter vergleichbaren Bedingungen und in geringem zeitlichem Abstand ident ausgeprägt ist.

Um Reliabilität zu überprüfen und in weiterer Folge sicherzustellen, gibt es verschiedene Möglichkeiten (vgl. z.B. Karmasin & Karmasin, 1977, S. 140–144; Friedrichs, 1990, S. 102–103; Diekmann, 2021, S. 250–256).

Eine Variante besteht darin, dieselben Personen nach einem gewissen Zeitraum ein zweites Mal mit denselben Fragen zu konfrontieren (**Re-Test-Methode**).[88] Oder die Befragten erhalten unmittelbar hintereinander zwei unterschiedliche Listen von Fragen (Items) vorgelegt, die das idente Konstrukt (Eigenschaft) messen (**Parallel-Test-Methode**).[89] Die **Split-Half-Technik** wiederum teilt vorhandene Fragenlisten in zwei gleiche Teile: Ausgewertet wird jeweils die Hälfte der vorgelegten Fragen (Items), die dieselbe Eigenschaft messen. In allen drei Anwendungsfällen erfolgt am Ende ein Vergleich der beiden Erhebungsergebnisse. Je ähnlicher sie sind, desto eher ist von Reliabilität auszugehen.

Bei einem weiteren Verfahren – der **Konsistenzanalyse** – wird jeweils EIN Item mit allen ANDEREN Items in Zusammenhang gebracht (= korreliert). Der dabei ermittelte Indexwert (**Cronbachs Alpha**) kann zwischen 0 und 1 liegen. Werte nahe 1 weisen auf hohe Reliabilität hin: Die Items sind homogen, messen konsistent dieselbe Eigenschaft.

Das vor allem für Inhaltsanalysen wichtige Postulat der **Inter- und Intra-Coder-Reliabilität** (vgl. Kapitel 2.3 ab Seite 28) kann mittels eines sehr gebräuchlichen und einfachen Testverfahrens überprüft werden.

Der sogenannte **Holsti-Test** funktioniert über die einfache Formel

$$\frac{2 * \text{Anzahl der übereinstimmenden Codierungen}}{\text{Anzahl Codierungen von Codierer:in1} + \text{Anzahl Codierungen von Codierer:in2}}$$

und erreicht im Idealfall (= völlige Übereinstimmung aller Codierungen) den Wert 1.

Mit dem Holsti-Koeffizienten kann immer nur die Übereinstimmung zwischen zwei Codierenden (Inter-Coder-Reliabilität) bzw. zwei Codiervorgängen derselben Person (Intra-Coder-Reliabilität) ermittelt werden.[90] Arbeiten an einer Inhaltsanalyse mehr als zwei Codierende mit, erfolgt die Berechnung für jedes Codierer:innenpaar. Aus allen derart ermittelten Ergebnissen wird ein Mittelwert errechnet. Zur Überprüfung gelangen im Idealfall etwa 10% der zu codierenden Fälle, keinesfalls aber weniger als 30 bis 50 Datensätze.

Bei einer Inhaltsanalyse wird die Inter-Coder-Reliabilität zwischen drei codierenden Personen gemessen. Aus allen zu codierenden Artikeln werden 40 Artikel ausgewählt. Jede der drei Personen führt eine Codierung dieser 40 Artikel durch. Jeder Artikel ist auf 10 verschiedenen Merkmalen zu codieren. Damit ergeben sich also pro Person 400 Codierungen. Der Holsti-Test wird für jede Person zwei Mal berechnet – jeweils in Bezug auf ihre Übereinstimmung mit einer der beiden anderen Personen.

---

88 Dabei ist es wichtig, den Zeitabstand richtig zu bemessen und Lerneffekte der Teilnehmenden auszuschalten.

89 Hier besteht die Herausforderung darin, Fragen (Items) zu definieren bzw. zu finden, die „dasselbe" messen.

90 Der Holsti-Koeffizient gelangt sehr oft zur Anwendung, wird in der Literatur aber als (zu) einfach bezeichnet: Als tauglichere Reliabilitätsmaße werden weitaus komplexere Maßzahlen wie z.B. der Koeffizient von Krippendorf angeführt (vgl. Mayring, 2022, S. 122–124). Andere Autoren (vgl. Rössler 2017: 212; Früh, 2017, S. 181–185) wiederum sehen im Überschneidungsmaß von Holsti wegen der Einfachheit seiner Berechnung hohen Nutzen für die Anwendungspraxis kleinerer, überschaubarer Inhaltsanalysen.

*Person 1 und 2 besitzen 350 übereinstimmende Codierungen, der Holsti-Koeffizient berechnet sich also wie folgt: (2 • 350) / (400 + 400) = **0,875**. Person 2 und 3 besitzen 300 Übereinstimmungen (Holsti = (2 • 300) / (400 + 400) = **0,75**). Person 1 und 3 codieren in allen 400 Fällen übereinstimmend (Holsti = (2 • 400) / (400 + 400) = **1**). Der Mittelwert der drei Teil-Koeffizienten beträgt also (0,875 + 0,75 + 1) / 3 = **0,875**.*

6.5.4 | Objektivität

Objektivität bedeutet Freiheit von subjektiven Einflüssen. Das ist dann der Fall, wenn die Ergebnisse nicht durch eine die Erhebung durchführende Person verzerrt werden.

Da Auswertungen überschaubarer empirischer Studien (im studentischen Bereich) oft von Einzelpersonen durchgeführt werden, werden Objektivitätsüberlegungen erst gar nicht angestellt. Die Objektivität JEDES empirischen Forschungsvorhabens muss aber unbedingt im gesamten Ablauf gesichert sein (vgl. Hug & Poscheschnik, 2020, S. 114–116; Diekmann, 2021, S. 249):

Bereits die DURCHFÜHRUNG eines empirischen Projekts darf nicht durch die dabei agierende(n) Person(en) verzerrt werden (**Durchführungsobjektivität**). Zwischenmenschliche Kontakte zwischen Forschenden und Erforschten müssen stark eingeschränkt werden. Persönliche Interaktionen sollten so gut wie möglich standardisiert ablaufen – etwa durch klare Vorgaben im Fragebogen, Beobachtungsbogen oder experimentellem Design. Derartige Forderungen sind bei quantitativen Erhebungen deutlich einfacher realisierbar als im qualitativen Bereich.

In weiterer Folge müssen auch AUSWERTUNG und INTERPRETATION der Daten möglichst objektiviert ablaufen. **Auswertungsobjektivität** bezeichnet die Unabhängigkeit empirischer Ergebnisse von auswertenden Personen.

Zwei Auswertende dürfen Fragebögen mit offenen Fragen bei der Analyse nicht unterschiedlich kategorisieren oder uneindeutige Nennungen verschieden interpretieren.

Hier können Auswertungsanweisungen mit Ankerbeispielen dabei helfen, höhere Objektivität sicherzustellen.

Mit **Interpretationsobjektivität** wird die Unabhängigkeit der Ergebnisinterpretation von persönlichen Vorlieben oder Denkweisen umschrieben.

Schlussfolgerungen aus den Ergebnissen empirischer Erhebungen dürfen nicht persönlich gefärbt sein, aus speziellen Blickwinkeln erfolgen oder in eine bestimmte Richtung gelenkt werden.

Diesen Ansprüchen an Auswertung und Interpretation lässt sich mit standardisierten Ergebnisermittlungsverfahren entgegenwirken (vgl. Braunecker, 2023, S. 193–196). Derartige Auswertungsroutinen engen – vor allem im quantitativen Bereich der Forschung – den Spielraum für individuelle Schlussfolgerungen deutlich ein.

Überprüfbar sind Auswertungs- und Interpretationsobjektivität, indem mehrere Menschen parallel dieselbe Auswertung bzw. Ergebnisinterpretation durchführen. Am Ende erfolgt ein Vergleich der Ergebnisse. Je ähnlicher diese ausfallen, desto höhere Objektivität konnte im Erhebungsdesign sichergestellt werden.

Einzuwirken ist in allen beschriebenen Fällen vor allem auf die INTERindividuelle Objektivität im Forschungsprozess. Dennoch werden wohl auch INTRAindividuell, je nach Tagesverfassung, unterschiedliche Forschungsergebnisse bei ein und demselben Menschen erzielt. **Objektivität ist deshalb generell nur sehr schwer kontrollier- bzw. messbar.**

Weiterführende Literatur zu diesem Kapitel:

howtodo.at/downloads/WeiterfuehrendeLiteratur.pdf

7 | Leitfaden, Fragebogen

▼ **Abstract** *(in diesem Kapitel geht's um ...)* ▼

• **zuerst WAS, dann erst WIE!** • UNBEDINGT zuerst Themen, Forschungsfragen, Hypothesen definieren • erst danach Erhebungsinstrument konkret ausgestalten bzw. formulieren!
• **Gesprächs- und Diskussionsleitfaden:** Fragereihenfolge flexibel • qualitativ • frei formulierbar, an Befragte angepasst • erzählend
• **(standardisierter) Fragebogen:** Fragereihenfolge fixiert • qualitativ: oft frei formulierbar, an Befragte angepasst, viele offene Fragen • quantitativ: exakter Wortlaut, ohne (zumindest möglichst wenig) persönliche Interaktion mit den Befragten, keine (wenige) offene Fragen
• **Regeln für Fragebögen:** zu Beginn kurzer Themenüberblick, Dauer – max. 20 Min. –, Freiwilligkeit und Datenschutz-Hinweis (Anonymitätszusicherung) • Übersichtlichkeit! • thematische Strukturierung! • Gesprächscharakter und Abwechslung • Randomisieren und Rotieren verhindern Platzierungseffekte • Reihenfolge von Fragen(arten) beachten! • Heikles und Sozialstatistik (ausgenommen Quotenmerkmale) am Ende! • einfache, klare Sprache • am Ende bedanken
• **Arten von Fragen:** den Gesprächsverlauf lenkend • offen und geschlossen • Skalenfragen • spontan und gestützt • direkt und indirekt • manipulativ
• **Online-Software:** umfrageonline.com • soscisurvey.de • qualtrics.com • unipark.de (tivian.com)
• **Pretest** ist unverzichtbar!

7.1 | Zuerst das „WAS", dann erst das „WIE"!

Viele wollen voll Tatendrang gleich mit ihrer Erhebung beginnen. Sie formulieren sofort einen Fragebogen bzw. Leitfaden oder erstellen ein Codierschema oder Beobachtungsprotokoll. Was erhoben werden soll, ist ja ohnehin „in etwa" klar ...

Das ist methodisch bedenklich und unwissenschaftlich, denn: In der Wirtschaft ist es ratsam, in der Wissenschaft unerlässlich, folgenden Grundsatz einzuhalten:

VOR jeder Erhebung muss exakt definiert werden, WAS sie genau bezweckt! Warum findet die Forschung überhaupt statt? Welche (Forschungs-)Fragen sollen beantwortet, welche Hypothesen geprüft werden? Nur DAMIT kann sichergestellt werden, dass die Erhebung wirklich alle Erkenntnisinteressen vollständig abdeckt: dass alle Forschungsfragen tatsächlich beantwortet bzw. alle Hypothesen tatsächlich geprüft werden können.

Nur dann werden nicht unnötig Fragen formuliert bzw. Themen beleuchtet, über die eigentlich niemand etwas wissen wollte (vgl. Steiner & Benesch, 2021, S. 34–35). Das verlängert, verteuert und verkompliziert die Erhebung sinnlos.

Erkenntnisinteressen, Forschungsfragen und/oder Hypothesen stellen auch die notwendigen Weichen für eine qualitative, quantitative oder kombinierte Erhebung.

Wie Forschungsfragen und Hypothesen in Beziehung zu Fragen in einem Fragebogen stehen, erklären für die Phase **VOR der Fragebogenerstellung** die beiden Kapitel 1.3.1 ab Seite 17 und Kapitel 1.3.2 ab Seite 19. Die Prozesse **NACH einer Befragung** beleuchtet Kapitel 8.1.3 ab Seite 147. Alle Ausführungen referenzieren auf den Beispiel-Fragebogen dieses Buchs auf Seite 107–108, Anmerkungen zu diesem Fragebogen finden sich in Fußnote 6 auf Seite 18.

7.2 | Qualitativ oder quantitativ – Leitfaden oder Fragebogen

Qualitative und quantitative Befragungen verwenden unterschiedliche Erhebungsinstrumente. Bei qualitativen Designs werden Gesprächs-, Diskussionsleitfäden oder strukturierte, jedoch nicht standardisierte Fragebögen eingesetzt. Bei quantitativen Befragungen stehen standardisierte Fragebögen im Vordergrund. Abbildung 29 gibt einen Überblick über die gebräuchlichsten Formen.

Abbildung 29: Leitfaden und Fragebogen

7.2.1 | Gesprächs- und Diskussionsleitfaden

Der qualitative Gesprächsleitfaden (bei verbalisierenden Interviews) und der qualitative Diskussionsleitfaden (bei Gruppendiskussionen) skizzieren bloß den Gesprächsverlauf, geben nur die Themenbereiche vor. Das ansonsten freie Gespräch mit der interviewenden bzw. moderierenden Person lässt den Teilnehmer:innen Platz für eigene Gedanken. „Im Hintergrund" verborgene Motive, Einstellungen und Meinungen können so besser ins Bewusstsein und zur Artikulation gelangen.

Durch das Fehlen ausformulierter Fragen mit fixierten Antwortalternativen liefern derartige Erhebungen als Ergebnis kein Zahlenmaterial, sondern inhaltlich Beschreibendes.

Abbildung 30 auf Seite 119 zeigt einen beispielhaften Auszug aus einem Gesprächsleitfaden. Das freie Anpassen von Wortlaut und Reihenfolge der Fragen an die Gesprächssituation könnte hier folgendermaßen ablaufen:

> *Eine Interviewerin formuliert die Einleitung und Punkt 1 mit eigenen Worten. Dabei stellt sie auch die Detailfrage: „Was lesen Sie am liebsten?" Eine befragte Person antwortet: „Am liebsten Fachbücher. Da hatte ich zuletzt ein Buch ‚How to do Forschung oder so ähnlich'." Die Interviewerin trägt bei Punkt 3 diese Antwort im genauen Wortlaut ein. Und fragt gleich weiter: „Warum haben Sie dieses Buch gelesen? Wie lange haben Sie dazu gebraucht? Wie ist es Ihnen dabei gegangen?" usw. Erst nachdem DIESE Frage komplett besprochen ist, wird noch einmal Punkt 1 fokussiert: „Was lesen Sie sonst noch gerne?"*

Abbildung 31 auf Seite 120 stellt Auszüge aus einem Diskussionsleitfaden einer Fokusgruppe dar, bei der ein neues Kommunikationskonzept einer Firma diskutiert wird. Auch hier kann – je nach Diskussionsverlauf – im Leitfaden weitgehend „herumgesprungen" werden.

Wichtig bei der freien Gesprächsführung ist nur, dass trotzdem die Strukturierung der Themen erhalten bleibt.

7.2.2 | Fragebogen

Fragebögen kommen sowohl bei **quali**tativen als auch bei **quanti**tativen Befragungen zum Einsatz. Unterschiede bestehen im Grad der Standardisierung (Formulierungsfreiheit) und Einsatzhäufigkeit offener und geschlossener Fragen (vgl. Kapitel 7.3.2.2 ab Seite 128).[91]

Bei vielen **qualitativen Einzelbefragungen** ist die Reihenfolge der Fragen fixiert und vorgegeben, nicht jedoch deren genaue Formulierung. Die sprachliche Gestaltung der überwiegend offenen Fragen und die Wortwahl werden durch die erhebende Person bestimmt. Diese versucht, sich möglichst optimal auf ihr zu befragendes Gegenüber einzustellen.

Abbildung 32 auf Seite 121 stellt Auszüge aus einem qualitativen Fragebogen dar, der diesen Grundsätzen entspricht.

Im Unterschied zu qualitativen Einzelerhebungen setzen **quantitative Befragungen** auf **strenge Standardisierung**: Die großteils geschlossenen Fragen und Antwortalternativen sind genau vorformuliert und in der Reihenfolge fixiert. Zusätzlich erhält hier (bei persönlichen oder telefonischen Erhebungen) die interviewende Person präzise Anweisungen – meist in Form speziell formatierter Zwischentexte.[92]

Ein quantitativer Fragebogen findet sich in Abbildung 27 und 28 auf Seite 107f., Anmerkungen dazu in Fußnote 6 auf Seite 18.

Bei standardisierten quantitativen Fragebögen gibt es während des Interviews keinen persönlichen Gestaltungsspielraum: Jede Frage wird der Reihe nach im genauen Wortlaut mit

[91] Es gibt hier viele Mischformen, die in der Literatur breit und uneinheitlich beschrieben und diskutiert werden. In diesem Kapitel werden deshalb nur die beiden gebräuchlichsten Varianten skizziert.

[92] Vgl. Kapitel 7.3.1 ab Seite 122, unterer Detaillierungspunkt auf Seite 123.

Gesprächsleitfaden

Name der interviewführenden Person: ______________________ Datum: |___|___|.|___|___|

- persönliches Bekanntmachen: Vorstellung der Interviewerin, des Interviewers
- kurze Darlegung der Ziele der Befragung
  (… im Rahmen eines Forschungsprojekts an der Universität […]; Gespräche mit vielen Menschen; möglichst viele Meinungen zum Thema „Lesen“ sammeln; ob, wo, wann, was Sie lesen …)
- Hinweis auf Wichtigkeit jedes einzelnen Gesprächs, Zusicherung der Anonymität, Ansprechen von Datenschutzkonformität ►Zustimmungserklärung/Datenschutzmitteilung

1. **Heutzutage gibt es überall Texte – Zeitungen, Internet, Bücher: Erzählen Sie mir bitte gleich zu Beginn, was Sie am liebsten lesen und wann und wo. Gehen wir dazu vielleicht gemeinsam die letzten paar Tage in Gedanken durch …**
   (Tageszeit, Situation, Textart, Medium, Dauer, Häufigkeit …)

2. **Wie oft lesen Sie Bücher? Welche denn (worüber) z.B.? Was lesen Sie da gern, und wie oft? Wie kommen Sie zu diesen Büchern?**
   (Was zuletzt gelesen? Freiwillig oder erzwungen? Papier oder elektronisch? Aus der Bücherei, dem Buchgeschäft oder Versand?)

3. **Wie oft lesen Sie Fachbücher? Welche denn (worüber) z.B.? Was lesen Sie da? Wie war das beim letzten Mal, als Sie ein Fachbuch gelesen haben?**
   (Welches zuletzt gelesen? Wann? Aus welchem Grund? Wie lange darin gelesen? Gerne gelesen? Leicht lesbar? ...)

4. **Denken Sie jetzt bitte einmal an ein Ihrer Meinung nach ideales Fachbuch. Wie müsste das sein, dass Sie es gerne lesen?**
   (Zu welchem Thema, wie gestaltet, wo zu kaufen, wie darauf aufmerksam werden, Preis, Layout, Format, Verständlichkeit, Textgröße …)

[>>> usw., in Wiederholung für mehrere Medien]

Interviewerin/Interviewer bitte einstufen:

Funktion/Tätigkeit der befragten Person:	______________________
Geschlecht	weiblich – männlich – divers
geschätztes Alter	|___|___|___|
geschätztes Bildungsniveau	hoch – mittel – niedrig
Bundesland, in dem das Interview stattfand	W – NÖ – Bgld – OÖ – Sbg – Trl – Vbg – Stmk – Ktn

Abbildung 30: Gesprächsleitfaden (Auszug) zum Thema Lesen

Diskussionsleitfaden

Warm-Up-Phase (~ 10 min.)

- Begrüßung und Vorstellung von Moderator:in; für die Teilnahme bedanken; Freiwilligkeit; Informationen über den Ablauf der Diskussion: Erklärung, dass es keine richtigen oder falschen Antworten gibt, jede Meinung willkommen ist, dass alle Antworten anonym sind, Ansprechen von Datenschutzkonformität ►Zustimmungserklärung/Datenschutzmitteilung.

  Die Diskussion wird rund 90 Minuten dauern, es wird um Werbung gehen ...
- Kurze Vorstellungsrunde (Vorname, Alter, Bezug zum Erhebungsgegenstand)

Teil 0: Bekanntheit & Image bisheriger Kommunikation der Firma XYZ (~ 15 min.)

- Kennen Sie Werbung von XYZ? Wenn JA: Woran erinnern Sie sich da? Was haben Sie gesehen/gelesen/gehört?
- Wie hat Ihnen diese Werbung gefallen, wie haben Sie sie erlebt? Gibt es etwas, das Ihnen an dieser Kommunikation fehlt, das Sie sich wünschen? Was?
- Image von XYZ generell – wie sehen Sie XYZ, was ist das für ein Unternehmen?

Teil 1: Kommunikations-Konzept 1 (~ 15 min.)

Ich zeige Ihnen jetzt den Entwurf für eine neue Kampagne von XYZ, die Personen zwischen 60 und 75 Jahren ansprechen soll. Bitte blättern Sie die Unterlagen in Ruhe durch.

- Was sagen Sie dazu? Was fällt Ihnen dazu ein? Was geht Ihnen durch den Kopf?
- Was finden Sie daran gut, ansprechend, sinnvoll? Warum, inwiefern?
- Gibt es auch etwas, das Ihnen nicht gefällt, das Sie stört? Was? Warum?
- Ist diese Kampagne Ihrer Ansicht nach passend für die Zielgruppe der 60- bis 75-Jährigen? Wenn ja, wodurch speziell? Wenn nein: Warum nicht – was ist falsch oder fehlt?

Teil 2: Kommunikations-Konzept 2 (~ 15 min.) ➔ wie oben

Teil 3: Kommunikations-Konzept 3 (~ 15 min.) ➔ wie oben

Teil 4: Vorlage aller 3 Konzepte (~ 15 min.)

Bitte betrachten Sie nun alle drei Konzepte nebeneinander, legen Sie das gesamte Material vor sich auf. Geben Sie bitte jeder der drei Ideen eine Schulnote.

- Diskussion aller drei Konzepte
- Ist dieses Konzept das geeignete, um die Zielgruppe anzusprechen?
  Warum, inwiefern? Bzw. warum nicht?

Abschlussrunde (~ 10 min.)

- Haben Sie während dieser Diskussion Ihre Meinung über das beste der drei Konzepte geändert und warum?
- Haben Sie jetzt, am Ende der Diskussion, ein anderes Bild von XYZ?
  Wenn JA: Welches? Warum?

Dank und Verabschiedung.

Abbildung 31: Diskussionsleitfaden (Auszug) zu Kommunikationskonzepten

Qualitativer Fragebogen

Liebe:r […],

im Rahmen eines Forschungsprojekts an der Universität […] führt […] eine Umfrage zum allgemeinen Leseverhalten durch. Die Befragung hat einen rein wissenschaftlichen Zweck und dauert max. 5 Minuten. Jede Meinung ist wichtig! Bitte unterstützen auch Sie dieses Projekt! Ihre Antworten sind freiwillig, völlig anonym und können mit Ihrer Person in keinerlei Verbindung gebracht werden. Die erhobenen Daten werden streng vertraulich behandelt und keinesfalls an Dritte weitergegeben.

INT.: ANSPRECHEN DER DATENSCHUTZKONFORMITÄT
► ZUSTIMMUNGSERKLÄRUNG/DATENSCHUTZMITTEILUNG

Herzlichen Dank für Ihre Teilnahme! Zunächst geht es ganz allgemein um das Lesen von Zeitungen, Zeitschriften und Büchern.

1. Wie ist das bei Ihnen? Lesen Sie gerne? Wo? Wann und was? Was noch?

____

____

2. Haben Sie in den letzten 12 Monaten zumindest EINEN Roman und/oder zumindest EIN Fachbuch gelesen?

☐ Roman ☐ Fachbuch

3. INT.: WENN FACHBUCH GELESEN!
Denken Sie bitte ganz spontan an das Fachbuch, das Sie zuletzt gelesen haben: Wie haben Sie dieses Buch empfunden? Wie ist es Ihnen beim Lesen gegangen?

____

____

4. Vergeben Sie bitte diesem Buch, das Sie soeben beschrieben haben, eine Schulnote zwischen 1 (= sehr gut) und 5 (= nicht genügend). ① ② ③ ④ ⑤

5. Denken Sie bitte ganz spontan an ein für Sie ideales Fachbuch. Wie muss dieses Buch beschaffen sein, damit Sie es gerne lesen? Wie noch?

____

____

[usw. …]

[**am Ende** Abfrage der **Sozialstatistik** analog zu einem quantitativen Fragebogen]

Herzlichen Dank für die Beantwortung der Fragen!

Abbildung 32: Qualitativer Fragebogen (Auszug) zum Thema Lesen

den möglichen Antworten vorgelesen (bzw. online oder schriftlich vorgelegt). Die gegebenen Antworten werden (kommentarlos) angekreuzt, die verbalen Reaktionen auf offene Fragen (im genauen Wortlaut) notiert (bzw. online eingetippt).

Aufgrund der vorformulierten, überwiegend geschlossenen Fragen mit fixierten Antwortmöglichkeiten liefern derartige Erhebungen vor allem Zahlenmaterial (Prozent-, Mittelwerte usw.) und kaum inhaltlich beschreibende Ergebnisse.

Objektivität steht hier im Vordergrund, **zu vermeiden sind jegliche Einflüsse des Erhebungspersonals** auf das Antwortverhalten. Theoretisch darf es keinerlei persönliche Interaktion zwischen Befragenden und Befragten geben. Das ist in der Praxis aber unmöglich: Jedes Interview beginnt schon individuell mit der Motivierung zur Teilnahme, immer variieren Gesprächssituationen, treffen unterschiedliche Persönlichkeiten aufeinander. Bei der „Gratwanderung" zwischen menschlichem Gespräch und methodischer Objektivität kann ein gut formulierter und übersichtlich gestalteter Fragebogen aber wirksam unterstützen.

Anders als in der qualitativen Empirie muss für einen „funktionierenden" quantitativen Fragebogen bereits VOR der Erhebung viel Themenwissen vorhanden sein: Sonst ist es unmöglich, gezielt Fragen mit umfassenden, vollständigen Antwortalternativen zu formulieren.

Wenn ein Fragebogen dann einmal im Einsatz ist, sind Änderungen unzulässig!

Denn bei Änderungen sind für die Zeit davor und danach fast immer Ergebnisunterschiede zu beobachten. Deshalb muss ein standardisierter Fragebogen sorgfältig entwickelt und unbedingt vor seinem Einsatz auf Feldtauglichkeit überprüft werden (vgl. Kapitel 7.5 auf Seite 137).

7.3 | Gestaltung von Fragebogen und Online-Formular

Jeder Fragebogen[93] ist ein individuelles Werk: Einige können ihn sehr gut gelungen finden, andere bemängeln ihn. Es gibt keine generellen Anleitungen für die Fragebogengestaltung.

Professionelles Vorgehen bedeutet aber, ein paar aus der Erhebungspraxis abgeleitete Regeln zu befolgen.

7.3.1 | Regeln für professionelle Fragebögen

- Begrüßung, Einleitung, Dauer der Befragung angeben:

  Jeder Fragebogen beginnt mit einer Begrüßung und Einleitung. Das **Einleitungsstatement** sollte für alle Befragten ident sein. In der Einleitung wird das Thema der Erhebung kurz angeschnitten, ohne aber zu sehr ins Detail zu gehen. Die Befragten wissen damit, worum es im Fragebogen geht, kennen aber nicht den genauen Zweck der Erhebung. Das könnte ansonsten ihr Antwortverhalten beeinflussen.

  Auch die (tatsächliche!) **durchschnittliche Dauer** der Befragung stellt eine wichtige Information gleich zu Beginn dar. Dadurch lassen sich eventuelle Abbrüche verhindern, falls das Interview dann später – wider Erwarten – zu lange dauert.

[93] Wenn in diesem Kapitel von „Fragebogen" gesprochen wird, sind damit – ja nach thematisch sinnhaftem Zusammenhang – Fragebögen für persönliche, telefonische und schriftliche Befragungen sowie Online-Formulare gemeint.

Ebenso an vorderer Stelle erfolgt der Hinweis auf **Freiwilligkeit** und die **Zusicherung von Anonymität**: Das erhöht die Auskunftsbereitschaft deutlich.

Auch das Ansprechen der Konformität mit den Datenschutzbestimmungen der DSGVO sowie der Datenschutzerklärung haben hier ihren Platz (vgl. im Detail Kapitel 3.3.2.4 auf Seite 56, im Gesamtkontext Kapitel 3.3.2 ab Seite 51).[94] Das erfolgt – um nur ja gesetzeskonform zu handeln – oft sogar zu ausführlich: Werden ausschließlich anonyme Daten erhoben, ist kein Personenbezug zu den Daten herstellbar – die Regelungen der DSGVO gelten dann gar nicht.

Ein Beispiel üblicher praktischer Umsetzung findet sich in Kapitel 3.3.4 ab Seite 58.

- Eine Befragung darf nicht zu lange dauern:

  Ein Fragebogen muss kurz und prägnant sein. Die mögliche Befragungsdauer ist befragtenabhängig. **Ideal sind 10 Minuten oder weniger, noch verschmerzbar vielleicht 20.** Bei allem darüber hinaus ist mit einer steigenden Anzahl vorzeitiger Abbrüche zu rechnen. Ein Verschleiern der tatsächlichen Länge zu Interviewbeginn ist kontraproduktiv und verhindert keine Abbrüche.

- Ein Gespräch simulieren:

  Im Hinblick auf den Aufbau, die Reihenfolge der Fragen sowie die Überleitungen von einem Thema zum anderen sollte der Fragebogen den **Charakter eines „Gesprächs**, einer Konversation“, besitzen (vgl. Karmasin & Karmasin, 1977, S. 197–201).

  Übergänge wie „Kommen wir jetzt zu etwas ganz anderem ...“ oder Ähnliches lenken bewusst zu einem anderen Themenkomplex.

- Orientierung, Übersicht und Abwechslung für Interviewende und Befragte bieten:

  Eine **layoutmäßige** Trennung zwischen den Anweisungen für Interviewer:innen, Fragentext und Antwortvorgaben schafft Ordnung im Fragebogen.

  Ein in diesem Sinne beispielhaftes Layout:

1.	***Besuchen Sie zumindest ab und zu Nachrichtenportale im Internet?*** *ja* ☐ *nein* ☐	*weiter* ▶ 2.
2.	INT.: BEI DER NÄCHSTEN FRAGE DEN HEUTIGEN WOCHENTAG NENNEN. ***An wie vielen Tagen seit dem letzten ... (INT.: WOCHENTAG NENNEN) haben Sie zumindest einmal ein Online-Nachrichtenportal besucht?*** *an 6–7 Tagen* ☐ *4–5 Tagen* ☐ *2–3 Tagen* ☐ *an 1 Tag* ☐ *gar nicht* ☐	 ▶ 3. ▶ 4.
3.	***Welche(s) Nachrichtenportal(e) haben Sie in den letzten 7 Tagen besucht? Bei mehr als 4 geben Sie bitte die 4 letztbesuchten an.*** *Portal(e):* ________ INT.: MAX. 4	▶ 4.

[94] Bei persönlichen Befragungen wird die Datenschutzmitteilung angesprochen und auf Wunsch schriftlich ausgehändigt. Im Rahmen von Online-Befragungen empfiehlt sich ein Link-Verweis. Bei schriftlichen Befragungen erfolgt am Fragebogenanfang die Thematisierung, der Abdruck kann z.B. auf der Rückseite der ersten Seite platziert werden.

- Thematische Strukturierung ist sehr wichtig:

  Eine **Befragung muss mit spannenden Themen beginnen**, sonst wird sie schnell verweigert. Leicht beantwortbare, für das Erkenntnisinteresse oft gar nicht nötige **„Eisbrecher-Fragen" gleich am Anfang** suggerieren, wie wichtig jede Einzelmeinung ist.

  Ganzheitlich betrachtet darf ein Fragebogen keine „gedanklich herumspringende Müllhalde" sein, wo mal dies, mal das angesprochen wird. Empfehlenswert sind **Themenblöcke**, die vom Allgemeinen hin zum Speziellen leiten.

  Geht es z.B. um Teekonsum, könnte dieser Themenblock ganz allgemein beginnen:

1.	***Bei den folgenden Fragen geht es um den Konsum von Getränken. Welche der folgenden alkoholfreien Getränke konsumieren Sie zumindest ab und zu?*** *Kaffee* ☐ *Tee* ☐ *Wasser, Mineralwasser* ☐ *Fruchtsäfte* ☐ *Softdrinks* ☐ *Energy-Drinks* ☐ *andere alkoholfreie Getränke, und zwar:* ________________________
2.	**INT.: WENN BEI 1. „TEE" ANGEGEBEN:** ***Sie haben gesagt, dass Sie zumindest ab und zu Tee trinken. Welchen Tee bzw. welche Teesorte(n) trinken Sie?*** ________________________

- Abwechslung schaffen, Reihenfolge der Fragen(arten) berücksichtigen:

  In der Praxis hat sich gezeigt, dass **kontrolliertes Wechseln** der Themenbereiche Befragte durchaus „bei Interesse" halten kann. Auch unterschiedliche Fragetypen (vgl. Kapitel 7.3.2 ab Seite 127) sowie Bild- und Logovorlagen helfen dabei, ein Interview möglichst abwechslungsreich zu gestalten.[95]

  Bewertungen müssen vor Wissensfragen stehen, offene vor geschlossenen Fragen. Aussagen- und Itemlisten (vgl. die Itembatterien auf Seite 111 oder 131) sollten sich erst am Ende eines Themenkomplexes finden, komplizierte Fragen ebenfalls möglichst spät.

- Kontrolle der „geistigen Anwesenheit":

  Zum **Check der Aufmerksamkeit** arbeiten Online-Erhebungen dort und da – außerhalb des normalen Fragenverlaufs – mit „Zwischenanweisungen".

  „Klicken Sie bitte bei der nächsten Frage auf WEITER, ohne eine Antwort auszuwählen."

  Das liefert Hinweise darauf, ob eine befragte Person die Fragen (und Zwischentexte) im Formular genau liest. Oder sie nur überfliegt und alles rasch durchklickt. „Versagt" jemand bei solchen „Anweisungen" öfter, wird sein Datensatz nicht analysiert.

  Datensätze bleiben auch unberücksichtigt, wenn jemand eine Online-Befragung z.B. in drei Minuten abschließt, obwohl die Antwortdauer im Schnitt 15 Minuten beträgt. Zur diesbezüglichen Kontrolle enthalten die Daten meist Start- und Abschluss-Zeitstempel.

---

95 Dem Anspruch nach Abwechslung werden z.B. die meist variationsreichen Fragebogeninhalte von Mehrthemenumfragen (Omnibus-Befragungen, vgl. Seite 41 im Kapitel 2.7) gerecht.

- Validitäts- und Reliabilitäts-Checks:

  Oft werden zur Kontrolle tatsächlicher Meinungsäußerung – sind die Antworten auch ehrlich? – **in ein und demselben Fragebogen ähnliche Fragen** gestellt. Oder bedeutungsmäßig idente Fragestellungen überprüfen die Validität bzw. Reliabilität empirischer Konstrukte (vgl. die Kapitel 6.5.2 ab Seite 112 und 6.5.3 ab Seite 112). (Wiederholte) Ähnlichkeit der Fragestellungen kann aber Befragte verärgern, sie empfinden Redundanz. Das wiederum bedingt inkonsistente Antworten. Es ist deshalb ratsam, genau abzuwägen, ob Wiederholungen im Fragebogen methodisch wirklich notwendig sind.

- Rotieren und Randomisieren verhindern Platzierungseffekte:

  Es ist oft – wenn auch nicht immer[96] – ratsam, **Itemlisten in unterschiedlicher Reihenfolge** vorzulegen, sie zu **rotieren**: Denn einzelne Fragen können einen Bezugsrahmen für darauffolgende darstellen (**Halo-Effekt**):

  Ein bestimmtes Item einer Eigenschaftsliste ist besonders negativ „besetzt". Es verursacht bei vielen ein Gefühl, das auch die Beurteilung der nächsten Eigenschaft verschlechtert. Wenn jede Person dieses Item an unterschiedlicher Stelle der Liste (rotiert) präsentiert bekommt, „verdünnt" sich diese Beeinflussung auf die gesamte Itemliste.

  Ein weiterer Aspekt: Antwortverzerrungen können auch aus „Langeweile" entstehen.

  Für einen Imagevergleich von drei Unternehmen wird eine Eigenschaftsliste mit jeweils 15 Items verwendet. Jede Firma ist 15 Mal mittels jeweils 5-stufiger Skala zu beurteilen.

  Die erstmalige Abfrage der 15 Eigenschaften ist noch für alle Befragten spannend, die zweite Firma (Eigenschaften 16 bis 30) akzeptieren die meisten auch noch. Bei der dritten Liste (Items 31 bis 45) wird das wiederholte Bewerten langweilig. Das wirkt auf die Eigenschaftszuschreibungen – diese werden (unbewusst) negativer: Das dritte Unternehmen erhält in Summe „automatisch" schlechtere Werte. Variiert hingegen bei jedem Interview die Reihenfolge der Firmen, ist dieser Effekt nivellierbar.

  Bei Befragungen, die über Erhebungssoftware abgewickelt werden (online, telefonisch oder persönlich, z.B. auf Tablets), **randomisiert** die Software auf Wunsch die Reihenfolge der Fragenblöcke – oder auch z.B. bei experimentellen Designs (vgl. das oberer Beispiel auf Seite 44 in Kapitel 2.8) deren Auswahl. Findet die Erhebung in Papierform statt, können hier mehrere Fragebogenvarianten – mit z.B. unterschiedlichen Deckblättern – Abhilfe schaffen.

- Sozial Heikles und Sozialstatistik besser erst gegen Ende abfragen:

  Themen, bei denen **gesellschaftlich bedingte Antwortbarrieren** zu erwarten sind, dürfen keinesfalls gleich zu Beginn einer Umfrage angesprochen werden.

---

[96] Um Platzierungseffekten zuvorzukommen, werden in der Praxis Aussagen- und Itemlisten gern ohne lange darüber nachzudenken „zur Sicherheit" rotiert. Das ist aber nur dann sinnvoll, wenn nicht PERSONEN, sondern ITEMS untereinander verglichen werden: Welches Item erhält den besten, welches den schlechtesten Wert? Hier hilft das Variieren der Reihenfolge, einen statistischen Ausgleich der „Listenplatzierungseffekte" herbeizuführen. Soll hingegen überprüft werden, welche befragten PERSONEN welche Items besser, welche schlechter beurteilen, würde ein Randomisieren (auch) die Zufallsplatzierung messen: Jemand, der per Zufall (rotiert) ein Item früher vorgelegt bekommt, und ein anderer, bei dem das ebenso der Fall ist, urteilen wahrscheinlich ähnlich. Anders als jene, bei denen das Item zufällig in der Liste später platziert wurde. In diesem Fall „verwässert" das Rotieren der Items das reale Meinungsbild.

Auch die **Sozialstatistik** sollte erst am Ende erfasst werden – dann sind die Befragten bereits „warmgelaufen". In vielen Fragebögen finden sich statistische Fragen dennoch am Anfang – denn: Sind für eine Erhebung nur (noch) gewisse Zielgruppen nötig, vermeidet das ein Zuviel an – bereits ausreichend vorhandenen – Zielpersonen (vgl. dazu z.B. Kapitel 4.5.3 ab Seite 79).

Manche Zielgruppen sind nur schwer erreichbar. HIER ermöglichen anfänglich gesammelte sozialstatistische Daten, das Interview auch im Falle eines Abbruchs (bis zur Abbruchstelle) verwenden zu können. Sonst ist der Datensatz der Stichprobenstruktur nicht zuordenbar und nutzlos.

Als Kompromisslösung stellen viele Profis zu Beginn nur die für die Quoten bzw. Repräsentativitätsbemessung der Stichprobe unbedingt nötigen statistischen Fragen. Die restlichen diesbezüglichen Fragestellungen finden sich erst am Ende.

- <u>Sprachliche Regeln für professionelle Fragebögen:</u>
  - **einfache, alltägliche Sprache**, kein Dialekt, keine Fremdwörter, keine regional unterschiedlich gefärbten Wörter, keine Spezialausdrücke (es sei denn, spezielle Zielgruppen sind Adressaten der Erhebung)
  - **kurze Sätze**, keine langen und verschachtelten Nebensätze
  - **„richtige", wirkliche Fragen stellen** – nicht: *„Ich halte dieses Buch für ... spannend | nicht spannend"* » besser: *„Halten Sie dieses Buch für spannend oder nicht? – spannend | nicht spannend"*
  - **EINdeutig**e Fragen – nicht: *„Wie beurteilen Sie <u>Länge</u> und <u>Gestaltung</u> dieses Buchs? – ① ② ③ ④ ⑤"* » besser: *„Wie beurteilen Sie die <u>Länge</u> dieses Buchs? – ① ② ③ ④ ⑤", und „Wie die <u>Gestaltung</u>? – ① ② ③ ④ ⑤"*.
  - **genaue Angaben bei Skalenfragen**: *„Wie sehr treffen die folgenden Aussagen Ihrer Meinung nach auf XYZ zu? Urteilen Sie bitte von 1 bis 5, wobei 1 bedeutet: ‚trifft voll zu' und 5: ‚trifft gar nicht zu'. Dazwischen können Sie abstufen."*
  - **trennscharf**e, **überschneidungsfrei**e Antwortvorgaben – nicht: *„Wie alt sind Sie? Ordnen Sie sich bitte einer Alterskategorie zu: 14 bis <u>20</u> Jahre | <u>20</u> bis 30 Jahre | ..."* » richtig: *„14 bis <u>20</u> Jahre | <u>21</u> bis 30 Jahre | ..."*.
  - **eindeutiger zeitlicher** und „erinnerbarer", möglichst aktueller **Bezugsrahmen** – nicht: *„Wie viele Bücher lesen Sie?"* » in welchem Zeitraum? Nicht: *„Wie oft hat's im letzten Sommer geregnet?"* » wer soll sich DARAN erinnern?
  - **keine** (doppelten) **Verneinungen**
  - **keine Suggestivfragen** – nicht: *„Sie sind doch auch der Ansicht, dass ..."*
- <u>Jeder Fragebogen sollte mit einem kurzen Abschluss-Statement enden:</u>

> *Herzlichen Dank für Ihre Antworten! Ihre Angaben werden streng vertraulich behandelt und fließen den Datenschutzbestimmungen entsprechend nur anonymisiert in die statistische Analyse ein. Bei Fragen zu dieser Umfrage wenden Sie sich bitte an [E-Mail-Adresse].*

7.3.2 | Arten von Fragen: Fragetypen

In (strukturierten) Fragebögen kommen viele unterschiedliche Fragetypen zum Einsatz. Das folgende Kapitel liefert einen Überblick. Zu jedem Beispiel wird auch sein Messniveau – ⚭ = kategorial oder ▥ = (quasi-)metrisch – angegeben (vgl. Kapitel 6.2 ab Seite 103): Das Skalenniveau ist für die spätere Datenanalyse richtungsweisend (vgl. Kapitel 8.1 ab Seite 139).

7.3.2.1 | Fragen, die den Gesprächsverlauf lenken

Screening- bzw. **Sondierungsfragen** helfen ganz am Anfang eines Fragebogens dabei, die für ein Interview richtigen Personen zu finden. Fällt jemand im Rahmen des sogenannten Screenings nicht in die gesuchte Zielgruppe, wird das Interview erst gar nicht begonnen.

Für eine Erhebung unter Konsumentinnen und Konsumenten von Tee könnte ein Fragebogen zu Beginn folgende Screeningfrage formulieren: [97]

1. ⚭	***Trinken Sie zumindest ein Mal pro Woche Tee, egal welche Sorte?***	*ja* ☐ *nein* ☐	▶ Frage 2 ▶ **Interviewende**

Einleitungsfragen finden sich zu Beginn eines Fragebogens oder Themenabschnitts. Sie haben die Aufgabe, das Eis zu brechen, die Befragten an die Situation des Interviews zu gewöhnen (Eisbrecherfragen). Diese Fragenart öffnet oft zunächst auch nur eine allgemeine Perspektive, aus der dann erst in weiterer Folge auf das eigentliche Erhebungsthema fokussiert wird.

1. ⚭	***In diesem Fragebogen geht es um den Konsum von Getränken. Welche der folgenden Getränke konsumieren Sie zumindest ab und zu?***
	Kaffee, Tee ☐ *Energy-Drinks* ☐ *Fruchtsäfte, Softdrinks* ☐ *Wasser, Mineralwasser* ☐ *Bier, Wein* ☐ *andere alkohol. Getränke* ☐ *andere Getränke, und zwar:* ____________ ✎

Übergangsfragen führen von einem Thema zum anderen. Sie sind (auch) in Mehrthemenumfragen (vgl. Seite 41) weit verbreitet.

8. ▥	***Wir haben bis jetzt über Tee gesprochen. Wenden wir uns nun einem anderen Heißgetränk, dem Kaffee, zu. Wie viele Tassen Kaffee trinken Sie an einem durchschnittlichen Wochentag?*** |__|__| ✎

Filterfragen stellen eine Art „Weiche“: Sie erheben, ob die befragte Person über ein Merkmal (= **Filterkriterium**) verfügt und deshalb die nächste(n) Frage(n) beantworten kann. **Folgefragen** erhalten nur mehr jene Personen, die dem Filterkriterium entsprechen. Alle anderen Befragten überspringen den gefilterten Fragebogenteil und werden zum nächsten Themenblock geleitet.

[97] Die Nummerierung der Fragen in den folgenden beispielhaften Fragebogenauszügen erfolgt willkürlich.

1.	*Trinken Sie zumindest ein Mal pro Woche Tee, egal welche Sorte?* ja ☐ nein ☐	▶ Frage 2 ▶ Frage 8
2.	INT.: WENN TEE-TRINKERIN, FRAGEN 2 BIS 7 STELLEN. ANDERE WEITER BEI FRAGE 8. ***Sie haben gesagt, dass Sie zumindest ein Mal pro Woche Tee trinken. Welchen Tee bzw. welche Teesorte(n) trinken Sie?*** ____________________	

7.3.2.2 | Offene und geschlossene Fragen

Offene Fragen lassen Befragte frei antworten, weil sie vorab keine Antwortmöglichkeiten festlegen. Das ist bei qualitativen Erkenntnisinteressen notwendig – sie erheben Details eines Themas, neue Aspekte, Motive, Einstellungen und Werthaltungen. Offen muss auch gefragt werden, wenn zur Ausformulierung von geschlossenen Antwortvorgaben (noch) zu wenig Wissen vorhanden oder dort und da eine (sehr) differenzierte Antwort zu erwarten ist. Die Frage wird vorgelesen, die Antwort möglichst im Wortlaut notiert (bzw. schriftlich/online von den Befragten selbst erfasst).

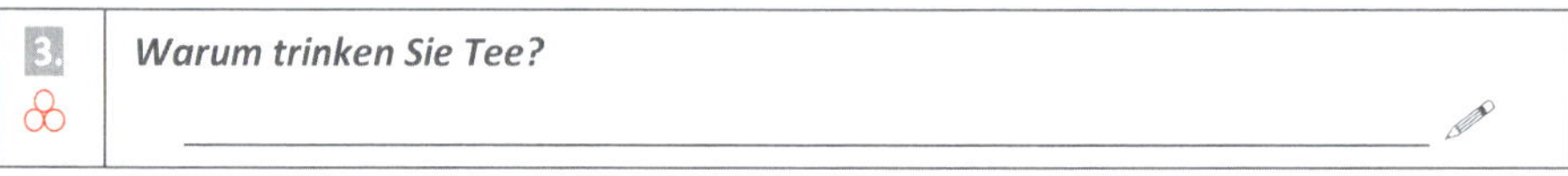
3. ***Warum trinken Sie Tee?***

____

Offene Fragen haben viele **Vorteile**. In erster Linie engen sie die Befragten nicht ein. Außerdem können mit ihnen keine wichtigen Aspekte verloren gehen, weil sie bei der Fragebogenerstellung vielleicht einfach nur übersehen wurden. Zusätzlich beleben offene Formulierungen das Interview: Sie kommen einem normalen Gespräch nahe. Aus diesem Grund ist die Möglichkeit, frei zu antworten, auch für unterschiedliche Sprachniveaus gleichermaßen gut geeignet.

Allerdings ist gerade im letzten Vorteil auch einer der **Nachteile** offener Fragen zu sehen: Manche Befragte mit „einfacherem" Wortschatz können beim freien Antworten verbal überfordert sein. Oder einfach nur ein wenig „schreibfaul" bei schriftlichen Erhebungen.

In quantitativen Erhebungen mit vielen Befragten sollten offene Fragen nicht allzu gehäuft vorkommen: Neben den soeben angeführten Nachteilen ziehen sie meist größeren Aufwand bei der Datenauswertung nach sich (vgl. dazu Kapitel 8.1.1 ab Seite 139 und im Detail Braunecker, 2023, S. 30–36). Zusätzlich kann die notwendige Interpretation der oft facettenreichen Antworten auch noch subjektiv gefärbt sein (vgl. die Kapitel 6.5.4 ab Seite 114 und 6.5.3 ab Seite 112).

Immer wieder ist der hohe Analyseaufwand offener Fragen jedoch reduzierbar:

Oft sind die häufigsten Antworten bereits vorherzusehen. Unklar ist aber, ob wirklich ALLE Teilaspekte bekannt sind: ob es nicht zusätzlich noch andere, vor allem VERBREITETE Themendetails gibt. Die Fragestellung erfolgt deshalb zur Sicherheit offen, obwohl sich die Datenanalyse dadurch viel langwieriger gestaltet.

Schnellere Datenanalyse bei dennoch vorhandener Berücksichtigungsmöglichkeit ALLER möglichen Teilaspekte wird – bei mündlichen Befragungen – oft auf folgende Art und Weise gelöst: Die Erhebungsperson erhält die Anweisung, nur die Frage vorzulesen, keine

Antwortalternativen dazu. Die bereits erwarteten Themencluster der Antworten werden aber im Fragebogen angeführt. Lässt sich eine Antwort einem Cluster zuordnen, passiert das gleich während des Interviews: durch die interviewführende Person, direkt am Fragebogen. Nur dann, wenn Antworten über die vorstrukturierten Möglichkeiten hinausgehen (sich keinem Cluster zuordnen lassen), werden sie genau notiert. Befragt wird also offen, ein Großteil der Datenauswertung wird aber bereits im Zuge des Interviews erledigt.

3.	**INT.: BEI DER FOLGENDEN OFFENEN FRAGE DIE ANTWORTALTERNATIVEN NICHT VORLESEN! DIE ANTWORTEN NACH MÖGLICHKEIT (AUCH MEHRFACH) ZUZUORDNEN VERSUCHEN. NUR NICHT ZUORDENBARES WÖRTLICH EINTRAGEN!** ***Warum trinken Sie Tee?*** ______________________________ *schmeckt* ☐ *ist gesund* ☐ *macht nicht dick* ☐ *günstig* ☐

Geschlossene Fragen werden vor allem bei quantitativen Erhebungen verwendet – immer dann, wenn ein Thema in seinen Ausprägungen bereits bekannt ist. Hier sind keine (neuen) beschreibenden Inhalte von Interesse, sondern die Häufigkeiten der Antworten. Nach der Frage werden auch die Antwortalternativen im Wortlaut vorgelesen (bzw. den Befragten schriftlich/online vorgelegt). Das Zutreffende wird markiert/angekreuzt/online geklickt.

3.	***Wann haben Sie zuletzt Tee getrunken?*** *heute* ☐ *vor etwa einer Woche* ☐ *gestern* ☐ *ist schon länger her* ☐ *vor etwa zwei bis drei Tagen* ☐ *vor etwa vier bis sechs Tagen* ☐ *kann mich nicht mehr erinnern* ☐

Wie offene haben auch geschlossene Fragen Vor- und Nachteile. Ein **Vorteil** ist, dass sie deutlich objektiver sind als offene Fragen, unkompliziert zu stellen, rasch und einfach auszuwerten. Wenn geschlossene Fragen sorgfältig definiert wurden, können die Befragten auch auf keine wesentlichen Aspekte vergessen.

Ein **Nachteil** für sprachlich versierte Befragte ist manchmal die zu große Textvereinfachung, die facettenreichere Antworten verhindert. Sprachlich Überforderte hingegen können dazu verleitet werden, Antworten bloß zu erraten. All das zieht Ergebnisverzerrungen nach sich.

Andere wiederum finden „ihre" Antwort gar nicht angeführt. Dadurch gehen Inhalte verlorenen oder Befragte werden „frustriert" und beginnen in weiterer Folge, die Erhebungsqualität in Frage zu stellen. Bei **halboffenen Fragen** wird deshalb an das Ende einer geschlossenen Frage zusätzlich eine offene Kategorie angehängt. Damit bekommen alle, für die keine Antwort unter den gelisteten zutrifft, dennoch eine Artikulationsmöglichkeit.

3.	***Welches ist für Sie der Hauptgrund, Tee zu trinken?*** *schmeckt mir* ☐ *ist gesund* ☐ *macht nicht dick* ☐ *ist günstig* ☐ *habe einen anderen Grund, und zwar:* ______________________________ ☐

Die offenen Antworten auf halboffene Fragen werden in der Auswertung meist nur gesammelt als „andere Nennungen" geführt. Die „sonstigen" Angaben sind hier fast immer sehr speziell: Sie sind derart heterogen, dass sie nicht in Antwortcluster zusammengeführt werden können. Damit bieten sie auch keine neuen Erkenntnisse. Trotzdem werden halboffene Fragen sehr oft eingesetzt: Um das Interview zu beleben, dynamischer zu gestalten – einfach, um Befragte bestmöglich „bei Laune zu halten". Und sollte tatsächlich der Fall eintreten, dass ein in den Antwortalternativen noch unberücksichtigtes Themendetail oft genannt wird, lässt sich problemlos eine neue, zusätzliche Antwortkategorie erstellen.

Die folgenden **Beispiele** zeigen gebräuchliche Arten **geschlossener** und **halboffener Fragen**.

- *Ja-Nein-(Keine Angabe)-Frage:*

4.	***Trinken Sie (auch) Grünen Tee?*** *ja* ☐ *nein* ☐ *keine Angabe bzw. ich weiß nicht, was das ist* ☐

- *Einfache Alternativfrage:*

5.	***Trinken Sie zum Frühstück lieber Tee, Kaffee, etwas Anderes oder nichts?*** *Tee* ☐ *Kaffee* ☐ *etwas Anderes* ☐ *nichts* ☐

- *Zustimmungsfrage:*

7.	***Welchen Tee trinken Sie für gewöhnlich?*** INT.: MEHRFACHNENNUNGEN SIND MÖGLICH! *Grünen Tee* ☐ *Schwarzen Tee* ☐ *eine andere Teesorte, und zwar:* ______________ ☐

Bei **Einfachnennung** ist nur EINE Antwort möglich, **Mehrfachnennungen** lassen mehrere Antworten zu. Auf mögliche Mehrfachangaben sollte im Fragebogen explizit hingewiesen werden (vgl. obiges Beispiel).[98]

Fast immer gibt es zur Abdeckung desselben Erkenntnisinteresses mehrere Möglichkeiten, offene oder geschlossene Fragen zu stellen. **Viele Formulierungen führen zu unterschiedlichen Ergebnissen** – und besitzen damit auch gewisses „Lenkungspotenzial".

Die folgenden Beispiele veranschaulichen, dass die Teesorte „Grüner Tee" wahrscheinlich je nach Fragestellung unterschiedlich große Präferenzwerte erzielen wird.

- *Offene Frage:*

6.	***Welche Teesorte schmeckt Ihnen besonders gut?*** ______________

[98] Mehrfachnennungen können mit Datenanalysesoftware speziell ausgewertet werden. Details dazu finden sich bei Braunecker, 2023, S. 145–149.

- *Einfache geschlossene Frage:*

6.	***Schmeckt Ihnen Grüner Tee?*** *ja* ☐ *nein* ☐

- *Komplexe geschlossene Frage:*

6.	***Hier habe ich eine Liste mit verschiedenen Teesorten. Welche davon schmeckt Ihnen am besten?*** *Grüner Tee* ☐ *Schwarzer Tee* ☐ *Früchtetee* ☐ *eine andere Teesorte, und zwar:* ______________ ☐

- *Eigenschaftsliste, Itembatterie, Skalierung:*

6.	***Sagen Sie mir bitte zu jeder der folgenden Teesorten anhand der Skala von 1 bis 7, wie gut sie Ihnen schmeckt. 1 bedeutet „schmeckt mir sehr gut", 7 „schmeckt mir überhaupt nicht", dazwischen können Sie abstufen.*** *Grüner Tee* ① ② ③ ④ ⑤ ⑥ ⑦ *Schwarzer Tee* ① ② ③ ④ ⑤ ⑥ ⑦ *Früchtetee* ① ② ③ ④ ⑤ ⑥ ⑦

Die meisten Möglichkeiten, Ergebnisse zu interpretieren, bietet das letzte (Skalierungs-)Beispiel: Hier sind entweder Skalenmittelwerte berechenbar[99] – für jedes Item oder auch die gesamte Skala (vgl. die Itembatterie auf Seite 111 im Kapitel 6.5 sowie zum technischen Vorgehen Braunecker, 2023, S. 137–139).

Oder die Datenanalyse ermittelt die Häufigkeit jener Personen, die Grünem Tee die Note 1 gegeben haben. Dabei ist ein eher kleinerer, dafür aber deutlicher ausgeprägter – „starker" – Prozentwert der Geschmackspräferenz zu erwarten. Höhere, dafür weniger „intensive" Prozenthäufigkeiten ergeben sich, wenn auch Note 2 oder Note 3 in die Häufigkeitsermittlung miteinbezogen werden: Das Aufsummieren der für Note 1 ODER 2 vergebenen Antworten wird (bei positiv beginnender Skala) **Top-Two-Box**-Wert bezeichnet. Note 1, 2 oder 3 zusammengenommen werden **Top-Three-Box** genannt. Demgegenüber stehen am negativen Skalenende die **Bottom-Two-Box**- bzw. **Bottom-Three-Box**-Häufigkeiten.[100]

7.3.2.3 | Skalenfragen

Skalenfragen kommen in quantitativen Fragebögen sehr oft vor. Sie weisen große Variabilität in der Gestaltung auf: unterschiedliche Anzahl gerader oder ungerader Skalenpositionen; unipolare oder bipolare Formulierung; Ausprägungsrichtung von positiv (über neutral) zu negativ oder umgekehrt (vgl. dazu auch Kapitel 6.4 ab Seite 106).

Ratsam bei Skalenfragen sind **„gleichgewichtige" Abstufungen**.

[99] Vgl. dazu auch die ab Seite 105 im Kapitel 6.3 behandelte Sonderstellung von – der Theorie nach eigentlich ordinalen – Beurteilungsskalen.

[100] Mehr zu Auswertung und Ergebnisdarstellung von Ratingskalen findet sich im Downloadbereich von howtodo.at.

Bei einer 4-stufigen Skala ist es besser, z.B. „stimme sehr zu | stimme eher zu | stimme eher nicht zu | stimme gar nicht zu" zu formulieren als „stimme sehr zu | stimme etwas zu | stimme zu | stimme nicht zu".

Weitere Möglichkeiten für Skalenabstufungen (vgl. Rohrmann, 1978, S. 225, adaptiert nach Praxiserfahrungen des Autors):

- *sehr gut – eher gut – weder gut noch schlecht – eher schlecht – sehr schlecht*
- *trifft sehr zu – trifft eher zu – trifft eher nicht zu – trifft gar nicht zu*
- *sehr stark – etwas – weniger – gar nicht stark*
- *immer – oft – selten – nie*
- *völlig richtig – ziemlich richtig – unentschieden – ziemlich falsch – völlig falsch*

Die folgenden **Beispiele** zeigen unterschiedliche Anwendungen von **Skalenfragen**:

7. ***Wie gut schmecken Ihnen die folgenden Teesorten? Benutzen Sie bitte Schulnoten von 1 = „schmeckt mir sehr gut" bis 5 = „schmeckt mir überhaupt nicht".***

Grüner Tee	①	②	③	④	⑤
Schwarzer Tee	①	②	③	④	⑤
eine andere Teesorte, und zwar: ____________	①	②	③	④	⑤

7. ***Wie sehr treffen die folgenden Aussagen Ihrer Meinung nach auf die Teesorte GRÜNER TEE zu? Urteilen Sie bitte von 1 bis 7, wobei 1 bedeutet: „trifft voll zu" und 7: „trifft gar nicht zu". Dazwischen können Sie abstufen.***

	trifft voll und ganz zu			***<< >>***			***trifft gar nicht zu***
ist eine moderne Teesorte	①	②	③	④	⑤	⑥	⑦
ist eine gut schmeckende Teesorte	①	②	③	④	⑤	⑥	⑦
ist eine kostengünstige Teesorte	①	②	③	④	⑤	⑥	⑦

7. ***Wie sehr stimmen Sie den folgenden Aussagen über die Teesorte GRÜNER TEE zu? Urteilen Sie bitte von 1 bis 6, wobei 1 bedeutet: „stimme voll zu" und 6: „stimme gar nicht zu". Dazwischen können Sie abstufen.***

	stimme voll zu		***<< >>***			***stimme gar nicht zu***
ist eine moderne Teesorte	①	②	③	④	⑤	⑥
ist eine gut schmeckende Teesorte	①	②	③	④	⑤	⑥
ist eine kostengünstige Teesorte	①	②	③	④	⑤	⑥

7. ***Wie sehr treffen die folgenden positiven und negativen Eigenschaften Ihrer Meinung nach auf die Teesorte GRÜNER TEE zu? Urteilen Sie bitte auf einer Skala von 1 bis 6, je nachdem, wie sehr Sie der jeweils links oder rechts stehenden Eigenschaft zustimmen.***

modern	①	②	③	④	⑤	⑥	*veraltet*
schmeckt nicht gut	①	②	③	④	⑤	⑥	*schmeckt gut*
kostengünstig	①	②	③	④	⑤	⑥	*teuer*

7.	***Wie sehr treffen die folgenden positiven und negativen Eigenschaften Ihrer Meinung nach auf die Teesorte GRÜNER TEE zu? Je nachdem, wie sehr Sie der pro Zeile links oder rechts stehenden Eigenschaft zustimmen, kreuzen Sie bitte das entsprechende Symbol an.***
	modern ☺ ☺ 😐 ☹ ☹ *veraltet*
	schmeckt gut ☺ ☺ 😐 ☹ ☹ *schmeckt nicht gut*
	kostengünstig ☺ ☺ 😐 ☹ ☹ *teuer*

7.	***Wie sehr treffen die folgenden positiven und negativen Eigenschaften Ihrer Meinung nach auf die Teesorte GRÜNER TEE zu? Je nachdem, wie sehr Sie der links oder rechts stehenden Eigenschaft zustimmen, kreuzen Sie bitte das entsprechende Kästchen an.***
	veraltet ☐ ☐ ☐ ☐ ☐ ☐ *modern*
	schmeckt nicht gut ☐ ☐ ☐ ☐ ☐ ☐ *schmeckt gut*
	kostengünstig ☐ ☐ ☐ ☐ ☐ ☐ *teuer*

7.	***Wie sehr treffen die folgenden positiven und negativen Eigenschaften Ihrer Meinung nach auf die Teesorte GRÜNER TEE zu? Sie finden bei jeder Eigenschaft einen Schieberegler. Bitte ziehen Sie diesen Regler so weit nach links oder rechts, wie Sie der positiven oder negativen Ausprägung der jeweiligen Eigenschaft zustimmen.***
	modern |________________| *traditionell*
	schmeckt nicht gut |________________| *schmeckt gut*
	kostengünstig |________________| *teuer*

Hinter der „Schieberegler-Frage“ im obigen Beispiel könnten (in einer Online-Befragungssoftware) drei, vier, aber auch 100 oder mehr Skalenabstufungen definiert werden. Dementsprechend ändern sich die „Kleinteiligkeit“ der Abstufung, die Metrik des Messniveaus und damit die weiteren Auswertungsmöglichkeiten (vgl. Kapitel 8.1.2 ab Seite 142). Hier ist darauf zu achten, dass ZU viele Abstufungsmöglichkeiten wahrscheinlich eher die technische Genauigkeit des Tippens bzw. Klickens messen als Meinungs- bzw. Einstellungsnuancen.

7.3.2.4 | Spontane und gestützte Abfragen

Fast immer, wenn es in Erhebungen um die Bekanntheit von Firmen, Marken oder Ähnlichem geht, erfolgt die Abfrage in mehreren Stufen.

Zuerst wird **ungestützt** (**spontan**) gefragt, die Befragten erhalten keinerlei Gedächtnisstützen (= **unaided Recall**).

Erst in einem weiteren Schritt erfolgt die Abfrage **gestützt** (= **aided Recall**, **Recognition**). Die Stützung der Abfrage kann z.B. über Produktgruppen, Markennamen oder die Abbildung von Firmenlogos erfolgen.

2.	***Welche Teesorten sind Ihnen namentlich bekannt?*** ___
3.	**INT.: BEI DER FOLGENDEN FRAGE NUR TEESORTEN NENNEN, DIE BEI 2. NOCH NICHT GENANNT WURDEN. MEHRFACHANGABEN SIND MÖGLICH!** ***Von welchen der folgenden Teesorten haben Sie schon einmal gehört? Mehrfachangaben sind möglich.*** *Grüner Tee* ☐ *Weißer Tee* ☐ *Pu Erh Tee* ☐ *Schwarzer Tee* ☐ *Gelber Tee* ☐ *usw.* ☐

Die Datenauswertung erfolgt zunächst je Frage, in weiterer Folge auch additiv: Anzahl spontaner Nennungen, Anzahl gestützter Nennungen, Anzahl spontaner ODER gestützter Nennungen in Summe. „Wertvoller" ist naturgemäß der spontane Bekanntheitsgrad, weil er direkt „aus den Köpfen" kommt – ohne zuvor erst erinnert werden zu müssen.

7.3.2.5 | Direkte und indirekte Fragen

Bei **direkten Fragen** werden die Befragten direkt und unmittelbar angesprochen. Alle bisher angeführten Fragestellungen waren direkt.

Indirekte (projektive) Fragen kommen einerseits bei heiklen, gesellschaftlich tabuisierten Themen zum Einsatz. So sind etwa bei der Frage nach Alkoholkonsum, sexuellen Gewohnheiten und Ähnlichem Antwortbarrieren und sozial erwünschte Antworten zu befürchten.

Um solche Effekte bestmöglich zu vermeiden, kann die Frage in eine kleine Geschichte eingebettet oder als Meinung einer dritten Person formuliert werden. Derartige **Dialogfragen** heben dann bei den meisten Befragten die direkte Identifikation mit den eigenen Antworten auf. Über die Zustimmung zu einer dritten Meinung lassen sich jedoch Rückschlüsse auf die eigene Antwortposition ableiten.

9.	***Welcher der folgenden beiden Meinungen stimmen Sie eher zu?*** ***Anita Sommer sagt:*** *„Jeden Tag ein Glas Wein ist gut für den Blutkreislauf und das Herz. Das verlängert das Leben. Wissenschaftliche Studien haben das bewiesen."* ***Birgit Winter meint:*** *„Jemand, der jeden Tag ein Glas Wein trinkt, ist am besten Weg dazu, Alkoholiker zu werden."* ***Wem stimmen Sie eher zu – Frau Sommer oder Frau Winter?*** *Anita Sommer (jeden Tag ein Glas Wein ist O.K.)* ☐ *Birgit Winter (keinesfalls täglich Alkohol)* ☐

Projektiv wird auch dann gefragt, wenn die Themen zwar nicht heikel sind, direkte Fragen aber an ihre Grenzen stoßen. Vor allem in qualitativen Erhebungen soll gern oft Unbewusstes ans Tageslicht gelangen. Was assoziieren Befragte z.B. mit einer Marke, einer Firma, einem Logo? Derartige Erkenntnisinteressen sind nicht auf direktem, gewöhnlichem Weg „abfragbar". Hier wird es nötig, auf die „hinter den Antworten" stehenden Bedeutungen auszuweichen und DARAUS dann die notwendigen Schlüsse zu ziehen.

Im Folgenden finden sich – aus vielfältigen Kreativitätstechniken ausgewählt – Beispiele für projektive Fragetechniken (die ersten beiden Beispiele vgl. Batinic & Appel, 2008, S. 262).

Den Befragten werden Bilder mit bewusst klischeehaften Darstellungen sehr unterschiedlicher Menschen vorgelegt. Darunter findet sich z.B. „ein typischer Landwirt", „ein junger, moderner, urbaner Mensch", „Jugendliche aus der Vorstadt", eine „Hausfrau", „ein aus der Bierflasche trinkender sehr wohlbeleibter älterer Mann im T-Shirt" usw.

9.

Ich habe hier einen Stapel Bilder. Darauf sind unterschiedliche Menschen abgebildet. Schauen Sie sich die Bilder bitte an. Versuchen Sie eine Aufteilung. Machen Sie bitte 3 Bildstapel:

Welche dieser Menschen zählen zur typischen Kundschaft des Unternehmens X?

Welche kaufen eher bei Unternehmen Y ein?

Und welche passen weder zu Unternehmen X noch zu Unternehmen Y?

Eine andere Variante zur Ableitung oft unbewusster Assoziationen ist die „Planetenreise":

Stellen Sie sich vor, Sie fliegen mit einem Raumschiff auf einen Planeten, der „Unternehmen X" heißt.

Wie sieht es dort aus?

Versuchen Sie bitte, diesen Planeten möglichst genau zu beschreiben.

Eine Abwandlung der Planetenreise stellt die „Liftfrage" dar.

Stellen Sie sich vor, Sie fahren mit einem Kollegen zu einem Besprechungstermin. Die Büros der Firma, zu der Sie fahren, liegen im 30. Stockwerk eines Büroturms. Ihr Kollege kennt die Firma noch nicht. Sie möchten ihn auf das Gespräch vorbereiten, wollen ihm die Firma beschreiben. Sie stehen aber bereits vor dem Lift.

Der Lift kommt. Sie steigen gemeinsam ein. Sie haben nun 30 Sekunden Zeit – so lange dauert die Fahrt. Dann steigen Sie aus und der Termin beginnt.

Wie beschreiben Sie die Firma, zu der Sie fahren, in dieser kurzen Zeit?

7.3.2.6 | Manipulative Fragestellungen

Manipulative Fragestellungen versuchen, Antworten in eine erwünschte Richtung zu lenken. Seriöse Forschung muss Derartiges natürlich vermeiden! Richtungsweisende Fragestellungen sind offenkundig, unseriöse Methodik kann sofort enttarnt werden – das zeigen die folgenden Beispiele:

- *Syntaktische Formen fordern die Befragten zur Übereinstimmung auf:*

	Trinken Sie nie Tee?

	Sind Sie auch der Meinung, dass Teetrinken gesund ist?

- *Verbindung mit Ereignissen bzw. Konsequenzen:*

Wissenschaftliche Studien haben ergeben, dass Personen, die regelmäßig Tee trinken, um durchschnittlich fünf Jahre länger leben. Handelsstatistiken zeigen, dass in Europa deshalb immer mehr Tee gekauft wird.

Wie ist das bei Ihnen? Haben Sie vor, in näherer Zukunft Tee zu trinken bzw. Ihren bisherigen Teekonsum zu vermehren?

Wenn sich – aus welchen Zwängen auch immer – die Notwendigkeit ergibt, Daten „beschönigen zu müssen“, sind manipulative Fragen keine Option. Dazu gibt es bessere, subtilere Möglichkeiten.[101]

7.4 | Erhebungssoftware

Fragebögen in Form von Online-Formularen lassen sich mittels ausgereifter Softwareprodukte rasch erstellen. Institute arbeiten dazu mit speziellen, maßgeschneiderten Lösungen, die auch gleich die Datenanalyse erledigen. Auch individuelle Online-Erhebungen sind ohne allzu großen Aufwand schnell realisierbar.

Aus vielen verfügbaren Möglichkeiten werden in der Praxis folgende Tools[102] oft benutzt: **qualtrics.com, soscisurvey.de, umfrageonline.com, unipark.de.**

Alle genannten Produkte setzen Befragungen problemlos um. Sie haben attraktive Preise (oder kostenlose Vereinbarungen) für wissenschaftliche Befragungen und verfügen über Support bzw. User-Communitys für Detailprobleme. Mit einigen ist ein Start ohne viel Vorwissen möglich, andere benötigen eine gewisse Einarbeitungszeit. Die Entscheidung über die letztendlich eingesetzte Software bleibt dem persönlichen Geschmack überlassen. Oft erleichtern (über eine Bildungseinrichtung) bereits vorhandene Lizenzen die Wahl.

Daneben können folgende Punkte bei der Festlegung auf ein bestimmtes Produkt helfen:

- Wie umfangreich ist das eigene Vorhaben? Was muss die Software können? Ist ein individuelles Layout (mit z.B. Logoeinbindung) gewünscht? Welche Fragetypen sind notwendig? Müssen audiovisuelle Elemente eingebaut werden? Wo und in welcher Form sind „drag-&-drop-Elemente“ im Fragebogen erforderlich? Ist beim Ausfüllen des Fragebogens Barrierefreiheit ein Thema?

---

[101] Subtilere Möglichkeiten, Ergebnisse (leicht oder stärker) zu „justieren“, ergeben sich beim Interpretieren von Daten. Eine in Kommunikationsabteilungen gelebte Praxis kann z.B. darin bestehen, nur „erwünschte“, „gute“ Ergebnisse zu interpretieren und „herzuzeigen“. Andere Ergebnisse werden „vergessen“.

[102] Vor allem im Zusammenhang mit Forschungsarbeiten im akademischen Bereich.

- Kann das Formular mittels einfacher, anonymer Links versendet werden? Oder ist eine Benutzerverwaltung mit personalisierten Formularzugriffen und Einladungs- bzw. Reminder-E-Mails Voraussetzung (vgl. Kapitel 4.1.3 ab Seite 65)? Werden personenbezogene Daten erfasst: Ist die Erfüllung aller Datenschutzbestimmungen garantiert (vgl. Kapitel 3.3.2 ab Seite 51)?
- Erfolgt die Auswertung der Ergebnisse direkt über die Online-Software oder ist ein Datendownload im Format Excel oder SPSS (vgl. Braunecker, 2023[103]) wünschenswert?
- Wie hoch ist das persönliche Budget für das Vorhaben? Oft sind günstigere oder kostenlose Versionen in ihrem Funktionsumfang (Menge der Interviews, Möglichkeiten zum Datenexport) eingeschränkt.
- Wie „sympathisch"[104] ist das Produkt? Wie gut verfügbar, gestaltet und strukturiert sind Online-Hilfestellungen (Beschreibungen, FAQ's, Foren usw.)?

Online-Software ist nicht nur ursächlich für Befragungen einsetzbar. Immer wieder tauchen kreative Zusatzlösungen auf. Beispielsweise lassen sich die standardmäßig eingebauten Zufallsfunktionalitäten jeder Befragungssoftware auch außerhalb von Umfragen nutzen.

Angenommen, bei einem persönlichen Experiment sollen alle Teilnehmenden Bilder und Texte in unterschiedlicher Reihenfolge vorgelegt bekommen: Das könnte sehr schnell und einfach mit Umfrage-Software auf dem Screen eines Tablets realisiert werden.

Befragungssoftware kann auch bloß zur strukturierten Datenerfassung – auch zeitgleich, mehrerer Personen – verwendet werden. Die Übertragung zur Analysesoftware ist damit einfacher, die Auswertung schneller erledigt.

7.5 | Pretest

Jeder (quantitative) Fragebogen muss vor seinem praktischen Einsatz unbedingt einem **Pretest** unterzogen werden. Dies ist deshalb so wichtig, weil quantitative Fragebögen nach Erhebungsstart nicht mehr verändert werden dürfen. Auch dann nicht, wenn sie fehlerhaft sind (vgl. die letzten beiden Absätze in Kapitel 7.2.2 ab Seite 118).

Auch sorgfältig entwickelte Fragebögen können (leicht) „unrund" sein: Forscherinnen und Forscher besitzen starken inhaltlichen Themenbezug. Da kann es durchaus vorkommen, dass Formulierungen (ein wenig) Vorwissen voraussetzen, das unbedarfte Befragte nicht besitzen. Oder sie verstehen Fragen ganz anders, als bei deren Konzeption beabsichtigt.

Eine Befragung könnte sich z.B. mit Schokoladekonsum in KINDERhaushalten beschäftigen. Gleich zu Beginn wird auf die Zielpersonen fokussiert: „Haben Sie Kinder?" und

---

[103] Braunecker (2023) ist ein Leitfaden für die bei empirischen Erhebungen benötigte Statistik. Das Buch bietet auch eine Gebrauchsanleitung für Datenauswertungen mit der verbreiteten Analysesoftware SPSS.

[104] Aus der subjektiven Sicht des Autors bietet z.B. eines der angeführten Tools sehr viele Möglichkeiten und stößt kaum an Grenzen. Allerdings ist diese Software im studentischen Bereich weniger verbreitet als andere der genannten. Ein anderes der angesprochenen Produkte ist sehr einfach zu erlernen und zu bedienen. Als große Vorteile zeichnen dieses Umfragetool auch seine übersichtlichen, automatischen und direkt verlinkbaren Echtzeit-Reports aus. Dafür sind bei dieser Software komplexere Fragebögen nur auf Umwegen (oder gar nicht) umsetzbar. Auch der Datenexport zu Analysesoftware ist nur mit zusätzlichem Aufwand möglich. Fazit: Persönliche Geschmacksache.

„Wenn JA: Mögen Ihre Kinder Schokolade?“. Hier würden auch falsche Zielpersonen adressiert – die „Kinder“ könnten ja bereits schon deutlich älter als 15 sein. Oder in einem anderen Haushalt leben. Ein Pretest würde vermutlich die Notwendigkeit einer besseren Frageformulierung aufzeigen: „Haben Sie ein Kind oder Kinder unter 15 Jahren bei sich im Haushalt leben?“

Damit derartige Fehler nicht passieren, ist ein Pretest jedes Fragebogens Pflicht. „Pretesten“ bedeutet, die Befragung probeweise mit einigen wenigen, möglichst unbedarften Mitgliedern der Erhebungszielgruppe durchzuspielen. Dabei wird neben der **Dauer** des Fragebogens vor allem seine **Verständlichkeit** und **Praxistauglichkeit** überprüft:

- Sind alle Fragen sprachlich gut formuliert, eindeutig und eindimensional? Liefern sie die Antworten in der für die Forschungsfragen bzw. Hypothesen nötigen Form?
- Ist der Aufbau logisch, schlüssig in der Reihenfolge der Fragen, sind alle Filterfragen (vgl. Seite 127 im Kapitel 7.3.2.1) verständlich?
- Wie ansprechend ist die Gestaltung? Motivieren die Fragen zum Antworten? Gibt es Verweigerungen, Ermüdung, Abbrüche des Interviews? An welchen Stellen?

Oft werden die Testpersonen auch darum gebeten, alles, was ihnen während ihres Testdurchgangs an Besonderheiten bzw. als verbesserungswürdig auffällt, zu artikulieren. Beim **Think Aloud-Verfahren** sollen sie laut denken und über alles Mitteilung machen, was ihnen beim Antworten in den Kopf gekommen ist. Zeigt der Pretest **Unschärfen**, **müssen** diese jedenfalls **vor der Feldarbeit** noch **unbedingt beglichen werden**.

Weiterführende Literatur zu diesem Kapitel:

howtodo.at/downloads/WeiterfuehrendeLiteratur.pdf

8 | Datenanalyse, Ergebnisdarstellung

▼ **Abstract** *(in diesem Kapitel geht's um ...)* ▼

• **Statistische Analysen** laufen über Datenanalysesoftware wie SPSS oder PSPP • Braunecker (2023) beschäftigt sich detailliert mit SPSS
• **Qualitative Daten** münden meist in (eher) aufwendige Analysen • Inhalte werden in ihrem Bedeutungszusammenhang beschrieben oder (zu Kategorien) zusammengefasst
• **Quantitative Erhebungen** finden oft das Auslangen mit Häufigkeiten, Prozent- und Mittelwerten • für den gesamten Datenstand oder nach Untergruppen • Kreuztabellen, Mittelwertsvergleiche und Korrelationen prüfen Merkmalszusammenhänge
• Nur die **forschungsfragen-** bzw. **hypothesenkonsistente Planung** jeder Datenanalyse ermöglicht, Forschungsfragen passgenau zu beantworten bzw. Hypothesen exakt zu prüfen • Analyseplan bereits im Vorfeld der Erhebung erstellen
• **Interpretationstexte** (quantitativer Ergebnisse) sollten sich von den Zahlen „lösen"
• **Diagramme** müssen den genauen Text der Fragestellung, Informationen zu Zahlenbasis, dargestellten Werten und Skalierung enthalten • keine Informationsüberlastung!
• **Summarys** MÜSSEN methodische Details enthalten • eine Strukturübersicht liefert wichtige Informationen über (wenn nötig) vorhandene Repräsentativität der Erhebung

Ist eine Erhebung abgeschlossen, erfolgt die technische Datenanalyse. Deren Ergebnisse werden interpretiert, Forschungsfragen beantwortet, Hypothesen geprüft. Den Abschluss bildet meist die Erstellung einer Summary.

Bei der Datenauswertung gelangt – neben Excel – oft statistische Analysesoftware zum Einsatz. Dazu zählt – unter vielen Programmen[105] – SPSS (oder die zu SPSS in Basisbereichen deckungsgleiche Freeware PSPP). Mit den Details einfacher und spezifischer Analyseroutinen am Beispiel der weit verbreiteten **Software SPSS** beschäftigt sich Braunecker (2023).

8.1 | Datenanalyse-Techniken

Die folgenden Kapitel erläutern mit vereinfachten Beispielen die Anwendungsfälle unterschiedlicher Analyse-Techniken. Je nachdem, ob es sich um **qualitative** oder **quantitative Daten** handelt, ist die gesamte **Vorgehensweise – auch je Skalenniveau – eine andere**.

8.1.1 | Qualitative Datenanalyse

Die Auswertung qualitativer Umfragedaten ist deutlich komplexer und zeitintensiver als die der meisten quantitativen Datenanalysen. Bei qualitativen Fragestellungen liegt meist umfangreicher Text[106] vor, der auf bedeutungsmäßige Gemeinsamkeiten hin untersucht werden muss. Das zieht in der Regel detaillierte(re) Inhaltsanalysen nach sich.

---

[105] Wie etwa Minitab, R, SAS, Stata usw.

[106] Die Ausführungen in diesem Buch beschränken sich auf qualitativen Text. Qualitative Inhalte können auch auditiv und visuell sein.

Qualitative Rohdaten bestehen meist aus vielen einzelnen Worten. Liegen die Antworten „gesprochen“ vor, werden sie vor der Auswertung zunächst noch verschriftlicht (= transkribiert). Die Kunst erfolgreicher Datenanalysen besteht nun darin, aus dem umfangreichen Textmaterial die relevanten Informationen herauszufiltern. Auch einfache qualitative Auswertungen sind vom Prinzip her oft QUALITATIVE Inhaltsanalysen: Sie gehen über das reine Zählen von Begriffen hinaus und interpretieren Texte in deren verbalem Zusammenhang.

Dabei **werden die Ergebnisse entweder umfassend inhaltlich beschrieben**: Das geschieht vor allem bei qualitativen Daten geringer Fallzahl, z.B. Expert:inneninterviews (vgl. Braunecker, 2023, S. 28–30).

Bei z.B. offenen Fragen quantitativer Erhebungen liegen qualitative Daten hingegen in größerer Fallzahl vor. Hier **werden aus den Antworten** (Verbatims) bedeutungs- und größenmäßig sinnvolle, eindeutige und trennscharfe **Ergebniskategorien gebildet**. Output sind voneinander klar abgrenzbare, inhaltlich detailliert beschreibbare Antwortkategorien.

Das folgende Beispiel veranschaulicht die (prinzipielle) Vorgehensweise beim Zuordnen von Antworten zu einem vorab gebildeten Kategoriensystem. Die Basis dazu bilden fiktive, simplifizierte Antworten von zehn Personen.

Antwortzuordnung zu Kategorien

Datensatz	*„Wie war Ihr letzter Urlaub?“*	Antwortkategorie		
		positiv	neutral	negativ
1	*schön war's, aber zu kurz*	✓		✓
2	*das Wetter war furchtbar, es hat immer nur geregnet*			✓
3	*hatte diesmal ein tolles Ziel, fahre vielleicht wieder hin*	✓	✓	
4	*war zu Hause, es war sonnig und heiß*	✓	✓	
5	*hatte super Wetter, aber große Probleme beim Flug*	✓		✓
6	*ich fahre nicht weg*		✓	
7	*ich war wandern, in Südtirol*		✓	
8	*ich war am Nordkapp, es war wunderschön, aber zu kalt*	✓	✓	✓
9	*ich mache nie wieder Cluburlaub, es war furchtbar*			✓
10	*heuer war's die Westküste, nächstes Jahr wird's Kanada*		✓	

Abbildung 33: Antwortzuordnung zu Kategorien

In Abbildung 33 sind 10 offen abgefragte Assoziationen zum letzten Urlaub erfasst. EINE Möglichkeit, diese Aussagen inhaltsanalytisch zu clustern, könnte darin bestehen, sie in „positiv“, „neutral“ und „negativ“ zusammenzufassen: Jeder Datensatz ist in der (den) seiner

Antwort zuzuordnenden Assoziation(en) mit einem Häkchen versehen. 4 der 10 Datensätze fallen gleichzeitig in mehrere Kategorien.

Die Vorgehensweise im Beispiel zeigt, wie (technisch) aus Aussagen – hier sehr einfache – Antwortgruppen (Kategorien) gebildet werden.

Ein reales qualitatives **Analyseszenario eines größeren quantitativen Datensatzes** würde eventuell subtiler vorgehen und versuchen, inhaltliche Überbegriffe (und Detailkategorien) für positive, neutrale und negative Nennungen zu finden (vgl. Braunecker, 2023, S. 30–36). Sind Textpassagen lang, ist das derartige Identifizieren von eindeutigen Ergebniskategorien ein meist sehr komplexer Prozess. Quantitative Erhebungen auf Basis mehrerer hundert Erhebungselemente sollten deshalb auf qualitative Methodik möglichst (weitgehend) verzichten.

Immer wieder liegt dennoch zu analysierender Text von hunderten Datensätzen vor. Da kann es bei induktiver Kategorienbildung[107] Zeit sparen, zunächst mit einer Teilmenge zu beginnen: Vor der eigentlichen Inhaltsanalyse werden aus den Gesamtdaten zufällig 100 bis 200 Datensätze gezogen. Vorerst dient nur diese **Datensatz-Zufallsstichprobe zur Formung der Ergebniskategorien**: Textpassagen, die wegen ihres gehäuften Auftretens bereits in der Zufallsmenge Ergebniskategorien ergeben, tun dies wohl auch in den Gesamtdaten. Stehen die Kategorien aus der reduzierten Menge fest, müssen ihnen natürlich noch ALLE Textpassagen der Gesamtdaten zugeordnet werden. Dabei ergeben sich vielleicht noch ein paar neue Kategorien.

Ausgewertet werden die fertigen Antwortkategorien mit einer Häufigkeitszählung der ihnen jeweils zugeordneten Antworten (vgl. Kapitel 8.1.2.1 ab Seite 142), was eigentlich einer „Re-Quantifizierung" gleichkommt. Häufigkeitsauswertungen sind ab etwa 50 Datensätzen anwendbar, Prozentangaben sollten aber bei 50 bis 70 Fällen eher noch unterlassen werden, insbesondere bei Stichprobendaten! Damit wird dann ein – hier noch methodisch unkorrektes – Schließen auf dahinterstehende Grundgesamtheiten impliziert.

Erst wenn ein Datenstand umfangreicher (zumindest rund 70 Fälle) und die Stichprobe (bzw. deren Teilgruppe) repräsentativ ist, darf aus methodischer Sicht vorsichtig über Prozentwerte generalisiert werden. **Gut auf Grundgesamtheiten übertragbar sind Prozentanteile repräsentativer (Zufalls-)Stichproben ab 100 Fällen oder mehr** (vgl. Kapitel 5 ab Seite 82).

Dargestellt werden Häufigkeitsdaten dieser Art (in absoluter oder prozentueller Form) am besten mit Balken- oder Säulendiagrammen (vgl. Abbildung 40 auf Seite 155, linke Hälfte).

Bei kleinerer Datenbasis (unter 50 Fällen) ist es methodisch korrekt, größere Antwortkategorien (= ähnliche Antworten) in Form zusammenfassender Aussagen anzuführen bzw. als „Tendenzen" zu beschreiben.

So gibt es bei 12 Expert:innen keine Prozentangaben, sondern besser „7 von 12 Personen" oder „rund die Hälfte der Interviews" oder noch besser: „eine geteilte Meinungstendenz".

---

[107] Mayring (2022, S. 67) beschreibt ausführlich das Prinzip der Kategorienbildung: Die Bildung der Antwortgruppen kann direkt aus dem Datenmaterial heraus (**induktive Kategorienbildung**) erfolgen. Die Kategorien können aber auch bereits aus theoretischen Zusammenhängen (Literatur, Vorstudien usw.) bekannt sein (**deduktive Kategorien**).

Bei der **Ergebnisinterpretation qualitativer Stichprobenergebnisse** sind **Prozentwerte oder** Angaben von **Häufigkeiten generell nur mit großer Umsicht anwendbar**!

Wenn jemand im soeben angeführten Beispiel mit den 12 Expert:innen-Interviews von „50% der Fälle" spricht, würde sich diese Aussage auf lediglich 6 Personen beziehen!

Die Angabe von Prozentanteilen weist auf quantitative Generalisierbarkeit hin. **Bei geringen Fallzahlen dürfen Schlüsse auf Grundgesamtheiten jedoch keinesfalls erfolgen!**

8.1.2 | Quantitative Datenanalyse

Quantitative Datenanalysen sind rascher durchzuführen als qualitative: Sie bestehen meist im zunächst rein TECHNISCHEN Auswerten der Daten.

Je nach Erkenntnisinteressen (vgl. Kapitel 8.1.3 ab Seite 147) und Skalenniveau der Erhebungsmerkmale (vgl. Kapitel 6.2 ab Seite 103) fällt die Wahl auf das geeignete Auswertungsverfahren.

Sehr viele quantitative Erhebungen finden bereits mit nur wenigen Auswertungsverfahren (und deren grafischer Darstellung) das Auslangen. Institute verwenden zur Datenanalyse gern automatisierte Eigenlösungen. Wirtschaft und Studierende arbeiten oft mit der Analysesoftware SPSS, Studierende gern auch mit dem Freeware-Pendant PSPP.

Am häufigsten angewendet werden **Häufigkeitszählungen** und **Mittelwertsberechnungen**. Gelangen neben ALLEN Erhebungselementen auch UNTERgruppen gegenüberstellend in die Analyse, kommen **Kreuztabellen** und **Mittelwertsvergleiche** zum Einsatz. Darüber hinaus zeigen auch **Korrelationen** Zusammenhänge zwischen Erhebungsmerkmalen auf.

Die folgenden Kapitel erläutern das jeweilige **Prinzip** dieser fünf Analyseverfahren. Dazu dienen fiktive Erhebungsdaten von 10 Personen lt. Abbildung 34 auf Seite 143.[108] Wann welches Verfahren eingesetzt wird, fasst Abbildung 37 auf Seite 148 zusammen. Eine schrittweise Auswertung mit SPSS (inkl. Beispieldaten und Screenshots) findet sich bei Braunecker (2023, S. 143–196).

8.1.2.1 | Häufigkeitszählungen

Häufigkeitszählungen stellen die einfachste Art der Auswertung dar. Sie werden bei alleinstehenden nominalen und ordinalen Merkmalen verwendet. Dabei wird die absolute und prozentuelle Häufigkeit jeder einzelnen Merkmalsausprägung ermittelt.

*In den Beispieldaten in Abbildung 34 auf Seite 143 ist das Merkmal Wohnort mit 1 = „Stadt" und 2 = „Land" codiert. Code 1 kommt bei Person 2, 3, 5, 6, 7, 9 und 10 – in Summe also 7 Mal vor. Code 2 hat eine Häufigkeit von 3 Fällen. In den Beispieldaten wohnen also 70% der Menschen in der Stadt (7 von insgesamt 10 Fällen) und 30% auf dem Land (3 der 10 Fälle). Alle 10 Datensätze haben einen Eintrag zu „Stadt" oder „Land", es gibt also keine „fehlenden Werte" (**Missing Values** bzw. **Missings**).*

Häufigkeitszählungen sollten zu Beginn jeder Auswertung bei allen Merkmalen erfolgen –

[108] Bei 10 Datensätzen handelt es sich eigentlich NICHT um quantitative Daten. Dennoch soll hier zu Demonstrationszwecken und wegen der leichteren Nachvollziehbarkeit ein überschaubarer Datenstand die Basis bilden.

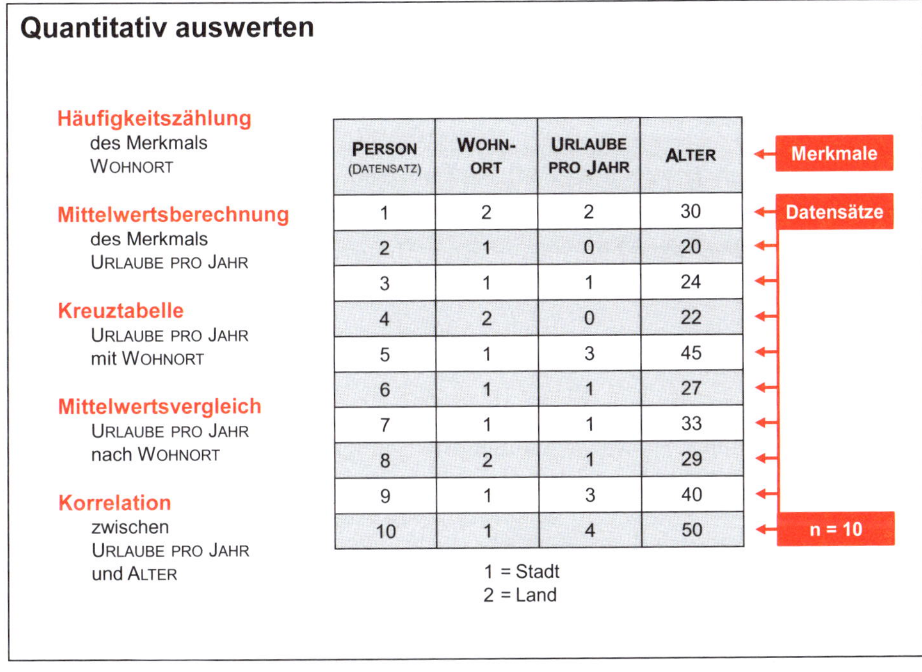

PERSON (DATENSATZ)	WOHN-ORT	URLAUBE PRO JAHR	ALTER
1	2	2	30
2	1	0	20
3	1	1	24
4	2	0	22
5	1	3	45
6	1	1	27
7	1	1	33
8	2	1	29
9	1	3	40
10	1	4	50

Abbildung 34: Quantitativ auswerten

noch vor jeder weiteren Datenanalyse. Das gibt einen guten Überblick über alle (fehlerhaften) Codierungen sowie die Missings. Weitere Details dazu finden sich bei Braunecker, 2023, S. 143–145.

8.1.2.2 | Mittelwertsberechnungen

Um Mittelwerte berechnen zu dürfen, ist Intervall- oder Rationalskalenniveau erforderlich – oder eine quasi-metrische Schulnoten- bzw. Ratingskala[109]. Zur Berechnung des arithmetischen Mittels (= Mittelwert) werden alle Werte summiert und durch ihre Anzahl dividiert.

In den Beispieldaten in Abbildung 34 *wären die mittleren* **Urlaube pro Jahr** *wie folgt zu ermitteln: (2 + 0 + 1 + 0 + 3 + 1 + 1 + 1 + 3 + 4) / 10 = 1,6. Die 10 Personen machen also im Schnitt 1,6 Mal pro Jahr Urlaub.*

Bei Mittelwerten kommt der Anzahl GÜLTIGER Antworten eine sehr hohe Bedeutung zu.

Im soeben berechneten Beispiel gibt es auch zwei Mal den Wert 0. Hat diese Zahl eine inhaltliche Bedeutung, wird sie „mitgerechnet“. Das ist hier der Fall, jemand kann ja 0 Mal (= nie) auf Urlaub fahren. Der Divisor ist damit 10.

Eine Codierung „Null“ kann in Daten aber auch bei fehlenden Angaben vorkommen: dann, wenn Befragte nicht antworten. Oder ein – vielleicht übersprungenes – Erhebungsmerkmal keine Ausprägung besitzt und ein Online-Formular deshalb eine Null in den Daten ablegt.

---

109 Zur skalenmäßigen „Sonderstellung“ von Schulnoten (Zustimmungs- und Beurteilungsskalen) in den Sozial- und Wirtschaftswissenschaften vgl. Seite 105 im Kapitel 6.3.

Angenommen, die Variable **Urlaube pro Jahr** *würde nicht die Urlaubsanzahl, sondern z.B. eine Schulnotenbeurteilung für den letzten Urlaub abbilden. Der Divisor wäre sofort ein anderer: Schulnote 0 gibt es hierzulande nicht. Dementsprechend würden die beiden Datensätze (Person 2 und 4) mit ihrem Wert 0 „aus der Analyse fallen". Aufgrund dieser beiden Missing Values setzt sich hier der richtige Mittelwert dann nur mehr aus 8 gültigen Angaben zusammen: (2 + 1 + 3 + 1 + 1 + 1 + 3 + 4)* ***/ 8 = 2,0****.*

Das Ergebnis wäre also – in Abhängigkeit von der Anzahl gültiger und ungültiger Werte – jeweils anders. Missing Values haben demnach oft beträchtliche Auswirkungen auf Datenanalysen und deren Interpretation. Weitere Details dazu finden sich bei Braunecker, 2023, S. 130–132.

8.1.2.3 | Kreuztabellen

Kreuztabellen werden wie Häufigkeitsauszählungen bei nominal oder ordinal skalierten Merkmalen durchgeführt. Sie stellen **kombinierte Häufigkeitsauswertungen zweier Merkmale** (= Variablen) dar. Mit ihnen lässt sich ermitteln, wie oft jede einzelne Ausprägung EINER Variable mit jeder einzelnen Ausprägung einer ANDEREN Variable in Kombination vorkommt. Auf diesem Weg sind somit **VariablenZUSAMMENHÄNGE** überprüfbar.

Dabei geht es im Prinzip um folgende Frage: Unterscheiden sich Teilgruppen eines Datenbestandes (gebildet durch die Ausprägungen EINER Variable) mengenmäßig (relativ) in Bezug auf die Merkmalsausprägungen einer ANDEREN Variable?

Im Datenbeispiel in Abbildung 34 (Seite 143) werden die **Urlaube pro Jahr** *mit* **Wohnort** *gekreuzt: Es ergibt sich die Tabelle in Abbildung 35 auf Seite 145, Darstellung ❶. Die Kreuztabelle stellt die Urlaubshäufigkeiten von Stadt- und Landbevölkerung gegenüber: Jeweils 1 Person aus der Stadt und 1 vom Land machen nie Urlaub. 3 Städtische fahren 1 Mal pro Jahr auf Urlaub, 1 Landbewohnende:r ebenfalls 1 Mal usw. Alle kombinierten absoluten Häufigkeiten in der Kreuztabelle müssen in Summe 10 Datensätze sein (= die Gesamtzahl).*

Die Ausprägungen der beiden Kreuzvariablen kommen meist im Datenstand nicht gleich oft vor. Damit besitzen auch beim gekreuzten Ergebnisvergleich unterschiedlich große Absolutzahlen (= absolute Häufigkeiten) keine besondere Aussagekraft.

Die einzelnen Merkmalsausprägungen der 7 Personen aus der Stadt werden – in Absolutzahlen – wahrscheinlich immer häufiger in den Daten auftreten als jene der nur 3 Befragten vom Land. Menschen aus der Stadt stellen ja die größere Befragtengruppe dar.

Interpretationen von Kreuztabellen erfolgen deshalb bevorzugt relativ, mit Prozentwerten. Durch Prozentwert-Vergleiche ist rasch zu erkennen, ob sich Merkmalsausprägungen der einen Teilgruppen von jenen anderer Teilgruppen anteilsmäßig unterscheiden. Damit spielen ungleich große Vergleichsgruppen keine Rolle mehr: Jede Gruppe wird für sich allein in ihrer prozentuellen Merkmalsverteilung betrachtet.

Die Prozentuierungen können zeilenweise (Abbildung 35, auf Seite 145, Darstellung ❷) oder spaltenweise (Darstellung ❸) erfolgen. Bei ❷ ergibt jede Zeile 100%, bei ❸ jede Spalte.

Wie sind nun die ermittelten Prozentwerte zu interpretieren?

Die Kreuztabelle in Abbildung 35 könnte z.B. folgende Forschungsfrage beantworten: Wie unterscheiden sich Stadt- und Landbevölkerung in ihrer Urlaubshäufigkeit?

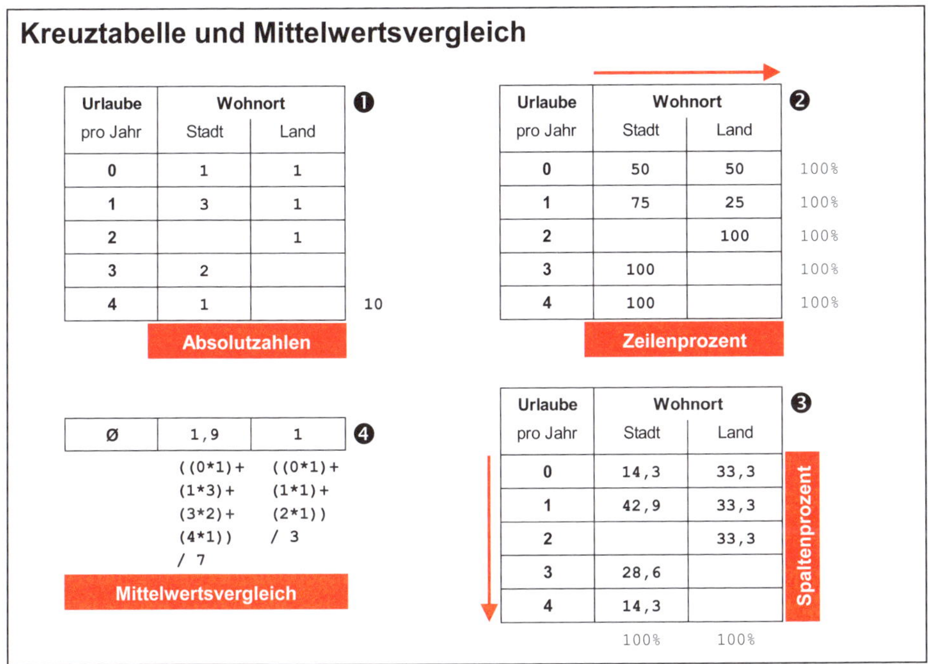

❶ Absolutzahlen

Urlaube pro Jahr	Wohnort Stadt	Wohnort Land
0	1	1
1	3	1
2		1
3	2	
4	1	
		10

❷ Zeilenprozent

Urlaube pro Jahr	Wohnort Stadt	Wohnort Land	
0	50	50	100%
1	75	25	100%
2		100	100%
3	100		100%
4	100		100%

❸ Spaltenprozent

Urlaube pro Jahr	Wohnort Stadt	Wohnort Land
0	14,3	33,3
1	42,9	33,3
2		33,3
3	28,6	
4	14,3	
	100%	100%

❹ Mittelwertsvergleich

Ø	1,9	1
	((0*1)+ (1*3)+ (3*2)+ (4*1)) / 7	((0*1)+ (1*1)+ (2*1)) / 3

Abbildung 35: Kreuztabelle und Mittelwertsvergleich

*Dazu wären z.B. die aufsummierten Prozentwerte (**kumulierte Prozente**) der Darstellung ❸ zu verwenden: Die Spaltenprozentwerte von Stadt und Land, Zeile für Zeile zusammengezählt, ergeben: **Personen aus der Stadt urlauben öfter**.*

*Am Land fahren 33,3% nie auf Urlaub, 33,3% 1 Mal. Zwei Drittel der Landbevölkerung (33,33 + 33,33 = 66,7%) machen also maximal 1 Mal pro Jahr Urlaub. Wird die nächstgrößere Mengenkategorie 2-Mal-Urlaubende dazukumuliert, sind das bereits 100% (66,7% + 33,3%). Das heißt: **ALLE „Ländlichen" urlauben höchstens 2 Mal pro Jahr**, niemand öfter.*

***In der Stadt** hingegen kommen zu den 14,3% ohne Urlaub 42,9% mit 1 Urlaub dazu (14,3 + 42,9% = 57,2%). 2 Urlaube macht in der Stadt niemand. Im Vergleich zum Land **urlauben** also **nur etwas mehr als die Hälfte** (eben ~ 57%) **höchstens 2 Mal** pro Jahr. Die Restmenge entspannt öfter (28,6% mit 3 Urlauben und 14,3% mit 4 Urlauben = 42,9%).*

Auch mit den Zeilenprozent aus ❷ ergibt sich: Jeweils 100% der 3- und 4-Mal-Urlaubenden kommen aus der Stadt.

Kreuztabellen haben ihren Platz nicht nur bei nominalen und ordinalen Merkmalen. Sie eignen sich – bei überschaubarer Anzahl von Ausprägungen – auch für höhere Messniveaus.[110]

8.1.2.4 | Mittelwertsvergleiche

Mittelwertsvergleiche folgen der Logik von Mittelwertsberechnungen (vgl. Kapitel 8.1.2.2 ab Seite 143), nur werden hier **mehrere arithmetische Mittel** vergleichend gegenübergestellt.

[110] Vgl. die auf Seite 103 beschriebene „Abwärtskompatibilität" höherer Skalenniveaus.

Ein Anwendungsfall dafür sind z.B. Itembatterien (vgl. Kapitel 6.5 ab Seite 110).

Sehr oft werden Mittelwerte **auch** nicht nur für alle Datensätze berechnet, sondern **für (nominale) Untergruppen** gebildet. Hier ist dann zunächst die mindestens intervallskalierte (bzw. quasi-metrische Schulnoten-/Rating-) „Mittelwertsvariable" erforderlich. Und dann eine zweite, nominal bzw. ordinal skalierte Variable, die die Vergleichsgruppen abbildet.

Darstellung ❹ in Abbildung 35 auf Seite 145 zeigt den Berechnungsweg und das Ergebnis der durchschnittlichen Urlaubshäufigkeit für Stadt und Land. Wie bei der Kreuztabelle ergibt auch der Mittelwertsvergleich: Städtische Bevölkerung urlaubt öfter. Mit 1,9 liegt die durchschnittliche Urlaubsmenge fast doppelt so hoch wie am Land mit 1 Urlaub.

8.1.2.5 | Korrelationen

Korrelationen setzen **zwei metrische** (bzw. zumindest ordinale oder quasi-metrische) **Merkmale** zueinander in Beziehung. Geprüft wird ein **Merkmalszusammenhang**: Nehmen die Werte EINER Variable zu, je mehr die Werte der ANDEREN Variable ebenfalls zunehmen? Oder nehmen die einen Variablen-Ausprägungen zu, je mehr die anderen abnehmen?

Das Wesen einer Korrelation lässt sich gut grafisch veranschaulichen: In einem **Streudiagramm** wird die Kombination der Ausprägungen der beiden Merkmale dargestellt. Dabei repräsentiert jeweils EIN Punkt jeden einzelnen Datensatz. Die Platzierung jedes Punkts ergibt sich aus der Kombination seiner spezifischen Ausprägung bei den beiden Merkmalen.

Abbildung 36 auf Seite 147 (in Darstellung ❶) veranschaulicht dieses Prinzip für die Daten aus Abbildung 34 auf Seite 143. Rechts neben jedem Punkt ist erläuternd sein Datensatz angeführt. Da die Beispieldaten 10 Fälle umfassen, enthält auch Darstellung ❶ 10 Punkte.

Kombiniert werden die Merkmale **Alter** *und* **Urlaube pro Jahr**. *Die erste Person (Datensatz 1) beispielsweise ist 30 Jahre alt und urlaubt 2 Mal pro Jahr. Person 2 gibt im Alter von 20 Jahren keinen Urlaub an, Person 3 mit 24 Jahren 1 Urlaub usw.*

Wann liegt nun ein Merkmalszusammenhang – eine „lineare Korrelation" – vor?

Von einer hohen linearen Korrelation wird dann gesprochen, wenn die Punkte eine ellipsenförmige Wolke bilden.

Steigt die Punktwolke von links unten nach rechts oben an, deutet das auf einen **positiven Zusammenhang** hin: Je stärker das eine Merkmal ausgeprägt ist, desto stärker ist auch das andere Merkmal ausgeprägt.

Das ist bei ❷ in Abbildung 36 auf Seite 147 der Fall. Die Interpretation lautet deshalb: „Je älter die Befragten sind, desto höhere jährliche Medikamentenausgaben haben sie."

Sinkt die Punktgerade von links oben nach rechts unten ab, weist das auf einen **negativen Zusammenhang** hin: Je mehr Ausprägung das eine Merkmal aufweist, desto weniger stark herrscht das andere vor.

Das kann z.B. der Fall sein, wenn Alter und Kinobesuchshäufigkeit korreliert werden (❸ in Abbildung 36 auf Seite 147): „Je älter Personen sind, desto seltener gehen sie jährlich ins Kino."

Je größer der Zusammenhang (je höher die Korrelation) ist, desto schmäler wird die Ellipse – bis alle Punkte auf einer Geraden liegen (= höchster, völlig linearer Zusammenhang).

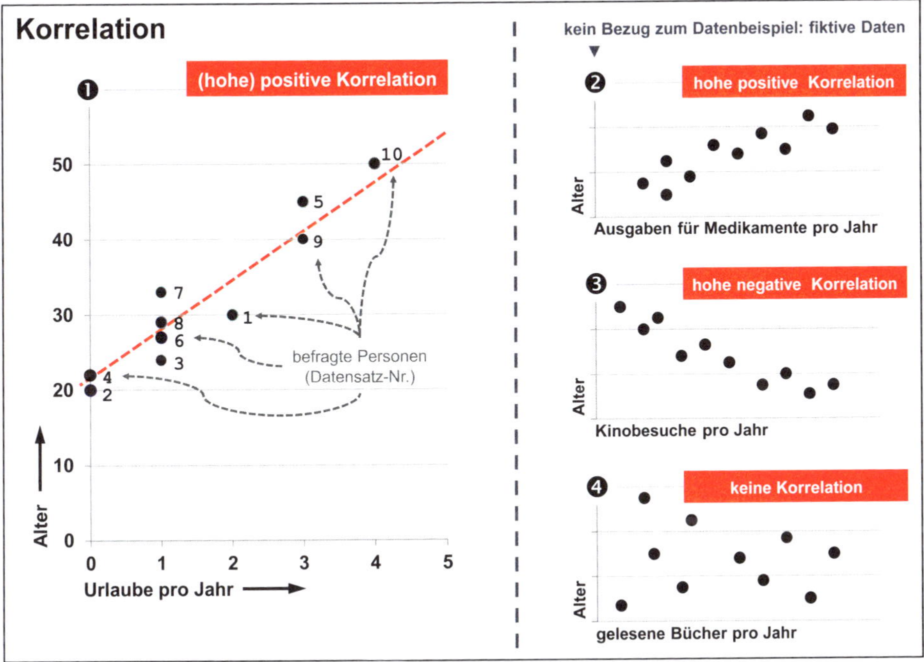

Abbildung 36: Korrelation

KEIN Variablenzusammenhang liegt vor, wenn der Punkteschwarm (relativ) verstreut angeordnet ist.

Dann präsentieren sich die Datenpunkte verstreut (wie in Darstellung ❹ in Abbildung 36). Hier würde KEIN Zusammenhang (keine Korrelation) zwischen den beiden Variablen bestehen.

Visualisierte Korrelationen sind gut deutbar, wenn beide Variablen metrisches Skalenniveau aufweisen. Je weniger Ausprägungen bei einer oder beiden Variablen vorliegen, desto schwerer interpretierbar wird ein Streudiagramm wie in Abbildung 36.[111]

Abschließend fasst Abbildung 37 auf Seite 148 die Ausführungen von Kapitel 8.1.2 zusammen und schlägt damit den Weg zum nächsten Kapitel ein.

8.1.3 | Datenanalyse forschungsfragen-/hypothesenkonsistent planen

Bereits VOR jedem empirischen Vorhaben ist es notwendig, zu definieren, warum es durchgeführt wird. Welche Erkenntnisinteressen liegen vor? Welche Forschungsfragen sollen beantwortet, welche Hypothesen geprüft werden (vgl. Kapitel 1.3 ab Seite 16)?

Ebenfalls VOR der Erhebung muss überlegt werden, wie die erhobenen Daten am Ende forschungsfragen- bzw. hypothesenspezifisch analysiert werden sollen. **Dazu ist ein Datenanalyseplan unerlässlich.**

---

[111] Zusammenhänge von Ordinal- oder Ratingskalen lassen sich anstelle von Streudiagrammen besser mit „errechneten" Korrelationen (= **Korrelationskoeffizienten**) interpretieren (vgl. im Detail Braunecker, 2023, S. 73–81).

Quantitative Analyseverfahren

► **Technische Auswertung, noch ohne Ergebnisinterpretation …**

Variable 1	Variable 2	Verfahren
nominal / ordinal		HÄUFIGKEITSAUSZÄHLUNG
metrisch / Skala		MITTELWERTSBERECHNUNG
nominal / ordinal	nominal / ordinal	KREUZTABELLE
metrisch / Skala	neben metrisch / Skala nach nominal / ordinal	MITTELWERTSVERGLEICH
metrisch / Skala	metrisch / Skala	KORRELATION

Abbildung 37: Quantitative Analyseverfahren

Denn nur „mit einem Plan" wie in Abbildung 37 wird es NACH der Erhebung möglich, passgenau jede einzelne Forschungsfrage zu beantworten, jede einzelne Hypothese zu prüfen: **Nur dann steht die Datenanalyse in Einklang mit den Erkenntnisinteressen der empirischen Erhebung!**

Bezogen auf die ab Seite 17 formulierten Forschungsfragen und die ab Seite 19 angeführten Hypothesen, die ab Seite 139 beschriebenen Analysetechniken (vgl. Kapitel 8.1) und den Fragebogen auf Seite 107 und Seite 108 müsste bereits **IM VORFELD** folgender Analyseplan erstellt werden:

Datenanalyseplan für die Forschungsfragen (FF):

FF $_{1}$*: Wie groß ist die Leseaffinität der österreichischen Wohnbevölkerung?*

FF $_{1.1}$*: Wie groß ist die Leseaffinität* ***generell****?*

↘ *Häufigkeitszählung Frage 1*

FF $_{1.2}$*: Wie groß ist die Leseaffinität* ***in Bezug auf Belletristik****?*

↘ *Häufigkeitszählung Frage 2*

FF $_{1.3}$*: Wie groß ist die Leseaffinität* ***in Bezug auf Fachliteratur****?*

↘ *Häufigkeitszählung Frage 3*

FF $_{2}$*: Welche spontanen Anforderungen stellen österreichische Fachbuch-Leserinnen und -Leser an Fachbücher?*

↘ *Qualitative Datenanalyse Frage 5 (nur für Datensätze mit „JA" bei Frage 3)*

FF $_{3}$: *Wie hoch sind die halbjährlichen Ausgaben österreichischer Fachbuch-Leserinnen und -Leser für Fachliteratur?*

↘ *Mittelwert (und Deskriptivstatistiken*[112]*) Frage 8 (für Datensätze mit „JA" bei Frage 3)*

FF $_{4}$: *Welchen Zusammenhang gibt es [zwischen der Leseaffinität der österreichischen Wohnbevölkerung] und ihrem Konsum von Literatur?*

FF $_{4.1}$: *Welchen Zusammenhang gibt es zwischen der Leseaffinität der österreichischen Wohnbevölkerung* ***und ihrem Konsum von Belletristik****?*

↘ *Kreuztabelle Frage 1 mit Frage 2*

FF $_{4.2}$: *Welchen Zusammenhang gibt es [...]* ***und ihrem Konsum von Fachliteratur****?*

↘ *Kreuztabelle Frage 1 mit Frage 3*

FF $_{5}$: *Welche Meinung hat [die österreichische Wohnbevölkerung über Fachbücher]* ***generell****?*

↘ *Mittelwertsvergleich Frage 9, alle Items*

FF $_{5.1}$: *Welche Meinung hat [...]* ***in Bezug auf die eigene, subjektive Wahrnehmung****?*

↘ *Mittelwertsvergleich Frage 9, Items 9.1, 9.4 und 9.9*

FF $_{5.2}$: *Welche Meinung hat [...]* ***in Bezug auf formale Aspekte****?*

↘ *Mittelwertsvergleich Frage 9, Items 9.2 und 9.8*

FF $_{5.3}$: *Welche Meinung hat [...]* ***in Bezug auf inhaltliche Aspekte****?*

↘ *Mittelwertsvergleich Frage 9, Items 9.3 und 9.5*

FF $_{5.4}$: *Welche Meinung hat [...]* ***in Bezug auf anwendungsbezogene Aspekte****?*

↘ *Mittelwertsvergleich Frage 9, Items 9.6 und 9.7*

Datenanalyseplan für die Hypothesen (H):

H $_{I}$: *Wenn Personen gerne lesen, dann unterscheiden sie sich in ihrem Fachbuch-Konsum von anderen Personen.*

↘ *Kreuztabelle Frage 1 mit Frage 3*

H $_{II}$: *Wenn Personen gerne lesen, dann lesen sie jährlich mehr Bücher, als wenn sie nicht gerne lesen.*

↘ *Mittelwertsvergleich Frage 16 nach Frage 1*

H $_{III}$: *Je älter Personen sind, desto mehr Bücher pro Jahr lesen sie.*

↘ *Korrelation (Streudiagramm) Frage 14 mit Frage 16*

H $_{IV}$: *Wenn Personen Bücher [lieber in der Buchhandlung kaufen], dann haben sie* ***generell*** *[andere Anforderungen an Fachbücher, als wenn sie Bücher lieber im Versandhandel bestellen].*

↘ *Mittelwertsvergleich Frage 6, alle Items, nach Frage 4*

H $_{IV.1}$: *Wenn Personen [...], dann haben sie* ***in Bezug auf ihre persönliche bzw. subjektive Wahrnehmung*** *[...].*

↘ *Mittelwertsvergleich Frage 6, Items 6.1, 6.4 und 6.9, nach Frage 4*

---

[112] Vgl. Braunecker, 2023, S. 149–152.

***H** $_{IV.2}$: Wenn Personen […], dann haben sie **in Bezug auf formale Aspekte** […].*
↘ *Mittelwertsvergleich Frage 6, Items 6.2 und 6.8, nach Frage 4*

***H** $_{IV.3}$: Wenn Personen […], dann haben sie **in Bezug auf inhaltliche Aspekte** […].*
↘ *Mittelwertsvergleich Frage 6, Items 6.3 und 6.5, nach Frage 4*

***H** $_{IV.4}$: Wenn Personen […], dann haben sie **in Bezug auf anwendungsbezogene Aspekte** […].*
↘ *Mittelwertsvergleich Frage 6, Items 6.6 und 6.7, nach Frage 4*

Eine Umsetzung der Analyseverfahren dieses Plans kann z.B. mit SPSS erfolgen. Schrittweise Anleitungen dazu finden sich (inkl. downloadbarer Beispieldaten und Screenshots) bei Braunecker (2023): Häufigkeitszählung 143–149, Mittelwertsberechnung 149–152, Kreuztabelle 152–159, Mittelwertsvergleich 159–188, Korrelation 188–192.

8.2 | Gesamtüberblick und Ergebnisdarstellung

Am Ende jeder Erhebung steht eine Übersicht. Oft wird vom gesamten empirischen Vorhaben überhaupt nur diese zusammenfassende Darstellung (= Summary) wahrgenommen.

8.2.1 | Summary

Der Summary kommt entscheidende Bedeutung zu: Sie bestimmt die „Qualität nach außen hin". Eine gute Summary muss es schaffen, kurz und prägnant Zweck, Anlage und Ergebnisse der gesamten Erhebung zu vermitteln.

Das beginnt mit den Erkenntnisinteressen, Forschungsfragen bzw. Hypothesen. Geht weiter mit einer Kurzdarstellung der gewählten Forschungsmethodik. Und schließt ab mit einer Forschungsfragenbeantwortung bzw. Hypothesenprüfung: alle WESENTLICHEN Ergebnisse in strukturierter und leicht lesbarer Form.

In wenigen Minuten sollte einer bisher nicht ins Thema involvierten Person klar sein: WARUM wurde WAS erforscht und was ist dabei HERAUSGEKOMMEN (das Ergebnis)?

Das wichtigste Ziel jeder Summary: die meist komplexen und detailreichen Forschungsprojekte leicht fassbar und greifbar zu machen. Dabei muss oft eine Gratwanderung zwischen benötigter Detailtreue und Informations-Overkill vollzogen werden. Das gilt im wissenschaftlichen Bereich genauso wie bei Marktstudien der Wirtschaft.

Eine gute Zusammenfassung geht über die kommentarlose Darstellung jeder einzelnen Erhebungsvariable (Fragebogenfrage) hinaus: Sie spannt den Bogen zu den anfänglichen Erkenntnisinteressen, interpretiert die Ergebnisse und fokussiert auf Datenzusammenhänge.

Das ist DEUTLICH aufwendiger als ein dicker Studienbericht, der einfach alle Merkmale in Diagrammen „herunterzeichnet". Zu viele Seiten verhindern es rasch, den Überblick zu behalten: Die genauen Ziele der Erhebung sind nicht mehr erkennbar – die gesamte Studie macht schnell einen ungeordneten, schwer fassbaren, vielleicht sogar (etwas) chaotischen Eindruck.

Die klaren Antworten der Summary sollten sich auf die (wesentlichsten) Forschungsfragen und Hypothesen beziehen. Interpretationen genügen in Kurzform, Empfehlungen können

Erhebungsdetails

Thematik | Titel	• **Leseverhalten und Erwartungshaltung der österreichischen Wohnbevölkerung in Bezug auf Fachbücher**
Zweck	– Generierung von BUCHdaten
Durchführung	– Claus Braunecker im Auftrag der Facultas AG
Erhebungsmethodik	– Telefonbefragung | Interviewdauer rund 10 Minuten
Erhebungszeitraum	– 12. März bis 23. April 2099
Grundgesamtheit	– Österreicher:innen | ab 15 Jahren
Sample	– Zufallsstichprobe, repräsentativ nach Geschlecht, Alter, Bundesland und Bildung
Bruttostichprobe	– n = 936 | Ausschöpfungsquote = 54%
Netto-Datenbasis	– n = 505 (ungewichtet) | n = 500 (gewichtet)
Strukturbereinigung	– Faktorengewichtung
Schwankungsbreiten	– maximal ± 4,5% (bei n = 500, Konfidenzniveau 95,5%)

Abbildung 38: Erhebungsdetails

– je nach Erhebungszweck – auch optional sein. Für vertiefende Ergebnisanalysen sind genauere Details natürlich unverzichtbar. **Umfangreiche Erläuterungen, Grafiken und Tabellen HABEN ihren Platz – aber nicht in der Summary!**

Die Gestaltung einer Summary ist individuell und unterliegt keinen fixen Regeln. Die Ergebniszusammenfassung kann aus reinem Text bestehen oder mit Diagrammen aufgelockert werden. Notwendige Inhalte lassen sich aber für JEDE empirische Erhebung festmachen.

8.2.2 | Erhebungsdetails

Für einen schnellen Gesamtüberblick über ein empirisches Vorhaben helfen folgende Informationen entscheidend dabei mit, die Forschungsarbeit beurteilen und einschätzen zu können. Dieser Blick „hinter die Kulissen" sollte zur raschen Übersicht deshalb auch in Kurzform angeführt werden – vgl. beispielhaft Abbildung 38.

- Erhebungsgrund (Auftraggebende, Zweck, Erkenntnisinteressen)

  Warum (wozu) wurde die Sozialforschung durchgeführt? Worum ist es gegangen? Themenstellung? Forschungsfragen, Hypothesen (vgl. Kapitel 1 ab Seite 15)? Wie objektiv sind die Ergebnisse?

  In der „bewertenden Einordnung" von Erhebungen kommt es immer (auch) auf die Intention an: Handelt es sich um eine wissenschaftliche Arbeit, eine Meinungsforschung einer (umstrittenen) Interessenorganisation, eine Vorwahlstudie einer politischen Partei, um die neutrale Forschung eines Unternehmens, um eine „Bestätigungsanalyse"

Strukturvergleich Stichprobe – Grundgesamtheit

Struktur der Befragten

		n	in %	N
Total, alle Befragten		**400**	**100,0**	Bevölkerung 14 bis 75 Jahre in % *)
Wohnort liegt im Bundesland	Wien	87	21,8	21,8
	Niederösterreich	75	18,8	18,7
	Burgenland	14	3,5	3,3
	Oberösterreich	67	16,8	16,7
	Salzburg	24	6,0	6,3
	Tirol	33	8,3	8,5
	Vorarlberg	19	4,8	4,4
	Steiermark	55	13,8	14,0
	Kärnten	26	6,5	6,3
		❶	❷	❸

*) Quelle: Statistik Austria, 2023a.

Abbildung 39: Strukturvergleich[113] Stichprobe (n) – Grundgesamtheit (N)

für ein Management usw.? Sind wirkliches Ergebnisinteresse oder andere Intentionen zu vermuten – etwa Veröffentlichung oder mediale Berichterstattung usw.?

- Erhebungsmethodik

  Welche Forschungstechniken wurden eingesetzt?[114] Hat es sich um eine qualitative oder quantitative Erhebung, eine Beobachtung, Inhaltsanalyse oder ein Experiment (vgl. Kapitel 2 ab Seite 25) gehandelt? Wurden die Daten persönlich, telefonisch, schriftlich oder online erhoben? Wer und wie viele waren an der Umsetzung des Vorhabens beteiligt? Gab es im Vorfeld methodische Schulungen?

- Zeitraum der Feldarbeit

  Unterliegt das Erhebungsthema saisonalen Schwankungen? In welchem Zeitraum (wie lange) wurde die Feldarbeit durchgeführt? An welchen Wochentagen und zu welchen Tageszeiten wurde erhoben? Welche möglicherweise ergebnisrelevanten Ereignisse fielen in diese Periode?

  Die „Affinität zum Bergwandern“ wird in Mitteleuropa in den Sommermonaten wertemäßig wahrscheinlich über Januar oder Februar liegen.

---

[113] In Ergebnistabellen werden Merkmale, nach denen Ergebnisse aufgesplittet werden, **Breaks** genannt – im Beispiel: **Bundesland**. Die Ausprägungen der Breaks werden in **Breakzeilen** dargestellt – im Beispiel: die neun Bundesländer.

[114] Wenn Erhebungsergebnisse den „Erwartungen nicht entsprechen“, wird manchmal die gesamte Empirie angezweifelt. Nicht zuletzt deshalb sollten Methodik und Stichprobenverfahren immer transparent offengelegt werden.

- Grundgesamtheit, Stichprobe und Repräsentativität

Auf welche Erhebungselemente, welchen Personenkreis beziehen sich die Daten? Über wen bzw. worüber sagen die Ergebnisse etwas aus? Weist die Stichprobe „Qualität" auf? Handelte es sich um eine Zufallsauswahl, Quotierung oder andere, willkürliche Auswahl der zu erhebenden Elemente (vgl. Kapitel 4.2 ab Seite 68)? Hier rückt die bereits ausführlich erläuterte Übertragbarkeit von Stichprobenergebnissen auf Grundgesamtheiten in den Vordergrund (vgl. Kapitel 3.1 ab Seite 45).

Dabei müssen viele Aspekte beachtet werden: Welche (sozialstatistischen) Grundlagen bildeten die Basis für die Stichprobenziehung? Welche Repräsentativitätskriterien wurden gewählt (vgl. Kapitel 4.1 ab Seite 61)? Muss die Stichprobe überhaupt repräsentativ sein? Wenn ja: Wurden alle Zielelemente auch tatsächlich erreicht? Ist mit verzerrenden Einflüssen aufgrund von Stichprobenausfällen (vgl. Kapitel 5.3.2 ab Seite 97) zu rechnen? Wurden die Ergebnisse auf Repräsentativität gewichtet? Wie hoch sind die maximalen Gewichtungsfaktoren (vgl. Kapitel 4.2.3 ab Seite 72)?

In keiner methodischen Zusammenfassung sollten deshalb Informationen über die Erhebungselemente fehlen. **Bei quantitativen Erhebungen** sind genaue Prozentverteilungen nützlich: Daraus lässt sich rasch ableiten, ob die Ergebnisse als repräsentativ angesehen werden können oder nicht.

*In Abbildung 39 auf Seite 152 wird der Struktur 400 befragter Personen (❷, die sich aus ❶ errechnet) jene der Gesamtbevölkerung Österreichs im Alter ab 14 Jahren (❸) gegenübergestellt. Die Ähnlichkeit der Prozentwerte zeigt: Die Stichprobe (n) kann **nach dem Merkmal** Wohnort liegt im Bundesland **als repräsentativ** für die Grundgesamtheit (N) angesehen werden.*

In einem realen (quantitativen) Ergebnisbericht erfolgen derartige Vergleichsinformationen für ALLE Repräsentativitätskriterien.

Laut Abbildung 38 auf Seite 151 wären das Geschlecht, Alter, Bundesland *und* Bildung.

Bei **qualitativen Erhebungen** spielt Repräsentativität meist eine untergeordnete Rolle. Damit sind genaue Prozentverteilungen bei der Information über die Erhebungselemente wenig relevant. Hier ist es sinnvoller, die analysierten Elemente vor allem INHALTLICH genau zu beschreiben.

Eine qualitative Zielgruppenbeschreibung könnte lauten: Befragt wurden 50 Personen, die zumindest mehrmals jährlich ein Buchgeschäft aufsuchen, um sich dort über ein Fachbuch zu informieren. Die Befragten waren zu je einem Drittel im Alter bis 29 Jahre, 30 bis 49 Jahre und älter. Tatsächlicher Kauf eines Buchs war KEINE Voraussetzung.

- Schwankungsbreiten, statistische Unschärfe

Umfasst die Stichprobe – bei quantitativen Erhebungen – eine ausreichende Menge? Ist sie groß genug, um Aussagen mit noch akzeptabler Unschärfe zu liefern? Können auch kleinere Untergruppen noch (halbwegs) statistisch abgesichert betrachtet werden (vgl. Kapitel 5.3 ab Seite 94)?

- Erhebungsinstrument (Fragebogen, Leitfaden, Erhebungskategorien)

  Wie war (bei quantitativen Befragungen) der genaue Wortlaut im Fragebogen? Waren auch indirekte Fragestellungen erforderlich? Welche Themenabfolge wurde gewählt? Wurden Antwortalternativen vorgegeben oder die Fragen offen gestellt? Wie erfolgte die Kategorisierung offener Antworten? Wurden Hilfsmittel (Vorlagen) zur Stützung der Erinnerung eingesetzt? Wie lange hat ein Interview im Schnitt gedauert?

  Wie hat (bei qualitativen Settings) der Gesprächs- oder Diskussionsleitfaden ausgesehen (vgl. Kapitel 7 ab Seite 116)? Wie lange hat eine Einzelexploration oder eine Fokusgruppe gedauert?

  Auf welche Art und Weise waren (bei Inhaltsanalysen oder Beobachtungen) die Kategorienschemata angelegt und formuliert – (vgl. Abbildung 3 auf Seite 29 – Codierschema einer Inhaltsanalyse bzw. Abbildung 5 auf Seite 34 – Beobachtungsbogen und Abbildung 7 auf Seite 35 – Mystery-Protokoll)?

Es liegt auf der Hand, dass wohl nicht immer ALLE soeben beschriebenen Detailinformationen verfügbar sind bzw. gemacht werden können oder müssen. Je mehr Kriterien jedoch transparent vorliegen, desto besser interpretierbar sind Ergebnisse.

8.2.3 | Textliche Interpretationen quantitativer Ergebnisse

In Textform beschriebene quantitative Erhebungsergebnisse werden leichter fassbar, wenn es gelingt, den Text ein wenig „von den Zahlen zu lösen".

Die folgende sehr zahlenlastige Ergebnisbeschreibung ...

> *„65% gaben an, im vergangenen Monat Wein getrunken zu haben. 32% eher mehr Rotwein, 33% eher mehr Weißwein. 27% bekundeten ein Hauptinteresse für Wein: 9% für österreichische Weine, 10% für deutsche und 8% für Weine aus dem übrigen Europa."*

... kann „verschriftlicht" deutlich flüssiger formuliert werden:

> *„Fast zwei Drittel (65%) gaben an, im vergangenen Monat Wein getrunken zu haben. Der Weinkonsum teilte sich zu etwa gleichen Teilen auf Rot- und Weißwein auf. Ein sattes Viertel (27%) bekundete ein Hauptinteresse für Wein: zu etwa gleichen Teilen für österreichische, deutsche und Weine aus dem übrigen Europa."*

So können Ergebnisse rund um 50% mit *„etwa die Hälfte"* umschrieben werden, 30 bis 35% mit *„rund ein Drittel"*. Rund um 20% wäre *„ein Fünftel"*, 10% könnte jemand mit *„eine Person von zehn"* verschriftlichen usw.

8.2.4 | Diagramme

Ergebnisgrafiken helfen dabei, Resultate überblicksmäßig zu visualisieren, verständlich(er) und vor allem leicht und rasch fassbar zu machen.

Die Visualisierung qualitativer und quantitativer Ergebnisse erfolgt meist auf unterschiedliche Art und Weise.

Qualitative Ergebnisdarstellungen sind eher verbalisierend, Zahlen kommen kaum vor.

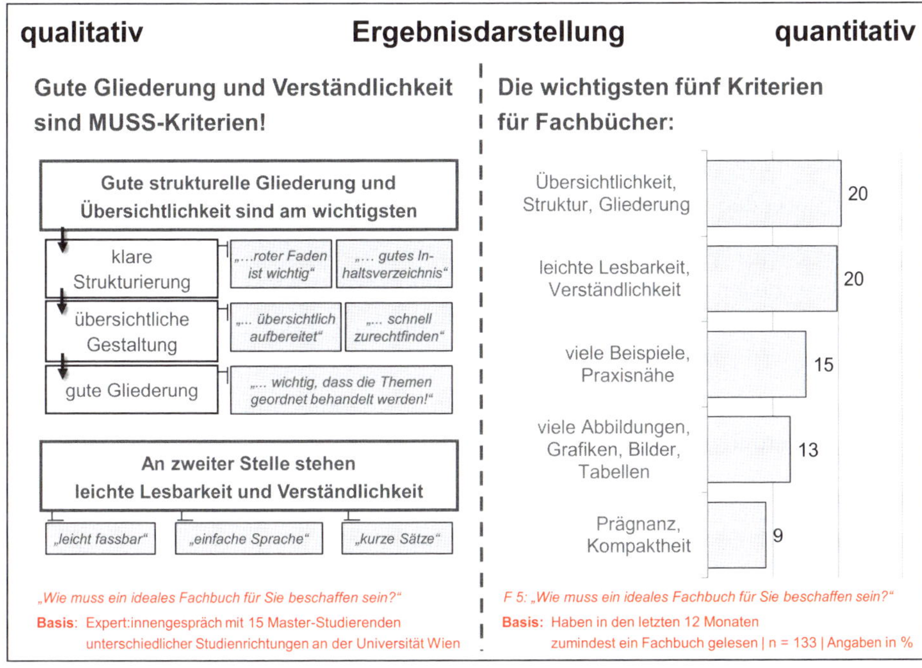

Abbildung 40: Ergebnisdarstellung

Die bei der Analyse identifizierten zentralen Ergebnisse werden hervorgehoben und inhaltlich beschrieben. Charakteristische Einzelnennungen im konkreten Wortlaut (= **Verbatims**) tragen dazu bei, zu verstehen, wie die Ergebnisinterpretationen entstanden sind.

Quantitative Diagramme arbeiten hingegen sehr oft mit Absolut- und Prozentzahlen sowie Mittelwerten.

Abbildung 40 stellt beide Darstellungsarten vergleichend nebeneinander. Für das Beispiel wurde ein Teil der Ergebnisse der Frage 5 des Fragebogens BUCHdaten dieses Buchs in Abbildung 27 auf Seite 107 ausgewertet – einmal qualitativ und einmal quantitativ.

Weitere Beispiele quantitativer Ergebnisgrafiken sind Abbildung 20 auf Seite 85 sowie Abbildung 23 auf Seite 93.

Sollen die Ergebnisgrafiken nachvollziehbar und aussagekräftig sein, müssen sie UNBEDINGT Angaben zu **Datenquelle**[115], dargestellter **Skala**[116] und **Datenbasis**[117] sowie bei Befragungen den **Text der Fragestellung** enthalten – vgl. den rot gekennzeichneten Text in Abbildung 40.

Ohne derartige Informationen sind Ergebnisse nicht gesamthaft interpretier- bzw. in ihrer Bedeutung vollständig einordenbar.

---

[115] Bei Summarys mit einer Vielzahl an Diagrammen muss die Quellenangabe selbstverständlich nur einmalig erfolgen.

[116] Beispielsweise „in Prozent" oder „Absolutzahlen". Es kann sich ja um eine dargestellte Anzahl, eine relative Größe, einen Mittelwert, einen Mittelwertsindex eines empirischen Konstrukts oder andere Maßzahlen handeln.

[117] Beispielsweise „Basis: alle Erhebungselemente" oder Angabe einer Teilmenge inklusive Fallzahl: „Basis: Kennen das Buch lt. Frage 1, n = 123".

Oft wird Diagrammen auch der Kern ihrer Aussage in einer grafisch hervorgehobenen Textbox hinzufügt. Oder ein sprechender Titel signalisiert prominent, was das Diagramm eigentlich zeigen will.[118]

Wie die „beste" Ergebnisgrafik aussieht, bleibt dem persönlichen Geschmack überlassen. JEDENFALLS sollte sie aber

- keine irreführenden Überschriften enthalten,
- Informationsüberlastung vermeiden
- und keinen visuellen Overkill verursachen (durch zu viele Farben, zu wenig Kontraste, ein schlechtes Erscheinungsbild beim Ausdruck usw.).

Beispiele für Darstellungsformen empirischer Ergebnisse (in Form eines PDF- oder Powerpoint-Files) finden sich auf howtodo.at bzw. auf utb.de:

www.utb.de/do/10.36198/9783838561608-m04

Zusatzmaterial

howtodo.at/downloads/Ergebnisdarstellungen.pdf

www.utb.de/do/10.36198/9783838561608-m05

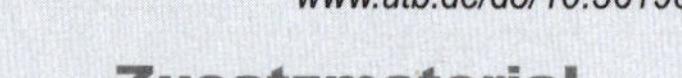

howtodo.at/downloads/Ergebnisdarstellungen.pptx

Weiterführende Literatur zu diesem Kapitel:

howtodo.at/downloads/WeiterfuehrendeLiteratur.pdf

[118] Vgl. die Überschrift in der qualitativen Darstellung (linke Seite) in Abbildung 40 auf Seite 155.

9 | Gesamtzusammenhänge empirischer Forschung

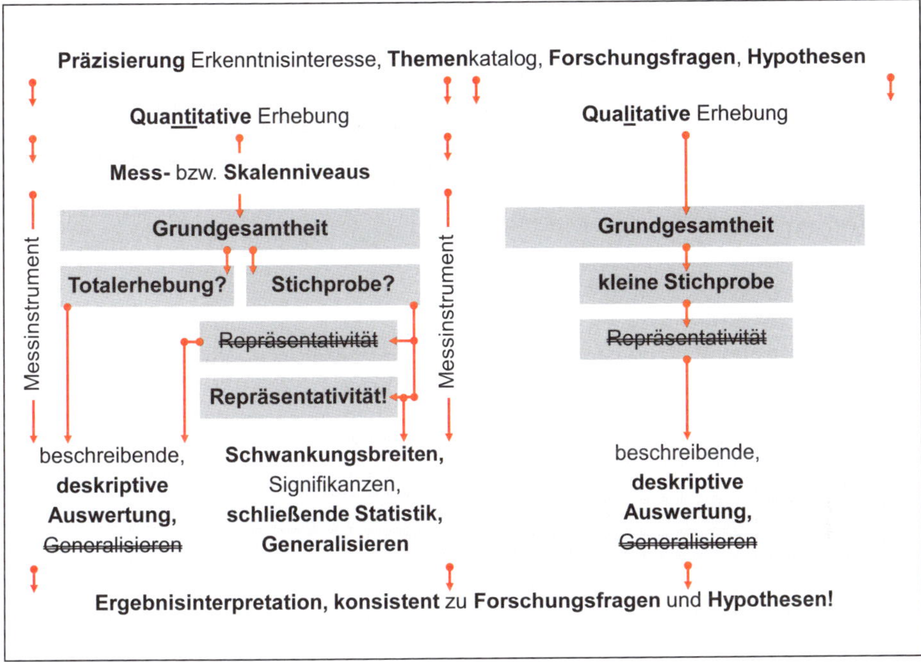

Abbildung 41: Zusammenfassender Gesamtüberblick

Abbildung 41 fasst den ganz zu Beginn dieses Buchs skizzierten „roten Faden der Empirie“ (ab Seite 12) in einem Überblick über den Gesamtzusammenhang der empirischen Themenbereiche zusammen.

Zu Beginn ebnen Erkenntnisinteressen, Forschungsfragen bzw. Hypothesen den Weg Richtung qualitativer oder quantitativer Forschung (ab Seite 15).

Vor allem **bei quantitativen Erhebungen** definieren die Forschungsfragen bzw. Hypothesen die Mess- bzw. Skalenniveaus (ab Seite 102) des Erhebungsinstruments (Messinstrument, ab Seite 116) und führen zu einer skalenspezifischen Auswertung (ab Seite 147).

Ob die Auswertung rein beschreibend ist, oder mit „Signifikanzen“ arbeitet, hängt von der Vollerhebung einer (gut zu definierenden!) Grundgesamtheit (ab Seite 45) oder Stichprobenziehung ab: Bei Totalerhebungen werden die vorhandenen Daten beschrieben, bei (repräsentativen!) Stichproben (ab Seite 61) ist es möglich, auf die dahinterstehende Grundgesamtheit zu schließen, die Ergebnisse zu generalisieren (ab Seite 82).

Lenken die Forschungsfragen den Weg in Richtung **qualitativer Empirie**, haben Skalenniveaus weniger Bedeutung. Eine gut definierte Grundgesamtheit ist wie im quantitativen Fall notwendig, die Stichproben ist in der Regel aber klein und muss nicht repräsentativ sein. Daraus ergibt sich eine umfangreiche deskriptive Auswertung, die nicht generalisiert (ab Seite 139).

10 | Good-Practice: Umsetzungs-Tipps für die Praxis

Good-Practice-Beispiele sehr vieler Ausführungen dieses Buchs finden sich auf howtodo.at und auf utb.de:

www.utb.de/do/10.36198/9783838561608-m06

Zusatzmaterial

howtodo.at/downloads/GoodPractice.pdf

Thematisiert werden folgende unterschiedliche Erkenntnisinteressen und methodische Settings (inkl. möglicher Unstimmigkeiten im Forschungsprozess):[119]

- *Umsetzungs-Tipps für **Leitfaden- oder qualitative Interviews***
- *Umsetzungs-Tipps für **qualitative Gruppendiskussionen***
- *Umsetzungs-Tipps für die **Sekundäranalyse von Firmendaten***
- *Umsetzungs-Tipps für **Inhaltsanalysen***
- *Umsetzungs-Tipps für verdeckte Testkäufe **(Mystery-Shoppings)***
- *Umsetzungs-Tipps für **„Vor-Ort-Erhebungen"***
- *Umsetzungs-Tipps für **Mitarbeiter:innenbefragungen***
- *Umsetzungs-Tipps für eine **Potenzialanalyse***
- *Umsetzungs-Tipps für **Expert:innenbefragungen***
- *Beispiel einer **kaum erreichbaren Zielgruppe***
- *Umsetzungs-Tipps für ein **Laborexperiment***
- *Umsetzungs-Tipps für ein **experimentelles Befragungsdesign***

[119] Datenschutzrechtliche Einschränkungen (vgl. Kapitel 3.3.2 ab Seite 51) finden dabei keine Beachtung.

Literaturverzeichnis

Atteslander, P., Ulrich, G.-S., & Hadjar, A. (2023). *Methoden der empirischen Sozialforschung* (14. Auflage). Erich Schmidt.

Batinic, B., & Appel, M. (Hrsg.). (2008). *Medienpsychologie*. Springer.

Berekoven, L., Eckert, W., & Ellenrieder, P. (2009). *Marktforschung. Methodische Grundlagen und praktische Anwendung* (12. Auflage). Gabler.

Beyer, J. (2019). *Wirkung von Social-Media-Videos als Kommunikationsstrategie von Weingütern in Deutschland* [Masterarbeit, Fachhochschule Burgenland]. https://fhburgenland.contentdm.oclc.org/digital/collection/p15425dc/id/79378/ [01.05.2023].

Borg, I. (2003). *Führungsinstrument Mitarbeiterbefragung. Theorien, Tools und Praxiserfahrungen* (3. Auflage). Hogrefe.

Braunecker, C. (2023). *How to do Statistik und SPSS. Eine Gebrauchsanleitung* (2. Auflage). facultas/utb.

Brosius, H.-B., Haas, A., & Unkel, J. (2022). *Methoden der empirischen Kommunikationsforschung: Eine Einführung* (8. Auflage). Springer VS.

Burkart, R., & Rußmann, U. (2010). *Qualität des öffentlichen politischen Diskurses in der österreichischen Wahlkampfkommunikation. Codebuch (FWF-Projekt 20147-G14)* [Universität Wien]. https://publizistik.univie.ac.at/fileadmin/user_upload/i_publizistik/MA/Burkart/ForschungBurkartQPDCodebuch.pdf [29.04.2023].

Büro Studienpräses der Universität Wien. (2018a). *Datenschutz in der sozialwissenschaftlichen Forschung.* https://studienpraeses.univie.ac.at/infos-zum-studienrecht/wissenschaftliche-arbeiten/datenschutz-in-der-sozialwissenschaft/ [04.04.2023].

Büro Studienpräses der Universität Wien. (2018b). *Mustertext: Datenschutzmitteilung für Befragungen (Word-Dokument).* https://studienpraeses.univie.ac.at/fileadmin/user_upload/p_studienpraeses/Studienpraeses_Neu/Studienpraesis_Intern/Mustertext_Datenschutzmitteilung_Befragungen.docx [01.05.2023].

Büro Studienpräses der Universität Wien. (2018c). *Mustertext: Zustimmungserklärung (inkl. Datenschutzmitteilung) für Expert*innen-, Zeitzeug*inneninterviews etc. (Word-Dokument).* https://studienpraeses.univie.ac.at/fileadmin/user_upload/p_studienpraeses/Studienpraeses_Neu/Studienpraesis_Intern/Mustertext_Zustimmungserklaerung_Interviews.docx [01.05.2023].

Dangl, H. (2020). *Digitale Senioren – Auswirkungen der digitalen Kommunikation auf die Lebensqualität von Senioren und Seniorinnen im Alter von 60 plus hinsichtlich Einsamkeit und Sozialer Isolation* [Master-Thesis, Donau-Universität Krems]. http://webthesis.donau-uni.ac.at/thesen/200111.pdf [02.05.2023].

Diekmann, A. (2021). *Empirische Sozialforschung. Grundlagen, Methoden, Anwendungen* (14. Auflage). Rowohlt.

Döring, N., & Bortz, J. (2016). *Forschungsmethoden und Evaluation in den Sozial- und Humanwissenschaften* (5. Auflage). Springer.

Ebster, C. & Stalzer, L. (2017). *Wissenschaftliches Arbeiten für Wirtschafts- und Sozialwissenschaftler* (5. Auflage). facultas/utb.

ESOMAR. (2016, deutsche Übersetzung 2017*). ICC/ESOMAR Internationaler Kodex zur Markt-, Meinungs- und Sozialforschung sowie zur Datenanalytik.* https://esomar.org/uploads/attachments/ckqtgbvk301p6kdtrelj3mnyf-iccesomar-code-german.pdf [07.04.2023].

Frankl, E. (2020). *Influencer-Generated Content auf Instagram als Tool zur Vermarktung und Branding von Destinationen. Eine visuelle Content-Analyse* [Masterarbeit, Universität Wien]. https://utheses.univie.ac.at/detail/55267/ [02.05.2023].

Friedrichs, J. (1990). *Methoden empirischer Sozialforschung* (14. Auflage). Westdeutscher Verlag.

Fröhlich, R., & Kerl, K. (2012). Das Bild der Public Relations in der Qualitätspresse. Eine Langzeitanalyse. *Publizistik, 57*, 179–203. https://doi.org/10.1007/s11616-012-0147-8

Früh, W. (2017). *Inhaltsanalyse* (9. Auflage). UVK.

GESIS – Leibniz-Institut für Sozialwissenschaften e.V. (2023). *ZIS. Open Access Repositorium für Messinstrumente.* https://zis.gesis.org [14.04.2023].

Gläser, J., & Laudel, G. (2010). *Experteninterviews und qualitative Inhaltsanalyse als Instrumente rekonstruierender Untersuchungen* (4. Auflage). VS.

Haller, A. (2018). *Datenschutz bei studentischen sozialwissenschaftlichen Umfragen.* https://studienpraeses.univie.ac.at/fileadmin/user_upload/p_studienpraeses/Studienpraeses_Neu/Studienpraesis_Intern/Leitfaden_Datenschutz_bei_studentischen_sozialwissenschaftlichen_Umfragen.pdf [04.04.2023].

Herczeg, P., & Wippersberg, J. (2021). *Kommunikationswissenschaftliches Arbeiten. Eine Einführung* (2. Auflage). facultas/utb.

Huemer, D. (2019). *Das neue Datenschutzrecht und seine Anwendung in der Markt- und Meinungsforschung. Präsentation des Gutachtens. Verband der Markt- und Meinungsforschungsinstitute Österreichs (VdMI). Fachgruppe Wien für Werbung und Marktkommunikation. Wien, am 27.05.2019.* https:// werbungwien.at/2019/06/05/datenschutz-in-der-markt-und-meinungsforschung/ [01.05.2023 Hinweis: Download nur möglich für Mitglieder der Fachgruppe Werbung und Marktkommunikation Wien].

Hug, T., & Poscheschnik, G. (2020). *Empirisch Forschen. Die Planung und Umsetzung von Projekten im Studium* (3. Auflage). UVK/utb.

Institut für Publizistik- und Kommunikationswissenschaft der Universität Wien. (2019). *Guidelines for Ethical Research at the Department of Communication, University of Vienna.* https://publizistik.univie.ac.at/fileadmin/user_upload/*i_publizistik/Diverses/IRB/EG102019.pdf* [14.04.2023].

Karmasin, F., & Karmasin, H. (1977). *Einführung in Methoden und Probleme der Umfrageforschung.* Böhlau.

Karmasin, M., & Ribing, R. (2019). *Die Gestaltung wissenschaftlicher Arbeiten. Ein Leitfaden für Facharbeit/VWA, Seminararbeiten, Bachelor-, Master-, Magister- und Diplomarbeiten sowie Dissertationen* (10. Auflage). facultas/utb.

Kerl, K. (2007). *Codebuch zur Magisterarbeit „Das Bild der Public Relations in der Berichterstattung ausgewählter deutscher Printmedien. Eine quantitative Inhaltsanalyse"* [Magisterarbeit, Ludwig-Maximilians-Universität München]. https://epub.ub.uni-muenchen.de/12249/2/Codebuch_MA_Kerl_Katharina.pdf [14.04.2023].

Litz, H. P. (2003). *Statistische Methoden in den Wirtschafts- und Sozialwissenschaften* (3. Auflage). R. Oldenbourg.

Maderthaner, R. (2021). *Psychologie* (3. Auflage). facultas/utb.

Mayring, P. (2022). *Qualitative Inhaltsanalyse. Grundlagen und Techniken* (13. Auflage). Beltz.

Montada, L., Kals, E., & Becker, R. (1999). *Umweltschützende Verzichte. Zusammenstellung sozialwissenschaftlicher Items und Skalen (ZIS).* https://doi.org/10.6102/zis70

Petersen, T. (2014). *Der Fragebogen in der Sozialforschung.* UVK.

Porst, R. (2014). *Fragebogen. Ein Arbeitsbuch* (4. Auflage). Springer VS.

Rat der Deutschen Markt- und Sozialforschung. (2013–2022). *Richtlinien des Rats der Deutschen Markt- und Sozialforschung.* https://www.rat-marktforschung.de/branchenkodex/#richtlinien [07.04.2023].

Rohrmann, B. (1978). Empirische Studien zur Entwicklung von Antwortskalen für die sozialwissenschaftliche Forschung. *Zeitschrift für Sozialpsychologie, 9*, 222–245.

Rössler, P. (2011). *Skalenhandbuch Kommunikationswissenschaft.* VS.

Rössler, P. (2017). *Inhaltsanalyse* (3. Auflage). UVK/utb.

Schnell, R., Hill, P. B., & Esser, E. (2018). *Methoden der empirischen Sozialforschung* (11. Auflage). Oldenbourg.

Statistik Austria. (2023a). *Bevölkerung nach Alter/Geschlecht. Weiterführende Daten: Bevölkerung zu Jahresbeginn nach Bundesland, Alter, Geschlecht sowie österreichischer/ausländischer Staatsangehörigkeit seit 2002 (.ods).* https://www.statistik.at/fileadmin/pages/406/Bev_Alter_Geschlecht_Staatsangeh_Bundesl_Zeitreihe._seit_2002.ods [09.04.2023].

Statistik Austria. (2023b). *Erwerbstätige – Merkmale.* https://www.statistik.at/statistiken/arbeitsmarkt/erwerbstaetigkeit/erwerbstaetige-merkmale [09.04.2023].

Statistik Austria. (2023c). *Bevölkerung zu Jahres-/Quartalsanfang.* https://www.statistik.at/statistiken/bevoelkerung-und-soziales/bevoelkerung/bevoelkerungsstand/bevoelkerung-zu-jahres-/-quartalsanfang [09.04.2023].

Statistik Austria. (2023d). *Regionale Gliederungen. Tabelle: Bevölkerung am 1. Jänner 2022 (.ods). Arbeitsblatt Politischer_Bezirk.* https://www.statistik.at/services/tools/services/regionales/regionale-gliederungen [10.04.2023].

Steiner, E., & Benesch, M. (2021). *Der Fragebogen. Von der Forschungsidee zur SPSS-Auswertung* (6. Auflage). facultas/utb.

Unger von, H., Narimani, P., & M'Bayo, R. (Hrsg.). (2014). *Forschungsethik in der qualitativen Forschung. Reflexivität, Perspektiven, Positionen.* Springer VS.

Wirtschaftskammer Wien, Fachgruppe Werbung und Marktkommunikation. (2019). *Datenschutz-Grundverordnung. „Fragen & Antworten mit dem Focus auf die Markt- und Meinungsforschung".* https://werbungwien.at/100und1/wp-content/uploads/2019/01/Fachgruppe_Werbung_Wien_DSGVO-Broschu%CC%88re.pdf [01.05.2023].

Abbildungsverzeichnis

Bildnachweis: Alle Abbildungen sind – sofern nicht anders angegeben – eigene Darstellungen des Autors.

Achtung! Seitenzahlen in Rot referenzieren auf **Braunecker**, C. (2023). *How to do Statistik und SPSS. Eine Gebrauchsanleitung* (2. Auflage). facultas/utb.

STICHWORTVERZEICHNIS

Seitenzahlen in Schwarz beziehen sich auf dieses Buch, Seitenzahlen in Rot auf Braunecker, C. (2023). *How to do Statistik und SPSS. Eine Gebrauchsanleitung* (2. Auflage). facultas/utb.

Seitenzahlen in Schwarz beziehen sich auf dieses Buch, Seitenzahlen in Rot auf Braunecker, C. (2023). *How to do Statistik und SPSS. Eine Gebrauchsanleitung* (2. Auflage). facultas/utb.

Seitenzahlen in Schwarz beziehen sich auf dieses Buch, Seitenzahlen in Rot auf Braunecker, C. (2023). *How to do Statistik und SPSS. Eine Gebrauchsanleitung* (2. Auflage). facultas/utb.

Seitenzahlen in Schwarz beziehen sich auf dieses Buch, Seitenzahlen in Rot auf Braunecker, C. (2023). *How to do Statistik und SPSS. Eine Gebrauchsanleitung* (2. Auflage). facultas/utb.